平等的学理基础

A Theory of Equality

王元亮 著

图书在版编目(CIP)数据

平等的学理基础/王元亮著.—北京:北京大学出版社,2020.5
国家社科基金后期资助项目
ISBN 978-7-301-31062-5

Ⅰ.①平… Ⅱ.①王… Ⅲ.①平等—理论研究 Ⅳ.①D081

中国版本图书馆 CIP 数据核字(2020)第 017615 号

书　　　名	平等的学理基础 PINGDENG DE XUELI JICHU
著作责任者	王元亮　著
责 任 编 辑	孙莹炜
标 准 书 号	ISBN 978-7-301-31062-5
出 版 发 行	北京大学出版社
地　　　址	北京市海淀区成府路 205 号　100871
网　　　址	http://www.pup.cn
新 浪 微 博	@北京大学出版社　　@未名社科-北大图书
微信公众号	ss_book
电 子 信 箱	ss@pup.pku.edu.cn
电　　　话	邮购部 010-62752015　发行部 010-62750672 编辑部 010-62765016
印 　刷　 者	北京富生印刷厂
经 　销　 者	新华书店
	650 毫米×980 毫米　16 开本　16 印张　246 千字 2020 年 5 月第 1 版　2020 年 5 月第 1 次印刷
定　　　价	48.00 元

未经许可,不得以任何方式复制或抄袭本书之部分或全部内容。
版权所有,侵权必究
举报电话:010-62752024　电子信箱:fd@pup.pku.edu.cn
图书如有印装质量问题,请与出版部联系,电话:010-62756370

国家社科基金后期资助项目
出版说明

后期资助项目是国家社科基金设立的一类重要项目,旨在鼓励广大社科研究者潜心治学,支持基础研究多出优秀成果。它是经过严格评审,从接近完成的科研成果中遴选立项的。为扩大后期资助项目的影响,更好地推动学术发展,促进成果转化,全国哲学社会科学工作办公室按照"统一设计、统一标识、统一版式、形成系列"的总体要求,组织出版国家社科基金后期资助项目成果。

全国哲学社会科学工作办公室

序　言

现代平等观念的思想源头，在某种意义上可以追溯到古希腊时期的雅典城邦。在雅典城邦的民主时代，尽管仍然存在着奴隶制、外邦人等不平等的现象，但在城邦公民之间存在着独特而切实的平等，实行直接民主，有着跟现代社会类似的政治生活和公共事务处理机制。而古代社会的其他几个主要文明，在政治、宗教以及社会经济领域，基本都是等级制的，雅典城邦政治领域中的平等是少有的例外。这大概能解释为何是来自古希腊而不是其他文明的思想家最早论及"平等"了。

亚里士多德（Aristotle）对平等做了探索性的研究。虽然以今天的观点看，他并未有意识地从描述性范畴和规范性范畴对平等概念做出明确区分，也很少论及平等的复杂内涵和多重面向，但他敏锐地观察到了平等理论中蕴含的一个主要疑难：即使人们都赞同"相等的人就该配给到相等的事物"，但城邦中的不同群体依据同样的形式原则会提出相互冲突甚至截然相反的平等要求，这也成为城邦内讧的主要根源之一。他认为这一疑难的根源在于不同群体对自身利益的偏见，并试图用比例平等取代数量平等来解决这一疑难，但今天我们已经确知这种途径是没有前景的。

古希腊城邦衰落之后，雅典城邦式的政治平等失去了它赖以生存的社会政治土壤，演化为希腊化时代斯多葛派基于理性自然法的平等尊严诉求。此后，平等观念更多地是以"同案同判"的形式残存于古罗马之后的法律传统中，也就是所谓的法律面前人人平等。在欧洲中世纪，平等观念主要是在宗教神学话语体系中得到阐释和理解的，比如基督教神学中可以阐发出的上帝面前人人平等、最终审判的平等和信众之间的平等。

近代以来，随着神学的式微，人的权利观念逐渐生发。在人们反思、批判神学政治并意图颠覆特权等级制的同时，现代平等观念开始兴起。洛克（Locke）在反击菲尔麦（Filmer）的君权神授论时，阐发了自然状态中人人平等的理念和生命、财产等不可剥夺的人身权利主张,并以此为根据提出了有限政府契约论。卢梭(Rousseau)主张平等,但认识到封建体制中存在的专制特权和不平等毕竟是社会政治现实,也认识到自然和社会两方面的因素都会导致不平等,因此他主张用国家和法律的力量追求平等,即法权平等。

随着美国《独立宣言》的发表和法国大革命的开始,平等成为对抗和颠覆以封建世袭等级特权为特征的旧制度的有力武器,成为政治思想的主流话语。

在封建特权专制被限制或颠覆之后,人类追求平等的历程很少呈现出法国大革命那样的社会政治巨变的特征,而是以改良和渐进的方式取得进展。在政治领域,平等首先表现为公民的身份认同和普选权,选举权逐步扩至各个族裔,不分性别,不受财产、识字等资格的限制;各种排他性隔离政策和歧视政策被陆续废除,人们追求社会平等的斗争在20世纪70年代之后(南非稍晚一些)也逐步归于平静。

19世纪中叶以前,经济领域的不平等尚不太引人关注,古典自由主义认为自由市场最终会带来公正的分配。但随着社会生产和资本的集中,贫富差距日益扩大,经济领域的平等问题逐步取代政治平等和社会平等,成为平等理论关注的焦点。其间,自由放任主义、空想社会主义、改良主义、费边主义、马克思主义等思想流派纷纷登场,都论及了经济领域的不平等问题。经济危机频发和大萧条的出现,迫使在各主要资本主义国家占主流地位的经济自由放任主义做出重大调整,开始实施经济干预和收入再分配政策,以稳定经济、保障民生。

第二次世界大战之后,福利国家政策在西方尤其是欧洲的扩张缓解了经济领域的不平等。20世纪60年代的美国民权运动则有力地促进了受教育权平等、机会平等等主张。但是,当经济领域的平等和社会保障达到一定水平之后,平等失去了原有的靶标,不再所向披靡,其进一步扩张遭遇强大阻力。尤其是自20世纪70年代以来,随着西方主要国家陷入长期滞胀,学界开始反思旨在解决经济领域不平等和改善弱势群体地位的社会福利政策及其对经济效率的影响。平等问题因而与分配正义一起,成为政治哲学关注和探讨的热点。与此同时,在对平等的关切之外,人们开始反思优秀、卓越、差异和不平等的价值,平等的理论和实践因而在当代深陷困境。

在这样的背景下,经济自由放任主义、政治自由主义、保守主义、社群主义等学派纷纷提出自己的平等与公平正义主张,并相互激辩。

就国外学术界而言,缘自20世纪的有关平等和公平正义的论辩延续至今,各种观点歧见纷呈,莫衷一是。这场论辩与其说是凝聚了共识,不如说是加剧了分歧。平等是什么？平等又不是什么？哪些平等是可欲的？哪些平等是不可欲的？一个社会应该追求什么样的平等？对于这些平等理论的基本问题,学界缺乏起码的共识。甚至一些原有的有关平等的基本共识也开始受到质疑并被重新评价,比如：人是平等的吗？人在哪种意义上是平等的,又在什么意义上是不平等的？人们都应该受到平等对待吗？平等自身就是可欲的吗？

自清朝晚期以来,西方的平等观念对中国两千多年的帝制思想和礼制旧俗造成了相当大的冲击。民国之后,帝制被推翻,主权在民、法律面前人人平等的观念日益深入人心,社会生活也逐渐出现了平等化的趋向。中华人民共和国成立后,在中国学界,由于马克思、恩格斯认为"平等"不是表达无产阶级要求的精确术语,因而没有把平等作为独立的范畴加以研究,对平等的研究在20世纪80年代以前基本是空白的。进入20世纪90年代,关于平等的研究开始出现,既有对欧美学者平等著述的译介,也开始了独创性的研究。进入21世纪,平等和公平正义等话题成为社会关注的热点问题,学界对平等的研究热情迅速升温,研究也逐步细化和深入。

面对相互冲突甚至截然相反的平等主张和平等要求,当代学界有关平等论辩的中心问题在某种意义上又回归到曾经令亚里士多德困惑的地方,即应该依据什么样的标准对人们在哪一方面同等对待的问题,即"哪些平等是合理的？哪些是不合理的？人们应该追求什么样的平等？"等问题。这样,平等问题就与有关分配正义的辩论合流,成为当代政治哲学的核心议题。

虽然人们关于平等的观点不尽相同,在现实社会中的具体诉求也千差万别,但平等的证成因为遵循同样的形式逻辑,可以适用于不同的社会政治环境,能够满足人们在不同历史时期的不同改革诉求,因而极具生命力,并作为思想意识中随时可以准备冲破阻力的潜流而存在,影响并推动着人类社会政治经济秩序的发展和演变。

本书通过对平等的概念和论证逻辑的考证、辨析,以及对不同平等观的梳理比较,阐述了平等的双重范畴和多重维度、平等的反题结构和价值定位、平等的价值权衡、平等的形式和实质,以及平等要求互竞的政治裁决等基础理论问题,回答了"平等是什么""平等不是什么""平等能是什么"以及"平等应是什么"等基本问题,并以此为基础阐述了当代社会平等实践所面临的主要挑战和现实选择。

王元亮

2018年夏至于青岛

目 录

第一章 平等的概念 …………………………………………… 1
  一、平等的双重概念 ………………………………………… 3
  二、平等双重概念的混杂和区分 …………………………… 18
  三、平等双重概念之间的内在联结 ………………………… 23
  四、平等的实然命题与应然命题 …………………………… 29

第二章 平等的反题 …………………………………………… 45
  一、不平等的自在性和普遍性 ……………………………… 46
  二、不平等的伦理价值 ……………………………………… 50
  三、不平等的归因 …………………………………………… 53
  四、过度不平等的弊端与矫正 ……………………………… 55
  五、有节制的平等 …………………………………………… 62
  六、平等与不平等的审慎权衡 ……………………………… 65

第三章 平等的价值定位 ……………………………………… 68
  一、作为平等上位价值的正义 ……………………………… 69
  二、正义的形式原则 ………………………………………… 86
  三、正义与公平、公正等相关概念词义辨 ………………… 102
  四、平等的价值权衡 ………………………………………… 104

第四章 平等的形式与实质 …………………………………… 108
  一、平等的形式原则 ………………………………………… 108

二、平等的现实指向 …………………………………………… 122

　　三、形式平等 ………………………………………………… 130

　　四、实质平等 ………………………………………………… 139

　　五、法律与平等 ……………………………………………… 143

第五章　分配正义的平等尺度 ………………………………………… 151

　　一、应　得 …………………………………………………… 153

　　二、道德应得 ………………………………………………… 156

　　三、社会资格权利 …………………………………………… 169

　　四、平等尺度的复合 ………………………………………… 175

第六章　平等要求互竞的政治裁决 …………………………………… 183

　　一、平等要求的互竞需要政治裁决 ………………………… 183

　　二、作为政治系统分配功能的平等 ………………………… 191

　　三、政治实践中平等权利的多样性 ………………………… 195

　　四、互竞的平等诸要求的政治妥协 ………………………… 197

　　五、平等对政治系统稳定性的调节 ………………………… 206

第七章　当代平等实践面临的主要挑战与现实选择 ………………… 214

　　一、当代平等实践面临的主要挑战 ………………………… 217

　　二、当代平等实践的现实选择 ……………………………… 223

结　语 …………………………………………………………………… 238

参考文献 ………………………………………………………………… 243

第一章　平等的概念[*]

关于"平等"这一词条,《布莱克韦尔政治科学辞典》所作解释的第一句话就是:"这是一个第一眼看上去十分简单的概念,因为'平等就是平等'。"[①]在人类政治思想史上,平等经常被当作一个不言而喻的简单概念使用,它似乎是不证自明的。

平等首先表现为一个简单的概念,因为它有直观的一面,无须深入思索即可对它获得某种认识[②]。因为这样的缘故,学者们在使用平等概念时,往往把它当作现成的概念,而不去做严格的考证和辨析。洛克、卢梭、康德(Kant)、勒鲁(Leroux)如此,当代的伯林(Berlin)、罗尔斯(Rawls)、德沃金(Dworkin)、柯恩(Cohen)、斯坎伦(Scanlon)、内格尔(Negal)、桑德尔(Sandel)亦复如此。

然而平等这个概念除了具有简单和直观的一面外,还具有抽象和深奥的另一面,是一个极其复杂的概念。像许多人们通常使用的自然语言中的概念一样,平等从它出现的时候起,就不是一个被明确界定的学术概念,而是模糊和多义的。平等一词虽然被人们广泛使用,但并不意味着人们都理解这个词的深刻和复杂的含义,尤其是它内在蕴含的张力和冲突。萨托利(Sartori)将平等比作"迷宫"[③],他认为人们已有的知识和经验,对于理解平等这一概念还不够扎实,并无奈地指出,平等问题的复杂性超过了自由的

---

[*] 本章部分观点已经公开发表,参见王元亮:《平等概念的学理辨析》,《伦理学研究》2014年第5期。

[①] Frank Bealey, Allan G. Johnson, *The Blackwell Dictionary of Political Science: A User's Guide to Its Terms*, Malden, MA: Blackwell Publishing Ltd., 1999, p. 180.

[②] 〔印度〕阿玛蒂亚·森:《论经济不平等/不平等之再考察》,王利文、于占杰译,北京:社会科学文献出版社2006年版,第1页。

[③] Giovanni Sartori, *The Theory of Democracy Revisited*, New Jersey: Chatham House Publishers, Inc., 1987, p. 338.

复杂性。他认为,人们虽然已经相当娴熟地掌握了自由的技巧,但对于平等的技巧却"仍然茫无头绪"[1]。同样地,德沃金认为,"平等是政治理想中一个面临困境的概念"[2],"准确地表述平等本身就是一个哲学难题",而且"赞扬或贬低平等的人,对于他们赞扬或贬低的究竟是什么,意见并不一致"[3]。

类似地,波尔(Pole)认为平等多个类型之间的界限已经变得模糊不清,其所展示出来的复杂性使人们很难对平等及其各个类型产生清楚的认识。[4] 艾德勒(Adler)认为,平等的维度要比自由的维度复杂得多,解决平等的问题要比解决自由的问题更难。[5]

平等因其简单、直观、易懂,曾经成为反抗和颠覆以封建世袭等级特权为特征的旧制度的有力武器,并借由法国大革命和美国《独立宣言》,成为政治思想的主流话语,平等理念和平等权利随即以相对固化的形式体现在欧美主要国家的宪法和法律中。然而,在出色地完成了推翻旧制度的历史使命后,平等的扩张不再所向披靡。在当代,平等的理论和实践深陷困境。

何以如此?因为迄今为止,平等的复杂内涵尚没有得到很好的辨析,其学理基础还没有被清晰地阐明,各种平等理论在认识论层面缺乏交集和共识,人们对平等的论辩往往各说各话。因此,有必要对平等概念进行考证和辨析,对其学理基础进行说明,以克服平等概念的含糊性,增强其在分析上的明晰性,使得对平等的经验描述更加可靠和准确,使各种平等的规范性主张的论据更加澄明,更易于进行可操作的分析,从而形成有关平等理论的融贯的和符合历史事实的理解。

但学界不乏这样一些论调,认为对基本概念内涵进行辨析的意义和用处不大,没有必要下大力气去研究。持类似论调的学者大概没有认识到,平等论辩中许多看似难以解决的分歧,根本原因就在于没有对平等概念进行清晰的厘定,大家所激烈争辩的,其实并不是一回事。而平等的概念一

---

[1] Giovanni Sartori, *The Theory of Democracy Revisited*, New Jersey: Chatham House Publishers, Inc., 1987, p. 352.

[2] 〔美〕罗纳德·德沃金:《至上的美德:平等的理论与实践》,冯克利译,南京:江苏人民出版社 2003 年版,导论。

[3] 同上书,第 2—3 页。

[4] 〔英〕J. R. 波尔:《美国平等的历程》,张聚国译,北京:商务印书馆 2007 年版,第 6 页。

[5] Mortimer J. Adler, *Six Great Ideas*, NY: Touchstone Books, 1981, p. 163.

且得到明晰的梳理和阐明,人们关于平等的许多分歧也就会随之消解。如果不对平等概念的基本内涵进行辨析和界定,就连一些思想大家所使用的平等概念也会显得晦涩难解,甚至含混不清。比如洛克在《政府论》(下篇)中把对父亲家长制权威的"老老实实的"和"默认的"服从称为"统治的顺利和平等",并且认为"这种统治的顺利和平等没有冒犯任何人"。① 纵然在家长制权威下,在被统治者之间的确可以被认为存在着"被统治的平等",但家长制权威的支配性结构毕竟是等级制的,把被统治者"老老实实的"和"默认的"服从称为"统治的顺利和平等",显然极易引起误解和混乱;而宣称"这种统治的顺利和平等没有冒犯任何人",则有为家长制权威下可能存在的被动服从和逆来顺受粉饰太平之嫌。

正如萨托利所言,"如果我们的基本概念含混不清,我们肯定只能得到糟糕的理论"。他认为,如果要改变这种状况,就需要对"思想的房间"进行清理,以去除"在论据和概念方面的污泥浊水"。②

一、平等的双重概念

平等的含义不是随意给予的,也不是任意约定的,而是历史地形成的。人们通常使用的平等概念是一个不同含义的复合体。

平等同时具有相同性和相同对待两种含义,是由相同性和相同对待这两个概念构成的复合概念。这两个概念中,一是作为描述性范畴使用的相同性的平等概念,二是作为规范性范畴使用的相同对待的平等概念。

欧美学术传统中的平等一词包含双重含义这一点,已为当代学界所认知。托尼(Tawney)指出,平等既可以陈述事实,又可以表达一种伦理判断。③ 同样地,艾德勒认识到平等具有多种含义,而且将其区分为"实际存在的"和"应该存在的",也就是按照实然与应然的标准,做了大致划分。他

---

① 〔英〕洛克:《政府论》(下篇),叶启芳、瞿菊农译,北京:商务印书馆1964年版,第68—69页。建议参考原文第110节内容。

② 〔美〕乔万尼·萨托利:《民主新论》,冯克利、阎克文译,上海:上海人民出版社2009年版,序言。

③ R. H. Tawney, *Equality*, London: Allen & Unwin, 1931, p. 46.

认为，平等是一个多维度的理论范畴，可以分为"实际存在的平等"和"应该存在的平等"，其中前者是"描述性的"①，后者是规范性的②。

托尼将平等划分为"事实的"和"伦理的"，艾德勒将平等划分为"实际存在的"和"应该存在的"，都是意图将平等的多重含义按照描述性和规范性两个不同的范畴③进行划分，而从描述性和规范性两个范畴对平等进行划分的做法是可取的，它明确区分了"实然的平等"和"应然的平等"。也就是说，人们通常使用的平等概念横跨描述性和规范性两个范畴，或者说，平等概念包含描述性和规范性双重含义。虽然托尼和艾德勒认识到了平等概念的双重性，并对平等的不同含义从描述性和规范性范畴做了大致划分，但却没有以此为基础对平等的含义做出合乎逻辑的界定。

萨托利将平等复杂概念的辨析向前推进了一步，并对平等的双重含义作了某种有意义的界定，他称之为"作为相同性的平等"和"作为正义的平等"。他认识到，平等的这两种含义是完全不同的，但却被通常所使用的"平等"这个词汇捆绑在一起，难以拆解，恰似古罗马的坚纽斯（Janus）两面神，同时具有两副截然不同的面孔。也就是说，人们通常使用的平等概念由于将"作为相同性的平等"和"作为正义的平等"这两种不同的含义联系起来，复合在一起，变成一个不容易分析的概念，他将平等双重含义的这一复合和难解难分称为"戈尔地雅斯难结"（Gordian Knot）。④

萨托利虽然对平等的双重含义做了某种有意义的界定，即将平等界定为"作为相同性的平等"和"作为正义的平等"，但他对平等的界定，既不彻

---

① 艾德勒的用词是 declarative，准确的翻译是"宣称的、说明的"，该书的两个中文译本（生活·读书·新知三联书店 1998 年版译本和团结出版社 1989 年版译本）均翻译为"陈述性的"，本书认为更贴切的译法是"描述性的"，从而更具有与"规范性的"范畴相对照的意义。参见〔美〕艾德勒：《六大观念》，郗庆华译，北京：生活·读书·新知三联书店 1998 年版，第 192 页，以及〔美〕摩狄曼·J. 阿德勒：《六大观念：真善美、自由、平等、正义》，陈珠泉、杨建国译，北京：团结出版社 1989 年版，第 164 页。

② 艾德勒的用词是 prescriptive，该书的上述两个中文译本均译为"指令性的"，本书认为更准确的译法是"规范性的"，能更好地表达与描述性相对立的规范性范畴。参见〔美〕艾德勒：《六大观念》，郗庆华译，北京：生活·读书·新知三联书店 1998 年版，第 192 页，以及〔美〕摩狄曼·J. 阿德勒：《六大观念：真善美、自由、平等、正义》，陈珠泉、杨建国译，北京：团结出版社 1989 年版，第 164 页。

③ 相较于托尼和艾德勒所使用的语词"维度"，"范畴"一词能够更准确地表达平等概念在描述性和规范性上的划分。

④ Giovanni Sartori, *The Theory of Democracy Revisited*, New Jersey: Chatham House Publishers, Inc., 1987, p. 339.

底,也不利于对平等概念做更进一步的分析,以解开平等之谜。首先,"作为正义的平等"本身即是一个复杂概念,因为正义本身就是复杂的。其次,从上述界定难以找到平等双重含义的内在联结,也就难以弄清楚为何截然不同的两个含义——作为相同性的平等和作为正义的平等,会如此难分难解地复合在一起。

本书赞成将人们通常使用的平等概念按照描述性和规范性两个范畴进行划分,并主张将平等的双重概念分别界定为"作为相同性的平等"和"作为相同对待的平等"。相较于萨托利的界定,这一界定有两个优点:一是这一界定更加彻底,因为正如萨托利已经意识到却没有付诸自己理论的,"相同性""在其核心意义上不会引起歧见"[1],在逻辑上不易被误解和误用,是形式逻辑的最低要求;二是这一界定清晰地显示了平等双重概念的共有要素,即"相同性",为揭示平等双重概念的内在联结提供了线索,指明了方向。

(一)平等的描述性概念

平等的描述性概念,即"作为相同性的平等",主要表示人与人之间在某方面、某种属性或某种特征上相同、无差别。用波季曼(Pojman)的话说,平等的描述性含义包含三个要素,指的是"两事物在某种属性上相同"[2]。平等的描述性概念主要是用来描述事实的,属于实然范畴。

平等的这一定义是形式定义,其功能在于规定平等这一概念的纯形式,而不涉及平等的具体和实质内涵。只有这样的形式定义才能将平等概念的一般要素从平等描述性概念诸多不同内涵的杂乱中抽象出来,将平等的各种各样的描述性概念的共性提炼出来,其优点在于可以将不同类别的平等纳入一个形式框架,有助于对不同的平等含义进行统摄和比较。正如雷克夫(Lakoff)指出的,形式上,平等可以归结为一个概念,即"在某方面的同等对待"[3]。当然,他在这里是就平等的规范性概念而言的,但同样的道

---

[1] 〔美〕乔万尼·萨托利:《民主新论》,冯克利、阎克文译,上海:上海人民出版社2009年版,第373页。

[2] Pojman, "Theories of Equality: A Critical Analysis," *Behavior and Philosophy*, Vol. 23, No. 2, 1995, p. 1.

[3] Sanford Lakoff, *Equality in Political Philosophy*, Boston: Beacon Press, 1968, pp. 5–6.

理,平等的描述性概念也可以归结为一个形式定义,即"在某方面的相同性"。不通过平等的形式概念而讨论平等,往往就要直接面对平等概念纷繁复杂的具体内涵,容易陷入平等概念的丛林或迷宫。

平等概念的这一形式定义本身,表明平等是一个抽象层次极高的概念。在逻辑学上,所谓概念,无非就是"反映事物特有属性的思维形态"①,平等的描述性概念表示"人与人之间在某方面、某种属性或某种特征上的相同性",而"相同性"在抽象层次上已经接近元概念。这预示了平等理论必然在很大程度上涉及认识论层面,也就是说,想要深刻地认识平等,就必然要踏入认识论这一令人生畏的领域。

平等描述性概念的形式定义只是一种形式,当人们需要指称具体的平等时,就要赋予这一形式定义具体的内容和含义;当人们赋予这个概念不同的内容和含义的时候,其所指也就完全不同。两个或更多的人,只要在某一方面、某种属性或某种特征上是相同的,在描述的意义上,就可以说他们是平等的。②

如果说两个人是平等的,是指这两个人在某一方面、某种属性或某种特征上相同,那么,平等就可以包括很多含义,因为对一个人往往可以从很多方面、属性或特征进行描述,比如年龄、性别、肤色、高矮、胖瘦、健康、寿命、相貌、智力、才干、偏好等,不一而足。譬如,当说两个人平等的时候,可能指他们都是人,也可能指二者都是男性,或者指两者拥有同样的肤色,或者可以指两人学历相同,甚至可以指两人出身于同一家族以及两个人具有同一国家的公民身份等。

从上述分析可以看出,虽然人们可以将作为描述性概念的平等界定为人与人之间在某一方面、属性或特征上相同,但这样界定的平等概念仍然具有很大的操作空间,仍然具有极大的伸缩性和包容性。这也就意味着,作为一个抽象层次极高的概念,平等是一个"大词",它可以毫无所指,除非人们赋予它内容和意义;平等又可以无所不指,就看人们赋予它什么样的内容和意义。不同的人在说平等时,可能所指完全不同;同一个人在说平等时,在不同的场合可能所指也完全不同。

---

① 关于概念的逻辑学说明,参见金岳霖主编:《形式逻辑》,北京:人民出版社2005年版,第18页。
② 〔美〕乔万尼·萨托利:《民主新论》,冯克利、阎克文译,上海:上海人民出版社2009年版,第372页。

但是,对于任何概念来讲,伸缩性和包容性并不是值得称道的优点,明晰性和精确性才是优点。平等描述性概念可以千变万化的特性使得不同的人在运用平等来描述事物时,难以确有所指,人们日常使用的平等概念因而往往笼统而多义。根据平等的形式定义,如果两个人在某一方面相同,比如两个人都出身同一种姓,就可以说两个人是平等的;但同样还是这两个人,如果他们在某一方面不同,比如一个是男性而另一个是女性,那么,根据上述定义,又完全可以说两者不平等。也就是说,在描述的意义上,平等这个概念容易陷入身份悖论:人们在某些方面是平等的,而在另外一些方面是不平等的。

因为不存在两个人在所有特征、所有属性或所有方面都相同,从严格的意义上讲,世界上是不会找到完全相同的两个人的。因而严格说来,不存在所有人(即使是两个人)在所有方面都相同。人与人平等,只能意味着人们在某一方面、某一属性或某一特征上平等,而绝不可能指人们在所有方面都平等。

相反,人们之间的差异(不平等[①])则十分普遍,不胜枚举。人们可以在诸如年龄、性别、肤色、种族、体力、智力、受教育程度等许多方面有所不同,也就是说,人们往往在很多方面存有差异,并不平等。

事物总是千差万别和纷繁复杂的,差别和差异处处存在。也就是说,作为描述性概念,不平等是无处不在的,作为一个大的认知背景存在,平等则包含了某种人为选择取向。从基本的意义上说,每个事物的属性和特征随着观察视角的不同而不同,即使是被归为同类的事物,虽然人们可以说它们在某一归类标准上是相同的,但未必能保证在其他标准上也是相同的。可以确定地说,它们总有一些特征和属性是不同的,至少它们在时空中的存在不可能是一致的。尽管人们可以强调两个人在自己认为的重要属性上的相同性,但谁也不能否定他们其他属性的可能不同和不一致。也就是说,在描述的意义上,不平等是大背景,而平等只能是选择性的认知。

这就意味着,对于"究竟人们是平等的,还是不平等的"这一笼统的问题,无法给出确定的回答。人类个体之间既有相同之处,也有相异之处。

---

① 作为平等的对立面,不平等也是一个描述性概念和规范性概念的复合体,其描述性概念是指人与人之间在某一方面、某一属性或某一特征上相异、不同、有差别。同平等概念的复杂性一样,人们通常使用的不平等概念也横跨描述性和规范性两个范畴,将差别和差别对待复合起来了。

托尼指出：一方面，有人宣称，人们就总体而言在个性和智力方面的禀赋十分接近；另一方面，也有人认为，人类个体之间在个性和潜力方面有着深刻的差别。托尼援引了伯特博士有关学龄儿童教育能力分布的研究和精神缺陷委员会的报告，认为在描述的意义上，"人人平等是不堪一击的神话"，生物学家和心理学家已经积累了批驳这一神话的无法抗拒的证据。① 类似地，高瑞泉指出，无论从生物学还是从社会学的角度讲，都可以提出人们之间平等的若干经验证据，也可以提出人们之间不平等的若干经验证据。②

人类内在特征或外在特征所固有的多样性，意味着如果人们想要明晰地谈论平等，只能聚焦于某一具体特征，考察人们就某一具体特征而言是否平等，如果泛泛而谈，往往会陷入概念混乱。关于人与人之间在描述的意义上是平等还是不平等的问题，一种全面而均衡的观点首先应当看到，人与人之间在某些方面是平等的，而在另一些方面是不平等的。但有一点似乎是毋庸置疑的，那就是，人与人之间在"属人的"意义上都是平等的，也就是所谓的人种学意义上的平等。

这也同时意味着，类似"人人生而平等"或者"人人生而不同"这样的说法，因为没有明确人与人之间在哪个方面平等或不同，所以仍然过于笼统，得出的结论难免以偏概全，并注定会引起歧义。在这种情况下，正如萨托利所言，对平等概念的任何分析性理解，都回避不了一个前提性问题：就哪一个特征而言的平等？或者在哪一方面的平等？③

在表述平等概念时，只有明确了就哪个方面而言的平等或就哪个特征而言的平等时，相关表述才能摆脱由平等可能的多重含义带来的模糊和混淆。托尼明确指出，平等一词具有多种含义，而围绕"平等"的争议，部分原因就是由人们对平等多种含义的混杂使用导致的。④ 有些人认识不到平等是一个多面复杂的概念，因而对之采取非常简化的用法，误以为平等具有简单而确定的内涵，这是平等论辩中极易陷入的一个误区，人们常常意识不到不同面向的平等其实具有完全不同的内涵，甚至可以说是完全不同

---

① R. H. Tawney, *Equality*, London: Allen & Unwin, 1931, p. 47.
② 高瑞泉：《平等观念史论略》，上海：上海人民出版社2011年版，第184—185页。
③ 〔美〕乔万尼·萨托利：《民主新论》，冯克利、阎克文译，上海：上海人民出版社2009年版，第381页。
④ R. H. Tawney, *Equality*, London: Allen & Unwin, 1931, p. 46.

的概念。

本书主张,在使用平等的描述性概念时,最好使用人们"在哪一方面、哪一属性或哪一特征上相同"等具体而明确限定的表述,尽量避免使用"人人平等"等泛泛而不确指的说法,或只在有具体内涵的上下文语境中使用类似的说法。从英语语法的角度来说,就是要在平等前面加一个定冠词和修饰语——"在某一特定方面的或某一具体特征上的",使平等概念摆脱"不定冠词的泛指",成为由定冠词和修饰语明确界定的确指。比如,不用诸如"人人生而平等"这样笼统的说法,因为没有两个人生来是完全相同的,他们在性别、肤色、健康状况等方面,都不会是完全一样的,这就是"人人生而平等"这个说法一直存有争议的原因。比如哈耶克(Hayek)就常常与"人人生而平等"的说法唱反调,他强调"人人生而不同",认为"人人生而平等"的说法"显然与事实相悖"。① 其实,本研究的分析已经表明,哈耶克关于"人人生而不同"的说法同"人人生而平等"的说法一样,都是过于笼统的表述,很容易产生歧义,只有在具体说明人与人之间究竟"在哪一方面或哪一特征上不同"时,才能赋予本质上高度形式化和抽象层次很高的平等概念以具体内涵,"人人生而不同"的说法才能摆脱"笼统的泛指"成为具有"特定意涵的确指",才能摆脱"空洞的抽象"从而构成具有具体内涵的经验命题,人们也才能够就类似命题的真伪做出具体的经验判断。

平等理论的难点之一便是单一的形式化内核与多重面向之间可能导致的不同概念的混用和误用。如果人们把通常使用的平等概念具体化,就会发现,许多表面上看似乎是矛盾的观点,在经过具体的分析之后,原来的争议就不存在了,因为实际上他们说的很可能根本就不是同一个事情。

也就是说,"人与人之间是否平等"这一看上去似乎十分简单的命题,其实是个十分复杂和含义不清楚的问题。其答案之是与否,端赖人们所指的平等的具体内涵是什么。平等的具体内涵,往往由具体的社会历史情境所决定,社会的、政治的、经济的、道德的、伦理的、宗教的因素都在其中发挥作用。

比如,美国《独立宣言》宣称"人人生而平等"是"不言自明的"真理,但这丝毫不意味着它是明确的、清晰的和得到所有人相同理解的。林肯(Lin-

---

① 〔英〕弗里德利希·冯·哈耶克:《自由秩序原理》(上),邓正来译,北京:生活·读书·新知三联书店1997年版,第104页。

coln)很早就认识到了这一点,他在解释这句话时指出,《独立宣言》的作者们"并不打算宣布一切人在一切方面都是平等的","他们无意认为一切人都具有平等的肤色、身材、智力、道德发展水平或者社会地位"。① 实际上,这个说法只有在指"人们都是人",或者"在作为人这一点上人们是相同的"这样的意思时,才不会产生歧义。正如艾德勒所言,"人生而平等"的说法,或者"人与人平等"的说法,如果是真实的,那么,它就"只限于能够实际证实人与人平等这个方面,也就是说,实际上是指,他们都是人,都具有人种的特性",而在其他方面是不存在人人平等的。②

人们在某些方面可能是平等的,在另外一些方面则可能是不平等的。但有一点是肯定的,那就是人们不可能在所有方面或所有特征上都平等。当然,人们之间的广泛差异没有也不可能突破一个底线,那就是所有人在属人这一点上是相同的,在人皆属于人类这一意义上,所有人都是平等的。托尼认为,人与人之间广泛而深刻的差别不足以否定人与人之间"共同的人性"。③ 亚里士多德所说的公民应当"都具有平等而同样的人格"④,贝尔(Bell)谈到的人种平等⑤,尼克利(Nikelly)谈到的人在物种方面的自然平等⑥,指的都是人属于同一生物物种,拥有许多人种学意义上的共同特征。卢梭也在这个意义上理解平等,认为"凡属同一种类的动物都是平等的"⑦。

在描述的意义上,人与人之间既是平等的,又是不平等的,这是平等理论在描述性范畴存在的一个基本悖论。在认识到"人人生而平等"的同时,也要看到其对立面"人人生而有别";在认识到"人人生而有别"的同时,也要看到"人之为人的相同性"。认识不到这个悖论并偏执于一端,是肤浅的和极端幼稚的,不利于人们对平等形成全面和均衡的认识。

---

① 〔美〕乔万尼·萨托利:《民主新论》,冯克利、阎克文译,上海:上海人民出版社2009年版,第372页。

② Mortimer J. Adler, *Six Great Ideas*, NY: Touchstone Books, 1981, pp. 166-167.

③ R. H. Tawney, *Equality*, London: Allen & Unwin, 1931, p. 111.

④ 〔古希腊〕亚里士多德:《政治学》,吴寿彭译,北京:商务印书馆1965年版,第68页。

⑤ Wendell Bell, "A Conceptual Analysis of Equality and Equity in Evolutionary Perspective," *American Behavioral Scientist*, Sept./Oct., 1974, p. 22.

⑥ Arthur Nikelly, "The Origins of Equality," *Individual Psychology*, Mar, 1990, p. 24.

⑦ 〔法〕卢梭:《论人类不平等的起源和基础》,李常山译,北京:商务印书馆1962年版,第63页。

平等的描述性概念,是用来描述事实的,因而可以构成实然判断。而关于实然判断,人们可以用经验证据来检验其真伪。比如霍布斯(Hobbes)在谈到人的平等时认为,"自然使人在身心两方面的能力都十分相等"①。他的这一主张或假设,相较于"人人平等"这样笼统的说法而言,更具体一些,也更容易与现实经验产生勾连,从而用经验证据来验证,比如可以通过具体地比较人们在身体和心智方面的能力,来验证上述假设。

在描述的意义上使用平等概念,意味着平等是经验的、实证的。也只有在经验和实证的意义上,平等的描述性概念才能构成实然判断,人们才能对这些判断的真伪依据经验证据做出科学的裁决。形而上的和超验的平等含义,不构成任何实然判断,无法为人们理解人与人之间是否平等提供切实的经验线索。

因而人们在阐述或运用平等的描述性概念时,应避免使用超验的和形而上的表述,因为有关平等的很多无谓的争论就源于这样的命题和表述,对于超验的命题和表述,既无从证实,也无从证伪,永远不会有确定性的结论。人们尤其要避免如下的几种说法:人与人价值平等、人与人内在道德的平等或者人与人之间内在的、本质的平等。这样几种说法意图确立人与人之间某种被认为是"不证自明的"相同性。实际上,这几种说法,其所谓的"不证自明",是形而上的和超验的,完全超出了人类可能经验的边界,无法得到经验证据的检验和支撑。

对于这样的宣称,既无从证明,也无从证伪。上述这些貌似简单、自然和不证自明的表述其实是含混的、模糊的,需要人们仔细分析和推敲。细思之下,这些貌似不言自明的说法没有一种是确有所指的。比如,当一些学者说"人与人价值平等"时,他们究竟要表达什么意思呢?这恐怕连他们自己也是永远说不清楚的。

再比如,人与人尊严平等,或者人人都有相同的尊严这样的说法,又是指的什么呢?迄今为止,对尊严的最清晰的表述来自康德,他说"没有等价物的,才是尊严"②,借以表达人的某种不可侵犯性,表示某种无价的从而无可替代的东西。也就是说,尊严表示不可剥夺的、无价的东西,或者是价值趋向无穷大的东西,而无穷大是不可比较的,因为它不是一个明确的值,而

---

① 〔英〕霍布斯:《利维坦》,黎思复、黎廷弼译,北京:商务印书馆1986年版,第92页。
② 〔德〕康德:《道德形而上学原理》,苗力田译,上海:上海人民出版社1986年版,第87页。

是一个不断趋向更大的过程。在字面上,两个无穷大都是无穷大,但两个无穷大却很难是等价的和同样的无穷大。也就是说,尊严是对某种不可剥夺的东西的称谓,而如果尊严有被剥夺的危险,必然遭到强烈的甚至不惜代价的反抗。但如果因此说两个人尊严相等或者相同,则并不确切。对于尊严,虽然每个人都能切身感受到,但却难以界定。与尊严平等相近的一个概念是"受尊重的平等",这个概念跟平等的尊严很接近,但也同样难以捉摸、难以界定,并且正如波尔指出的,不容易对其进行具体的政治干预。①

因而,学界在使用平等概念时,应尽可能地使用其清晰、明确的含义。人人生而平等、人与人之间价值平等、尊严平等等说法,虽然能够在人群中引起共鸣,在特定情况下也能促成某种情绪和行动,但表述并不严谨,传达的含义不清晰,容易引起误解,不适合在学术语言中使用。

(二) 平等的规范性概念

平等的规范性概念,是指人们"在某一方面得到相同对待"②,是一种价值选择,属于应然范畴,用以说明人们的价值取向。

就规范性范畴的平等概念而言,波季曼指出,并不存在所谓"纯粹的平等"这种东西。如果一定要给"纯粹的平等"下定义,最终只能得到"在某方面相同对待"的纯粹形式的定义。③ 雷克夫也指出,形式上,平等可以归结为一个概念,即"在某方面的同等对待"。④

平等规范性概念的上述定义是形式定义,可以将各种各样的平等要求统摄起来,使得不同平等要求在实质内容上的差别变得一目了然。依据在某一特定方面的相同对待,平等就被划分为不同的类别,冠以不同的名称,并构成相应的平等主张。比如性别平等,就是指人们不应仅仅因为性别的差异而在受教育机会、就业、薪酬等方面受到歧视性的对待。

托尼指出,规范性的平等概念是"对人与人之间相互关系的算术隐喻",包含了多种相互背离的含义,而其在不同情境下的具体含义则依赖于

---

① 〔英〕J. R. 波尔:《美国平等的历程》,张聚国译,北京:商务印书馆2007年版,第421页。
② 与平等相对立,不平等的规范性概念指"在某方面的差别对待"。
③ Louis Pojman, "Theories of Equality: A Critical Analysis," *Behavior and Philosophy*, Summer, 1995, pp. 1–3.
④ Sanford Lakoff, *Equality in Political Philosophy*, Boston: Beacon Press, 1968, pp. 5–6.

特定时代的社会政治现实和经济环境。①

描述性范畴的平等概念具有多重面向。同样地,规范性范畴的平等概念也具有多重面向,因而人们在使用平等的规范性概念时,同样应该明确其意所指,尤其是明确其在具体历史情境下的、特定的社会政治意涵。在这方面托尼给我们做了一个很好的示范。他在论述人人平等的伦理含义时指出,美国《独立宣言》在宣布人人平等时,主要关注的是北美殖民地摆脱旧宗主国的统治,从而确立一种与旧世界的新的关系定位;法国大革命在宣布平等口号时,意在摆脱不公正的封建专制特权②和荒谬的法律差异的摧残③。

同描述性范畴的平等概念一样,规范性范畴的平等概念也是一个大词,是一个由多重含义构成的集合概念,对于这样的概念,使用其精确定义的或者分析上单义的概念是必要的,否则,就容易造成概念的混乱。

比如,亚里士多德认为,"假如不平等者所受的待遇相称于他们之间的不平等,那就没有什么不平等"④。这一被许多当代学者推崇的论断在不同的情境下会有不同的解释,因而容易引起歧义和混乱。一方面,赞同亚里士多德论断的学者可能认为,虽然人们得到的是不相同的待遇,但就按某一特定标准为人们分配待遇而言,人们受到了平等对待,在这个意义上,可以称为平等。比如说,假如一个社会都同意按照劳动时间来分配劳动产出,那么这种分配是平等还是不平等呢?这种情形下,就存在着看待平等的多重面向问题。如果从该社会就人们设定的某一标准进行分配而言,人们坚持了平等;但就分配结果而言,既可能出现平等的结果,也可能出现不平等的结果,端赖一个人提供的劳动时间的长短。如果这样来理解,亚里士多德的这个论断基本上是错误的,其错误的根源在于不是明确地而是大而化之地使用平等概念。

有学者对亚里士多德的这个论断提出了另一种情形和解释。比如说,两个人饭量不一样,甲饭量小,需要 5 个馒头就能吃饱,而乙饭量大,需要

---

① R. H. Tawney, *Equality*, London: Allen & Unwin, 1931, p. 120.

② 专制与不平等紧密关联是因为专制中包含了不平等的支配关系,一方处于支配地位,另一方往往不情愿地处于被支配地位。

③ R. H. Tawney, *Equality*, London: Allen & Unwin, 1931, pp. 46–47.

④ 〔古希腊〕亚里士多德:《政治学》,1301b。参见〔美〕乔万尼·萨托利:《民主新论》,上海:上海人民出版社 2009 年版,第 383 页。

10个馒头才能吃饱。如果一个社会根据需要分配食物,那么甲将获得5个馒头,而乙将获得10个馒头。虽然甲乙二人获得的食物数量不同,但他们获得了相同的饱腹感,或者说他们获得了饱腹感意义上的平等。在饱腹感这个意义上,亚里士多德的这个论断似乎是成立的。但有必要指出的一点是,按照需要进行分配,往往是关系极其紧密的小团体(比如家庭)中实行的分配原则,或者是极端情况下的分配原则,不是一个社会在和平年代或通常情况下分配稀缺资源的原则。也就是说,这个假设的情形与本研究关注的论题不太相关。

马克思在使用平等概念时,也跟他们同时代的人一样,常常使用其抽象的和宽泛的含义,不明确其所指。比如,他在《神圣家族》中论述道,"自我意识是人在纯思维中和自身的平等","平等是人在实践领域中对自身的意识,也就是人意识到别人是和自己平等的人,人把别人当作和自己平等的人来对待"。而且"平等是法国的用语,它表明人的本质的统一、人的类意识和类行为、人和人的实际的同一,也就是说,它表明人对人的社会的关系或人的关系"①。

因为马克思、恩格斯主要是在抽象的和宽泛的意义上使用平等概念,所以在同一句话里,平等可能具有几种完全不同的含义。比如,恩格斯认为,"法律上的平等就是在富人和穷人不平等的前提下的平等,即限制在目前主要的不平等的范围内的平等,简括地说,就是简直把不平等叫做平等"②。

恩格斯在这一表述中虽然使用了平等一词,但实际上意欲表达的却是三种不同的平等的概念:第一次使用的平等的概念,是"法律上的**平等**",指的是资本主义社会中公民身份的平等,即法律不再保护封闭的封建世袭等级特权;第二次使用的平等,出现"在富人和穷人**不平等**的前提下",这里的不平等,指的是富人和穷人在生产资料拥有和财富等方面的不同,是在财产和财富拥有的意义上使用平等概念;第三次使用的平等,是"在富人和穷人不平等的前提下的**平等**",这里使用的平等概念,就是马克思、恩格斯经

---

① 《马克思恩格斯全集》第2卷,北京:人民出版社1957年版,第48页。将平等视为抽象的自我意识的观点,更早见于黑格尔的理论,参见〔德〕黑格尔:《法哲学原理》,范杨、张企泰译,北京:商务印书馆1961年版,第15页。

② 《马克思恩格斯全集》第2卷,北京:人民出版社1957年版,第648页。

常论及的"形式平等"。

实际上,如果不是使用平等的抽象和集合的概念,而是在每一次使用平等时都清楚地指明"就哪一方面而言的"平等,那么就不会出现"简直把不平等叫作平等"的看似自相矛盾的情形了。

如果认识不到平等的规范性概念可能具有的多重含义,而笼统地使用平等概念,就会产生一些似是而非的困惑。比如有的学者说,"以前认为平等只意味着同样,平等待人意指同样对待他们",而"现在认识到,同样对待可能违反平等观念"[1]。实际上,如果把这句话中"平等"二字所指的确切含义说清楚,这种表面上的自相矛盾就不存在了。再比如,有学者认为,平等,"在法学意义上是一种以法律的手段来确认、平衡现实生活中那些反映历史必然的以实质不平等为内容的平等"[2]。这种"以实质不平等为内容的平等"的说法,使平等所指的含义宽泛到能够容纳其反题的程度,使平等的概念不再具有明确的内涵,并因而丧失其分析上的功能。

认识不到规范性平等概念的多重面向,或者在阐述平等时笼统而不明确平等概念的具体内涵,还会使平等的论辩失去焦点,变得不适当的简化、泛化、空洞化或极端化。比如,对于"人们应不应该追求平等"这个问题,该如何回答呢?

如果做肯定的回答,将难免会遇到这样的诘问:所有的平等都是可欲的吗?或者说,尽管有些平等是可欲的,但是不是也存在那么一些平等,它们是不可欲的?如果做否定的回答,则可能面临另一种诘问:所有的平等都不可欲吗?

也就是说,因为平等的规范性概念本身是多义的,"人们应不应该追求平等"这个看似简单的问题,本身也是多义的,任何肯定或否定的回答,都难免以偏概全。这也就意味着,该问题的提问方式本身就存在问题。如果把有关平等的辩论仅仅看成是有些人赞成平等,有些人反对平等,就会忽略掉一些非常重要的东西。阿玛蒂亚·森(Amartya Sen[3]敏锐地注意到了

---

[1] 朱应平:《论平等权的宪法保护》,北京:北京大学出版社2004年版,第153页。
[2] 陈忠林:《刑法面前人人平等原则——对〈刑法〉第4条的解释》,《现代法学》2005年第27卷第4期。
[3] 有的译文的中译名为阿马蒂亚·森。本书中除所参考的文献使用该译名外,其余全部使用阿玛蒂亚·森。

这一点,他认为,分析和评价"平等"的核心问题是首先要说清楚究竟是"哪一方面的平等"。把人们笼统地称为"平等主义者"也未必妥当,因为存在许多种不同的平等主义者,比如收入平等主义者①、福利平等主义者、机会平等主义者等不同的平等主义者,他们的诉求并不一致,甚至相互冲突。即便是古典功利主义者和自由至上论者,在某种意义上也是平等主义者,他们的主张中也隐含着这样那样的平等诉求。正如阿玛蒂亚·森指出的,如果一种理论不在某些人们关注的重要领域追求平等,伦理可行性就难以达致。②

平等规范性概念的多重含义还意味着,对一个社会规范性平等现状的评估要关照平等的多重面向,不可一概而论。人的社会生活包含方方面面、极为丰富的内涵,不可能用一项指标或一种平等来做出全面概括。平等概念所隐含的多维度意味着,对于"一个社会是否平等"这样笼统性的问题而言,合适的答案注定是多维度的,任何单维度的评价都难免以偏概全。由于自然的或社会的原因,不平等是无处不在的。任何系统,包括社会政治系统的演变,必然会产生分化和不平等,其中就包含了由于自然或社会的原因而导致的不平等。因此,如果要对一个特定社会的规范性平等的现状进行描述,需要对该社会在政治、社会、经济、教育等不同领域、不同方面的各种特定平等或不平等的现状做出全面的说明。

在对一个社会的平等现状做评估时,人们必须清楚地意识到平等的观念与平等的现实态度之间的差别。比如,美国《独立宣言》虽然宣称"人人生而平等",但参加大陆会议的北美殖民地的许多代表本身就是大种植园主,有些甚至是蓄奴主义者,即便《独立宣言》的主要起草者杰弗逊(Jefferson)本人也蓄有奴隶。③ 罗伯特·A. 达尔(Dahl)指出,美国《独立宣言》所宣称的"人人平等"也将历史上一直栖息于北美大陆的印第安人排除

---

① 英国费边主义者萧伯纳是收入平等主义者,他认为,"唯一令人满意的方案是给予每个人以同等份额,而不论她是什么样的人,不论其年龄、所从事的工作或其父亲是谁"。参见 G. B. Shaw, *The Intelligent Woman's Guide to Socialism and Capitalism*, London: Welcome Rain Publishers, 1928, p. 19。

② 〔印度〕阿玛蒂亚·森:《论经济不平等/不平等之再考察》,王利文、于占杰译,北京:社会科学文献出版社 2006 年版,第 217—226 页。

③ 参见 Kenneth Karst, "Equality as a Central Principle in the First Amendment," *University of Chicago Law Review*, No. 43, 1975/1976, p. 20。

在外。① 此外,人们还要认识到"写在法律中的平等"与社会现实中的平等之间的区别,比如,印度法律中已经不再认可种姓制度,但在有些印度乡村地区,种姓制度仍然是社会结构中的支配性要素。

规范性平等的多重面向蕴含了这样的可能,不同面向的平等未必完全相容,有些平等之间甚至可能会相互抵牾。如果这样的情况存在,也就意味着,人们或许不得不在各种各样的平等之间加以权衡取舍,选择某一特定方面或某些特定方面的平等加以关注,而不可能在所有方面都追求平等。

实际上,任何一个社会都不可能对所有人在所有方面都相同对待,注定会存在各种各样的不平等。但这丝毫不意味着人们对所有的不平等都应无动于衷、放任自流。在不同的历史时期,某些特定的不平等会被认为是不合理的和不正义的,从而需要加以约束或废除。人们提出平等诉求,就是在有选择可能的条件下,意图突破某种自然的、社会的或者历史传统的不平等秩序,体现人们在特定历史情境下的道德伦理判断。

平等的描述性概念,构成实然判断,对于这样的判断,需要的是用经验证据检验其真伪。而平等的规范性概念,当用来表达价值诉求时,就构成应然判断,涉及人们在众多可能选项中的某一特定选项,因而需要证成。②

由于自然或社会的原因,作为规范性范畴的不平等是无处不在的,这是一个大背景,因而无须特别的论证。而人们提出平等诉求,则是在有选择可能的条件下,意图突破某种自然的、社会的或者历史传统的不平等秩序,是一种体现人们价值选择的道德伦理判断,需要进行论证。③ 在这个意义上,规范性范畴中的不平等可以被看作是默认的缺省状态。

因为人们对平等的追求往往意味着改变既定道德规范和社会政治秩序的现状,以及尝试推行新的道德规范或社会政治秩序,因而需要对新的平等主张或要求提出根据。由不平等向平等的转变需要论证,主要有三方面的原因。一是历史上的不平等曾经被人们接受并长期实行,具有某种程

---

① 〔美〕罗伯特·A. 达尔:《论政治平等》,谢岳译,上海人民出版社2010年版,第12页。

② 参见 Gustavo R. Velasco, "On Equality and Egalitarianism," *Modern Age*, 1974, Winter, pp. 21-22。

③ 柏林提出了相反的观点,波季曼将其命名为"平等的推定"(the presumption of equality),但柏林对此观点的例证不具有任何现实性。参见 Isaiah Berlin, "Equality as an Ideal," *Proceedings of the Aristotelian Society*, 1955, p. 56。

度的正当性,新的平等主张必须首先改变人们对原有传统或秩序正当性的信仰,才能确立人们对新主张的认同;二是道德规范和社会政治秩序的改变一般来说会伴随着利益格局的重大调整,影响某些群体的既得利益,因而往往会遭到这些群体的激烈反对,如果不依赖强权,那么肯定需要展示新秩序的强大说服力和根据;三是人们可能会提出迥异的,甚至相互冲突的平等要求,因而每一平等主张都有必要说明为什么某一特定的平等主张优于其他的平等主张,因而值得追求。①

有一种观点认为,平等只是体现了人们对理想社会的诉求,本身是说不清楚的,也是难以论证的,这将导致平等的怀疑论,甚至是不可知论。本研究认为,平等确实是复杂的概念,人们对平等的追求也可以出于很多不同的理由,甚至是相互冲突的理由,但理性的人们追求平等,必然有其可以理解的理由。仅凭对美好社会的朦朦胧胧的向往而不是实实在在的经验证据,人类就能在平等方面可以取得扎实的进步,是难以想象的,因为不同的人们对美好社会的认识千差万别,平等未必是所有人理想中美好社会的基本要素。

二、平等双重概念的混杂和区分

将平等的描述性概念与规范性概念做出明确区分,只是比较晚近的事情。在欧美学术传统中,平等的双重概念是被混杂在一起使用的,这有三个可以理解的原因。

一是古希腊思想的影响。"数学上的相等",本来就是平等概念的要素之一,既可以在描述性范畴内使用,表示某种"数量上的相等",也可以在规范性范畴内使用,表示相互对待的"数量上的相等"。因而将"数学上的相

---

① 格林沃尔特(Greenwalt)持相反的观点,他认为平等的道德力量在于"平等的假定",这个假定包括两个方面:一是当不确定两个人是否在道德相关方面相同的时候,或者当没有足够的理由不相同对待人们的时候,我们就应该平等对待他们。也就是说,论证的负担或者责任在于不平等观点的一方。二是当支持和反对平等对待人们的理由都存在时,除非反对平等待人的理由更强,否则应该平等待人。参阅 Kent Greenwalt, "How Empty Is the Idea of Equality," *Columbia Law Review*, Vol. 83, pp. 1171-1175. 当然,这两种相互对立的观点都不可能说服所有人,而最终只能诉诸多数人的道德判断。

等"与平等概念做某种联系是再正常不过的。亚里士多德是最早的系统论述平等的学者,他将"平等"与"数学上的相等"紧密联系在一起,认为"在每种连续而可分的事物中,都可以有较多、较少,和相等","相等就是较多与较少的中间",是"既不太多也不太少的适度"。①

将平等和"数学上的相等"紧密联系在一起使用本来不是问题,问题在于,合适的处理方法是将"数学上的相等"看作一种"价值中立"的形式概念要素,当作一种概念工具,既可以表达描述性范畴的"数量上的相等",也可以表达规范性范畴的相互对待的"数量上的相等",而不是将"数学上的相等"这一形式工具要素本身看作一种德性,甚至将其极其不适当地神圣化。比如,毕达哥拉斯学派认为,"数"具有神圣的性质,甚至认为数是一切存在的本原,像公正、灵魂和理智等,都不过是数的某种属性。②

在这种情况下,平等概念因为包含着"数学上的相等"的要素,又自然而然地出现在对规范性平等要求的论证中,为平等要求提供了某种似乎科学的,甚至神圣的证明。③ 亚里士多德把平等看作一种德性或完美的品质,"过度与不及都破坏完美",都是恶,而适度则是德性的特点,因而平等是德性的特点。他认为德性要求平等,因为德性"是一种适度,以选取中间为目的","是两种恶,即过度与不及的中间"④。

这大概是将描述性范畴的平等概念与规范性范畴的平等概念纠结在一起的思想源头,而这一点,一旦形成习惯,就难以克服,因为"数学上的相等"这一形式概念要素既可以用于描述性范畴的平等概念,也可以用于规范性范畴的平等概念。

二是在近代休谟命题提出以前,人们很少有意识地区分应然与实然。平等概念也不例外,人们很少有意识地和明确地将平等的双重概念区分使用。在欧美的日常用语和学术语言中,平等的描述性概念与规范性概念都

---

① 〔古希腊〕亚里士多德:《尼各马可伦理学》,廖申白译注,北京:商务印书馆2003年版,第45—48页。
② 参见〔英〕卡尔·波普尔:《开放社会及其敌人》第1卷,陆衡等译,北京:中国社会科学出版社1999年版,第13页。
③ 这在某种程度上可以解释何以平等与多数人的道德直觉相符合。当然,这并不排除人们经过审慎的思考和分析之后,会得出与道德直觉不一致的观点,以区别于人们某些道德直觉的简单和粗疏,改变某些道德直觉中对某一观点和问题的不证自明的看法。
④ 〔古希腊〕亚里士多德:《尼各马可伦理学》,廖申白译注,北京:商务印书馆2003年版,第45—48页。

使用同一个词 equality，并形成根深蒂固的语言习惯。意大利语中的 eguale、法语中的 égal 和德语中的 gleich，除了表示规范性的平等概念之外，还含有"相同"之意。① 即使是在休谟命题以后的欧美学术界，对平等双重概念做出明确区分的学者也十分少见。由于语言习惯的影响，对平等双重概念所做的有意识的区分，在语言表述上往往显得烦琐和拗口，不易推广。

三是平等概念极具伸缩性和包容性。正如前文已经指出的，平等的形式定义，不论是描述性的还是规范性的，都可以毫无所指，也可以无所不指。这就使得平等这一概念，不仅可以指平等的形式定义，在许多人的表述中还同时混杂着各种各样的具体定义，使人们日常使用的"平等"一词成了一个名副其实的大杂烩。也就是说，人们日常使用的"平等"一词，不仅将截然不同的描述性概念和规范性概念混杂在一起，而且将抽象的平等概念和各种具体含义也混杂在一起。

混杂了双重范畴以及多重含义的"平等"一词，本来是不适合用作学术语言的。因为，一个概念如果包括多种内涵，通常都会导致其分析功能的下降，甚至彻底丧失。但自亚里士多德以来的学术传统中，平等一词却一直在含混地使用着，这种混杂使用是造成当代平等理论深陷困境的原因之一。

对平等的双重概念的混淆和混杂使用，不仅影响了人们对平等的双重概念的分析性理解，使人们无法有意识地和明确地将平等的双重概念区分开来，而且严重阻碍了人们在处理由不同的平等概念所构成的不同命题时，有意识地选择适当的方法去判断。具体来说，平等的描述性概念是用来描述事实的，因而构成实然判断。而关于实然判断，人们可以用经验证据来检验其真伪。而由平等的规范性概念构成的平等主张或平等要求，是应然判断，需要提供理由和根据。

为了思维的清晰性和概念使用的前后一致，也为了使不同的人们在论及平等时能够进行可理解的交流，本书主张，在使用平等的概念时，要注意以下三点。

第一，要将平等的描述性概念与规范性概念区分开来，即将实然范畴的相同性与应然范畴的相同地对待区分开来，也就是将人与人是否相同与是否应将人们相同对待区分开来。作为相同性的平等，描述经验事实；作

---

① 〔美〕乔万尼·萨托利：《民主新论》，冯克利、阎克文译，上海：上海人民出版社 2009 年版，第 381 页。

为相同对待的平等,则主要涉及道德伦理判断。

第二,慎重使用平等的数学含义。描述性的平等概念内涵有"相同性"的含义,规范性的平等概念中内涵有对待上的"相同性",而数量上的相等也是"相同性"的一种,因而"平等"一词和数量平等有着千丝万缕的联系。人们应当将"数学上的相等"当作表达平等的双重概念的形式工具要素,把那些不适当地附着于其上的伦理或神学含义剥离掉。"数学上的相等"只是用于表达某些概念的形式工具要素,本身是"价值中立"的,要将笼罩在数学上的神秘色彩祛魅化。这种神圣化给作为规范性平等概念的平等要求蒙上一种神圣色彩,使不同的平等观点之间难以进行论辩和达成妥协。

此外,将"数学上的相等"神秘化的做法,在用于平等的论辩中时,本身存在不可克服的矛盾。比如亚里士多德认为平等包括两类:一类是数量相等,另一类为比值相等或比例相等;数量相等就是一个人所得的相同事物与他人所得相等,比值相等就是根据各人的价值按比例分配与之相衡称的事物。① 而数量相等和比值相等往往是不一致的,在这两种以数学概念表达的平等之间,就出现了矛盾。而这一矛盾是难以克服的,因为数量和比例都以似乎神圣的数学作为自己的论证基础。在这两种不一致的平等之间,他认为平等的首义为比例的平等,数量的平等居其次。② 但他对自己的这一观点没有做出论证,只是做了宣称。

今天,人们对数学有了更广泛、更深刻的认识,更多的是将其看作以公设为前提的形式逻辑和演绎体系。在社会科学研究中,对变量的测量有四个层次,即定类、定序、定距和定比,而平等和相等对应于不同的层次,也具有不同的含义。对定类变量(也称类别变量、名义变量)而言,相等只说明被比较的事物属于同一类别;对定序变量而言,相等说明被比较的事物属于同一序列中的同一层次;对定距变量而言,相等就是人们通常理解的两个变量数值相同的意思。对于定类、定序和定距变量而言,两个变量之间的比例没有意义,而只有定比变量之间的比例才有意义。用数学语言来表述平等并不能解决平等要求之间性的冲突,亚里士多德提到有些人(主要

---

① 〔古希腊〕亚里士多德:《政治学》,吴寿彭译,北京:商务印书馆1965年版,第238—239页。
② 〔古希腊〕亚里士多德:《尼各马科伦理学》,苗力田译,北京:中国社会科学出版社1990年版,第242页。

是平民)坚持数量平等,而另外一些人(主要是贵族)则认为应该坚持比例平等①,这就产生了冲突。而这两种平等主张的冲突是原则性冲突,数学自身并不能提供答案。② 以数学语言说明平等的还有康有为,他认为"人类平等是几何公理"③,但对平等做类似的宣称丝毫无助于解决不同平等主张之间的矛盾和冲突。

第三,要在准确和严格限定的意义上使用平等概念。比如尽量不使用诸如"政治平等""经济平等"等笼统的说法,而是将这些概念意图表达的某种确切内涵析出,用严谨、清晰的语言表述。比如"经济平等"既可以指财富拥有的平等,也可以仅指收入分配的平等。再比如"政治平等",既可以指"相同的选举权与被选举权",也可能指"相同的政治参与机会",或者指"相同的政治影响力"。在这几种含义中,不管意欲指称哪一种含义,都应尽量使用其清晰明确的表述,而不用笼统的说法。托克维尔曾经告诫人们在使用一个概念时,要下苦功夫弄懂它们的真实含义,使用这个概念明确的和受到最为严格限定的含义,避免含含糊糊,从而使得人们在读到它时明确其意所指。④

这一点,对于平等的论辩尤为重要。似乎难以想象,人们如此多地谈论平等,却没有一个对平等的明确且被广泛接受的定义,人们头脑中的平等概念往往是宽泛的、模糊的。人们在使用这个概念时,其含义也就难免宽泛、模糊,甚至会自觉或不自觉地同时使用其相互矛盾的含义⑤,在运用这一概念时也就经常自觉或不自觉地在其诸多内涵中转换和游移,有意或无意地偷换概念。而形式逻辑的同一律要求人们在思维的过程中,每一个概念的内容都是确定的和同一的,不能随意变换。

如果人们不注意使用平等的准确含义,就不要指望摆脱平等论辩中的混乱。这些混乱只会使那些浅薄的诡辩家浑水摸鱼、从中获利。宽泛、模

---

① 〔古希腊〕亚里士多德:《政治学》,吴寿彭译,北京:商务印书馆1965年版,第239页。
② 亚里士多德认为,正当的途径应当是分别在某些方面以数量平等为原则,而另一些方面则以比值平等为原则。参见〔古希腊〕亚里士多德:《政治学》,吴寿彭译,北京:商务印书馆1965年版,第239页。但究竟是在哪些方面坚持数量平等而哪些方面坚持比值平等呢?这恐怕是一个没有标准答案的问题,也是一个难以取得一致意见的问题。
③ 《康有为全集》第1卷,上海:上海古籍出版社1987年版,第279页。
④ 参见 George Wilson Pierson, *Tocqueville in America*, Garden City, NY: Anchor, 1959。
⑤ 参见 Douglas Rae, et al., *Equalities*, Cambridge, MA: Harvard University Press, 1981。

糊的概念是诡辩术士绝佳的魔术道具,他们往往利用其娴熟的伎俩,在人们的不知不觉中偷换概念以达到混淆视听的目的。

对平等概念的模糊使用不仅会在理论层面制造混乱,而且在实践层面也会让人们无所适从,模糊、宽泛的平等概念对于指导人们在平等方面应该何去何从上过于含糊其辞,而且"含义的模糊性往往造成截然相反的理解,并会表现出对有着根本冲突的政策的支持"①。如果一个概念可以用来指称截然相反的事物或支持迥然相异的观点,那么这个概念将会变得难以捉摸,其对实践的指导作用也会大打折扣。韦伯(Weber)提醒人们,"在实际的经济政策和社会政策的辩论中,忽视构造清楚的概念已经变得尤其危险",他把含义模糊、宽泛的概念比作一门学科里"难以管教的孩子";他认为,"使用日常语言的无区别的集合概念始终是思想和意旨不清楚的托词,它确实也常常是令人可疑的蒙骗工具,它又始终是妨碍阐述恰当地提出来的问题的手段";他指出,如果人们想从由"含糊的短词"所造成的混乱中走出来,"凭借概念清楚而精确地规定各种可能的观点是唯一的道路"。②

当然,对于平等这样一个抽象层次极高和含义极其丰富的概念而言,要人们每次在使用平等概念时都使用严格的限定词,是不易做到的。但有一点是清楚的,那就是,如果不这样做,就会付出代价,就会给有关平等的公共政策辩论带来不必要的混乱。

三、平等双重概念之间的内在联结

前文已经指出,为了驱除平等概念使用中的混乱,解开平等之谜,人们有必要对平等的双重概念做出明确界分。否则,二者就会被不恰当地混淆起来。

但对平等双重概念的明确界分,丝毫不意味着二者之间没有任何联系,丝毫不意味着人们可以彻底切断二者之间内在的逻辑联结,因为它涉

---

① 〔美〕罗伯特·A. 达尔:《现代政治分析》,吴勇译,北京:中国人民大学出版社2012年版,第176页。

② 〔德〕马克斯·韦伯:《社会科学方法论》,韩水法、莫茜译,北京:中央编译出版社2008年版,第56—59页。

及人类思想史上一直以来一个争论不已的问题,即道德伦理论证中应然与实然的关系问题。

"作为相同性的平等"属于实然范畴,而"作为相同对待的平等"属于应然范畴。人们关于相同对待的规范性主张恰恰离不开有关相同性的实然判断的支撑。将平等的复合概念按照描述性和规范性两个范畴作出的界定,即"作为相同性的平等"和"作为相同对待的平等",就通过"相同性"这一中介要素联结起来了,这就清楚地揭示出平等的双重概念紧密地复合在一起的原因。也就是说,平等的规范性主张的证成离不开平等的描述性判断的支撑,这是长久以来在认识论层面上导致平等双重概念相互纠结的原因所在。这种纠结,不管多么混乱,不管多么没有必要,却无法彻底扯开、撇清。

任何符合逻辑的规范性平等主张的证成,都必然采用"相同的人相同对待",或者更广义地讲,"相同情况相同对待"的形式原则。具体地说,就是将"在哪一方面相同的人,在哪一方面相同对待"这一原则具体化,从而构成具体的平等主张。用波季曼的话说,规范性的平等主张是一种"四元关系",即如果两个人(在某种属性上)是平等的,那么,他们就应该(在某一方面)得到同样对待。[1]

萨托利曾试图通过将平等的规范性判断与平等的描述性判断做出明确的切割,以图走出平等双重概念相互纠结的困境,但并不成功。他说,"价值选择独立于事实,也不是从事实中推导出来"[2];对平等的道德要求,"既不包含也不需要事实上的相同性,是否生来相似(相同)这一事实和他们理应被一视同仁这一伦理原则之间并不存在必然联系";人们追求平等,是因为人们认为"它是一个公正的目标,不是因为人们确实是相似的,而是因为人们感到,他们理应被认为好像是相似的",尽管事实上他们并不相似。他认为,从历史上看,他的观点得到了以下事实的支持:"最基本的平等主义原则,例如平等的自由、平等法则、法律面前人人平等,并非来自人是相同的这一前提"[3]。

---

[1] Pojman, "Theories of Equality: A Critical Analysis", *Behavior and Philosophy*, Vol. 23, No. 2, 1995, p. 1.

[2] 〔美〕乔万尼·萨托利:《民主新论》,冯克利、阎克文译,上海:上海人民出版社2009年版,第61页。

[3] 同上书,第373页。

萨托利意图走出平等的迷宫,却步入了一条死胡同。尽管平等主义原则并非来自"人在各方面都是相同的"这一前提,但一定来自于某种相同性前提,比如人们"都属人"这一前提。尽管人与人之间在诸多方面会有不同,但就人们都属人这一点而言,却是千真万确,还没有被谁否认过。如果否认了这一点,属人的类概念将不复存在,迄今为止有关平等的一切理想、追求和信念就失去了全部的经验基础。就人们"都属人"这一前提而言,主要是在类别意义上的,而不是程度意义上的。正如安德森(Anderson)指出的,把任何人贬低到"次人"的地位都将是一种严重的冒犯。① 或者如托尼指出的,尽管人们在能力和性格方面殊为不同,但他们作为人,都有资格要求获得同样的尊重和关切。②

类似地,波普尔(Popper)也曾经意图切断平等双重概念之间的联结,也同样不成功。他辩论道:"反对奴隶制的决定,并不依赖于所有人都生而自由且平等,以及没有人生来就带着锁链这个事实。"③但反对奴隶制的决定却必然要以某种事实作为论证基础,比如说,奴隶和主人都是人的事实,因为"二者都是人",所以一方不能奴役另一方,或者说一方奴役另一方是违背人性的。

实际上,萨托利和波普尔对于平等双重概念之间内在逻辑联结的反驳,无法对"相同的人相同对待"——或者更广义地讲,"相同情况相同对待"——的形式原则造成真正的冲击,因为均衡而全面的平等观点从不简单地认为"人们在所有方面都是平等的",它们并不否认人与人之间在很多方面有所不同,但是也清楚人道主义的基本底线,即人与人之间在"属人"意义上的平等,而对每一个人给予平等的尊重和关切的主张,说到底是一种人道主义关怀,是基于"人之为人"而提出的道德要求,完全不是以"人与人之间在所有方面都平等"为前提的。正如托尼指出的,只有从"人之为人"的人道主义关怀出发,把人真正地作为人来对待,平等才可能建立起它的王国。④

本研究对平等双重概念的梳理和界定,以及对二者之间内在联结的辨

---

① "次人"即 subhuman,参见 Elizabeth Anderson, "What's the Point of Equality," *Ethics*, Vol. 109, Issue 2, 1999, pp. 287-337.
② R. H. Tawney, *Equality*, London: Allen & Unwin, 1931, p. 47.
③ 〔英〕卡尔·波普尔:《开放社会及其敌人》第 1 卷,陆衡等译,北京:中国社会科学出版社 1999 年版,第 126 页。
④ R. H. Tawney, *Equality*, London: Allen & Unwin, 1931, p. 200.

明有助于认识平等双重概念紧密联系在一起的原因,有助于反击平等的不可知论,增强人们对平等的确定性理解,从而对各种平等观做出符合逻辑的和经验的考察,揭开平等之谜,并为人类历史上不平等向平等的重大变迁提供具有说服力的逻辑和经验论据。

有文字记载的历史表明,不平等制度曾经是近代以前人类社会各主要文明的常态,不论是奴隶制、封建世袭等级制,还是帝王专制等级制都是如此。但近代以来,人类社会的支配性结构逐步实现了由不平等向平等的重大变迁,奴隶制、封建世袭身份、帝王专制统治等社会政治系统中支配性的等级制被颠覆,平等主义逐渐兴起,成为普遍的和不可逆转的历史潮流。

主奴关系、封建依附关系等这些一度被视为天经地义的身份世袭等级特权制度,曾经在东西方各种不同的人类文明中普遍存在,而近代以后又陆续被人类文明所抛弃,转变为更加平等的社会政治制度。平等与不平等的这种历史性变迁的根据是什么?人们有没有线索认识平等与不平等的这种巨大和不可逆转的历史性变迁?或者说,不平等与平等有没有统一的逻辑基础?难道今天的人们依然只能像伏尔泰(Voltaire)那样无奈地感叹,"平等是最自然不过的事,也是最荒诞不经的事"吗?

近代以来不平等向平等的几乎是单方向的转变以及平等在全球范围内稳步扩展的事实,说明不平等向平等的重大转向不是纯粹偶然的历史事件,一定有其深刻的、可以理解的原因。但是在此之前,由于平等的复杂内涵没有得到清晰的辨明,人们对平等的认知依然是宽泛的和模糊的,近代以来,由不平等走向平等的重大历史变迁在学界尚未得到具有说服力的逻辑上和经验上的阐释。而前文对平等的双重概念及其内在联结的辨明,有助于为这一重大历史变迁提供令人信服的解释。

任何平等观,甚至所有的道德伦理观点,都需要论据的真实性,即说明其中所涉及的事实陈述的正确性和真实性。[①] 因为不存在充分、完备的标准来比较评判不同的平等观,而考察每一种平等观的论据的真实性,即其

[①] 哈贝马斯(Habemas)提出了同样的观点,他认为一个社会系统的规范结构的有效性,要求经验命题的真实性。参见〔德〕哈贝马斯:《合法化危机》,刘北成、曹卫东译,上海:上海人民出版社2000年版,第12页。同样地,阿玛蒂亚·森提示人们在思考特定的道德与政治评判时注意考察隐藏于其后的"事实性假设"。参见〔印度〕阿马蒂亚·森:《正义的理念》,王磊、李航译,北京:中国人民大学出版社2012年版,第63页。

所依赖的有关相同性的事实基础,用现代科学的方法帮助人们评价这些事实基础的真假与否,可以帮助人们排除那些以被证伪的事实基础作为论证前提的平等观。如果作为一个平等观论证基础中有关相同性的实然判断被证伪了,这种平等观自然也就失去其真实性前提的支撑,不再有说服力了。事实上,历史上的身份等级制论证,大都因为中世纪以来的科学进步使得作为其论证基础的事实判断被证伪,从而失去了正当性,失去了说服力、影响力。

比如,柏拉图(Plato)对等级制的论证依据人们在禀赋和构成材料方面的不同。他认为,世人诞生时,"神对某些人掺入了金,对某些人掺入了银,对日后做工农的人们则掺入了铜铁"①。对柏拉图的这一观点,如果人们不做比喻的理解,而是按照其本来的意义理解,那么,当人们通过现代科学的手段,测知每个人身体里含有的黄金、白银和铜铁,仅仅是微量元素,而且在每个人身体里的比重几乎相同,那么,柏拉图有关统治者和被统治者由谁来充当的观点,就因为作为其论证前提的化学元素构成说被证伪而失去了说服力和正当性。

同理,基督教观念中妻子对丈夫的服从,一贯是用夏娃本从亚当肋骨而来的说法得到论证。那么,当现代生物遗传学彻底证伪了夏娃由亚当肋骨而生的假说之后,男尊女卑观点的上述论证就站不住脚了。即使一个人仍然顽固地想坚持男尊女卑的观点,他也不得不寻求其他的论证根据,而不能再以夏娃由亚当肋骨而来的所谓"事实"作为依据了。

古印度的婆罗门教经典《摩奴法典》自称系由神口授,神(摩奴)为了繁衍人类,分别从自己的口、臂、腿、足,创造了婆罗门、刹帝利、吠舍和首陀罗②,并为他们规定了不同的职司。神命婆罗门负责祭祀,让刹帝利负责保护人民,让吠舍照料家畜、经商、耕田等,最后让首陀罗服务于前三个种姓。③ 如果人们仍然相信种姓的神创论,那么种姓就依然拥有正当性,而如果人们因为种种原因尤其是现代自然科学的进展而不再相信种姓神创论,

---

① 〔古希腊〕柏拉图:《理想国》,郭斌和、张竹明译,北京:商务印书馆1986年版,第128—129页。柏拉图借苏格拉底之口意图将神谕"铜铁当道,国破家亡"变成一个可信的故事,并以此确立政治分配秩序。

② 〔古印度〕《摩奴法典》,〔法〕迭朗善译,马香雪转译,北京:商务印书馆1982年版,第12页。

③ 同上书,第20—21页。

那么种姓的神学基础就会崩塌,种姓制度来源的正当性也就不复存在了。

尽管不同平等观的论证都有其历史背景,但经过历史的沉淀,对平等论证说服力的所有影响因素中,某些因素的重要性减弱,另一些因素的重要性则变得突出。这一变化有一个趋势,就是越来越重视平等论证中有关相同性的证据或经验要素,而形上的、超验的因素的影响力则逐渐式微。当不同影响因素相互角力时,尽管超验和形上的理由也能产生道德力量并激起政治行动要求,但经验证据往往会借助事实和逻辑的力量而产生强大的说服力,并最终胜出。如果人们没有明确地认识到这一点,就无法找到那本来就难以捉摸的认识平等的逻辑和经验线索。这也印证着波普尔在《反对大词》中的一句断语:"哪里缺乏事实根据,哪里就会被词语的洪流淹没"。

迷信、无知和思想专制,是历史上身份等级制长期推行的原因。当近代科学革命从某些方面彻底地推翻古代的神话传说①,当地球和天空之间的传统区分开始引起人们的怀疑,当地球(甚至包括太阳)被从宇宙的中心挪移开之后,西方文明和文化传统中以这些神话传说为论证基础的等级论因其论证基础的动摇而变得不稳固了,甚至开始崩塌。"一切都破碎了,一切都失调了"。近代平等权利的观念,率先在西方国家发端,与以实验证据为基础的近代自然科学率先在西方发端不无关系。近代自然科学不仅使得世袭身份等级制的自然天赋依据说被证伪,也使得一些宗教传说和神迹的论据不再可信。身份等级制的自然事实基础不再被信奉了,人们转而尝试平等主义就不是那么难以理解了。因为当人与人之间的体力、智力大致相似或具有可比性,没人能够对其他人有压倒一切的优势,或者当大多数人的体力、智力相当时,即使按照原先身份等级制的论证逻辑,在这些大致相似的人们之间,显然不具有身份等级制的基础,身份平等制反而成为逻辑上必然的结果了。就这样,历史上奴隶同自由人的区别,贵族同农奴的区别,贵族同平民的区别,肤色、种族以及性别的贵贱这些曾经被当成符合天道、天理或神启的、天经地义的社会制度和风俗,一个一个地变成了"人

---

① 在那些没有宗教信仰的地方,以暴力取得统治地位的政治特权者,为了维护其统治,"都会在它的天然优势,特别是血统问题上发展出某种神话"。参见〔德〕马克斯·韦伯:《经济与社会》第2卷,阎克文译,上海:上海人民出版社2010年版,第1092页。

人斥骂的不公道与暴政"①。

耐人寻味的是,当平等主义在西方国家兴起之后,中华文明却依然是根深蒂固的帝王专制和身份等级制。因为中华文明中儒家伦理等级观念的论证基础主要以人伦而不是以生物学或物理学方面的自然事实证据为基础,其论证基础无法用新的自然科学证据反驳,因而长期难以撼动。也许中国传统社会超稳定结构的基因主要是一种文化基因,主要基于人伦关系,即君臣、父子、夫妇关系,这些关系本身无法证伪,也就容易形成对此类关系的神圣信仰,而以此类自然甚至神圣的人伦关系为基础构建的社会和政治秩序,容易一代一代地复制下去,形成传统社会的超稳定结构。比如,当反抗暴秦的陈胜、吴广提出"王侯将相,宁有种乎?"的时候,他们虽然反对皇权血统的唯一论,却依然坚持帝王专制等级制,他们的起义目标是"大楚兴,陈胜王"②。虽然朝代屡有更替,但帝王专制思想却一脉相承,从未受到根本的触动,所更替的只是皇帝的姓氏而不是皇权本身的消亡。只有来自西方新的思想和力量优势,才最终动摇了其原先所依据的理论的优越性和正当性,并带来了颠覆两千多年帝王专制③的契机。以"三纲"为主要内容的不平等制度终于被推翻。与此同时,原来的异端也就顺理成章地"翻为正统"④,身份平等终于得以确立,平等的观念和以平等权利为主要内容的制度诉求也就与传统社会支配性的差序等级观念发生了革命性的断裂。在这个意义上,辛亥革命代表的不仅是民国代清的改朝换代,而是中国历史数千年来未有之大变局。

四、平等的实然命题与应然命题

通过上面的分析,可以看出,人与人之间是否平等的问题,或者更具体

---

① J. S. Mill and G. Sher, eds., *Utilitarianism and the 1868 Speech on Capital Punishment*, Indianapolis, IN: Hackett Publishing Company, Inc., 2001, p. 63.

② 司马迁:《史记》,郑州:中州古籍出版社1996年版,第558页。

③ 中国传统社会,尤其是汉以降,主要的做法是以三纲序人伦,强调的是忠孝贞节等,平等观念可以存在的空间非常有限,大约五伦之中唯朋友一伦或可适用。中国传统社会政治权力结构的基本特征是帝王专制,社会结构的基本特征是差序等级。辛亥革命之后,帝王专制被推翻,社会生活中其他的支配性结构,比如夫妇、父子关系等,也逐步平等化。

④ 高瑞泉:《平等观念史论略》,上海:上海人民出版社2011年版,第37—38页。

地说，人与人之间在哪个方面或者哪个特征上平等的问题，是一种实然命题，对于这样的命题，人们所能做的就是判断其真伪。而对于人们之间应不应该平等对待的问题，或者更具体地说，人与人之间应该在哪一方面相同对待的问题，是一种应然命题，对于这样的命题，人们需要做的主要是阐明人们应该在某一特定方面相同对待的理由，即提供一种伦理证成。

（一）平等的实然命题

平等的实然命题是由平等的描述性概念构成的，因而是经验的和实证的。平等的实然命题大致分为两类。一类关注人际比较，比如人与人之间是否平等、男女之间是否平等等命题；另一类涉及的是对一个社会做判断，比如中国当代社会是否平等，中国古代社会是否平等，法国社会在大革命之前是不是平等的，美国是不是一个平等社会，等等。

对于平等的实然命题所做的判断，是一种实然判断。对这样的命题作出判断，首先要将命题具体化，也就是要具体化为"人与人之间在哪一方面"是平等的，因为描述性的平等有多种面向，可以表达多种含义，而人们在有些方面可能是平等的，在另外一些方面可能是不平等的，除非人们明确平等的具体含义，否则无法就一个笼统而不确指的平等命题做出有意义的判断。这一点，前文多有论及，这里不再赘述。

同平等的人际比较一样，一个社会是否平等的问题也是一个需要具体分析的问题。比如中国古代社会，尤其是秦以降，也存在着不平等，但这种不平等主要表现为政治权力的垄断和专制。统治家族往往以马上得天下，然后以皇权的形式垄断包括最高司法权和行政权在内的政治权力，形成以帝王专制为主要特征的支配性结构。虽然如此，行政官职的选任在605年隋朝以后却往往采取科举取士等多种形式，不为特定家族或者姓氏所垄断，社会阶层并没有彻底封闭或固化，存在着某种程度的阶层流动。对于中国古代社会是平等的还是不平等的问题，不可能一概而论，只能就具体方面做出具体判断。再比如古代印度种姓社会，以种姓为基础和载体，不仅存在着贵族和贱民的层级封闭和固化，也存在着职业分工的封闭和固化，种姓间的社会流动基本被切断，在多种意义上都是严格的等级社会。用梅因（Maine）的话说，这是一种典型的"身份"社会。但即便如此，同一种姓内部，基本上是平等的。

现代社会中的人也具有各种各样的身份，但现代社会中人的身份已经很少有人身依附的内容,公民的权利和义务日益具体化并相互交叉,克服了前现代社会中常见的完全的人身支配和人身依附。

其次,要避免在超验和形上的意义上谈论平等,由平等的超验或形上含义所构成的命题是超验命题,对于这样的命题,人们无法在经验和实证的意义上做出具有确切意义的判断。尤为致命的是,形上和超验的命题往往引起不同的理解和诠释,从而存在分歧和争议,而这些争议停留在超验范畴,不可能得到来自经验证据支持的确定性裁决,往往会陷入永久的争议。这一点,学界仍然存在较大分歧,需要在这里略微展开一下论述。

由宗教教义阐发而来的平等观念以及自然状态下的平等观念等诸多有关平等观念的思想资源,确曾在由不平等向平等的历史变迁中发挥过重要作用。但今天人们论证平等时,越来越依赖经验的证据,而不是超验的观念。诚然,在平等的观念演变的历史中,尤其是近代以前的平等观念中,利用神学或假托"上帝的意志"等超验理由来阐释和论证平等是通常的做法。但是必须清醒地认识到,对于虔诚的宗教信仰者而言,神学观念和宗教教义是被当作神圣的"真理"和"真实"而被信仰的。某些形上、超验观点的说服力其实来自其想当然地假设为经验的或事实的一面。对美国《独立宣言》中"人人生而平等"①的影响力的分析能够很清楚地说明这一点。在北美殖民地清教徒的理解中,"人人被造而平等"不仅是"不言自明的真理",而且是不容置疑的神圣的真理。美国《独立宣言》中对平等的应然主张看似来自于宗教信仰的支撑,其更深层和坚实的基础实际上是对宗教信仰作为"神圣的真实"的信仰。

表面上看,美国《独立宣言》宣称人人被造而平等,并由这种平等的被造获得平等的和不可让与的权利。但《独立宣言》的主要起草者杰弗逊本人对这一观点的阐述表明,他所表达的平等,主要指品德、理解力、体力等方面,尤其是强调理解力、体力等经验特征。② 他的这一观点的说服力是逐

---

① 美国《独立宣言》中的"人人生而平等"(all men are created equal),准确的译法应该是"人人被造而平等"。有宗教来源的"人人生而平等"观念,在普遍信仰基督教的社会中,易于得到理解,并能够产生重大影响,在人类平等的历程中发挥了巨大作用。基督教"人人生而平等"的观念在除去其上帝造物的神学含义后,仍然可以保留人之为人的最狭隘的人种平等的含义,为其他文化接受。这就是为什么"人人被造而平等"的宗教神学观念在翻译成没有基督教背景的汉语时,也就往往摆脱了宗教神学色彩,而强调其生物学特性,被接受为"人人生而平等"了。

② 〔英〕J. R. 波尔:《美国平等的历程》,张聚国译,北京:商务印书馆2007年版,第31页。

渐形成的,更早可追溯至 1774 年杰弗逊为弗吉尼亚州代表团参加大陆会议所写的训令。其中,杰弗逊向英国国王对于北美殖民地的统治发出了有力的诘问:"大不列颠岛上的 16 万选民有什么理由为美洲殖民地的 400 万人制定法律?这些殖民地中的每个人与他们中的所有人在品德、理解力和体力方面是平等的。"①从其表述中,我们可以看出,他的诘问中所使用的平等概念,主要指称品德、理解力、体力等经验内涵而不是超验内涵,而理解力、体力等经验范畴的平等概念构成的是一种实然判断。杰弗逊在 1774 年表达出的这种其影响力看似来自宗教教义实则基于经验证据的主张,在此后不到两年的时间里逐渐为人们接受,并产生了巨大的影响。那种认为美国《独立宣言》中人人平等的权利仅仅来自造物主意志的观点,只看到了问题的表面,而没有看到问题的实质,即这种主张所暗含的并可以追溯到的经验特征。

因为人们完全可以假设,如果上帝创造的人在智力、体力、道德能力等方面不是大致相似,而是相差甚大,那么仅凭上帝的意志就能证明人人平等以及主张由此而来的平等权利吗?恐怕对人人平等权利的论证离不开人与人之间大致相似的智力、体力、道德能力等论据。而关于人的体力、理解力是否平等,可以直接付诸检验或做出经验性的说明。更进一步说,即使抛却上帝的意志不论,而只要有大致相似的智力、体力和道德能力,也完全可以主张人人平等的权利。这就说明,《独立宣言》中对人人平等权利的初看起来貌似神学的论证,其实质和基础却是经验的。

当然,即使是形上或超验的观念,如果为人们所普遍信仰,如果存在着这些观念的持续和稳定的载体,那么也能够促成社会行动,能够对道德伦理规范和社会政治秩序发挥现实影响。新教改革中从基督教教义阐发出的平等观念,如人人被造平等、审判平等等,是现代平等观念的重要思想来源。这一点在美国政治思想史中表现得尤为明显,美国的立法者在阐释法律时,经常从《圣经》中找寻根据,追溯其宗教源头。②

虽然如此,在一些关键问题上,人们对于如何理解上帝的启示或宗教教义仍然存在着严重的分歧。比如,美国早期的立法者约翰·亚当斯虽然

---

① 转引自〔英〕J. R. 波尔:《美国平等的历程》,张聚国译,北京:商务印书馆 2007 年版,第 31 页。

② 〔英〕J. R. 波尔:《美国平等的历程》,张聚国译,北京:商务印书馆 2007 年版,第 8 页。

信仰基督教,但他认为封建世袭权利的"上帝选定论"论证——封建特权的正当性源于神的奇迹般指定的观点——"黑暗下流",是神父们不当地将国王裹上神圣外衣以使臣民被动服从和逆来顺受。他清楚地表达了被剥夺了平等权的人在认识到自己应该享有的平等权利时所感受到的义愤。①

在近代自然科学革命导致的宗教神学式微之后,如果人们仍然认为神学和宗教教义等超验理由具有跟自然科学革命以前同样的说服力,则是固执的和荒谬的。

一是随着宗教神学的式微,作为宗教神学观念载体的信徒还能否依赖这些观念促成实际的社会行动,是大可疑问的。二是形上的和超验的观点或假设,并不总是能够维持其曾经的形上和超验特征。随着近代以来天文学、物理学、生物学和化学等一系列自然科学的进展,许多从前的形上和超验学说,已经被逐步囊括进人们的经验领地,并且理应受到经验证据的检验了。三是神学和宗教教义的超验阐释有一个重大弊端,就是人们对宗教经典的解释往往不一致,甚至在教会内部,这样的分歧也广泛存在并根深蒂固,而对于这样的分歧,不可能找到经验的和实证意义上的裁决,注定会走向宗教权威介入的宗教和神学专断。这恐怕也是身份平等观念在近代自然科学革命以前屡经伸张却未能获得进展的根本原因。②

特别的是,基督教教义中也有许多可以被阐发为不平等观念的思想资源,比如保罗的观点经常被理解为尘世中人们的不平等不会影响末日审判,因而容许现世秩序中的不平等,"上帝注定了伟人的伟大和卑微之人的卑微"③。有些甚至为当时的身份等级制和特权专制背书,"凡掌权的都是神所命的"④。尤其是在对尘世生活的指导上,认为尘世中的不平等是神意,是神圣的,不可更改。比如道格拉斯在与林肯辩论时指出,万能的上帝

---

① 参见〔英〕J. R. 波尔:《美国平等的历程》,张聚国译,北京:商务印书馆2007年版,第31—32页。
② 伯尔曼(Berman)在《法律与革命》中引证了在教皇革命后引发的人们关于《圣经》教义及基督教教会教规的许多歧异理解,教会及其法学家对这些争议进行了艰难的协调,其中有些协调的努力似乎取得了效果,有些努力则收效甚微,其中某些歧义理解导致了教会的分裂或分立。新教改革以来,人们对宗教教义及教会教规的歧义理解逐渐变得宽容,与此伴随,教会对世俗政治秩序的影响力大大减弱。
③ 比彻牧师语,参见〔英〕J. R. 波尔:《美国平等的历程》,张聚国译,北京:商务印书馆2007年版,第95页。
④ 《圣经·罗马书》。

从未打算让黑人与白人平起平坐,因为"如果他打算这样做,他早就会表现出这一点"①。这也类似马布利(Mably)的英国朋友所诘问的,"如果上天是那样热烈地希望保持我们的所谓平等",那他为什么没有运用自己的善行、明智和无限强大的力量这样做呢?②

而在平等观念与平等的变革实践的相互关系中,究竟是基督教神学的平等观念影响和造就了推翻封建特权和专制的社会政治变革?还是社会政治变革本身需要借助于宗教中的某种可以阐发为平等观念的言说和叙事?这恐怕注定是一个富于争议的问题。本书更倾向于后者,认为宗教神学中各种平等和不平等观念中,之所以其可以阐发为平等的一些教义在近代由等级制向平等身份制的变迁时出现,而没有在此之前漫长的历史中胜出,就表明了,与其说是观念力量推动了社会变革,倒不如说社会变革需要某种容易被社会接受的言说或叙事更合乎逻辑,只是此时对于信教的大众来说,从宗教中阐发的平等观念更容易接受而已。

由宗教教义阐发而来的平等观念,在近代以来不平等向平等的重大转向中究竟发挥了多大的作用,是难有定论的。但有一点是清楚的,那就是宗教观念的出世性限制了其改变现实的能动性。宗教神学的平等观念往往带有消极遁世的色彩,不论是道教、佛教,还是宗教改革前的基督教,把希望和摆脱苦难寄托于天国或来世等,对尘世社会中存在的不平等的改造作用有限。因此除了抽象的道义意义,人人平等的观念并没有被指向既有的不平等的政治权力结构或者财富分配格局,③因而没有造成对既有不平等秩序的颠覆。更重要的是,教会本身就具有类似于世俗社会身份等级制的森严的等级和权力结构。从这个意义上说,对尘世不平等进行变革的真正机会的出现,是在宗教影响开始衰落之后到来的,就不难理解了。

"上帝面前人人平等"容易被理解为进入天国的平等,但能否转化为社

---

① 转引自〔英〕J. R. 波尔:《美国平等的历程》,张聚国译,北京:商务印书馆2007年版,第162页。当然林肯认为,没有理由说黑人没有资格享有《独立宣言》中所列举的各种天赋权利,而且黑人和白人同样有资格享有这些权利。上述争论不可能依据宗教教义或者对教义的阐释得到决定性的解答,它最终依赖一场全面的内战为这一争论做出权威解答。

② 〔法〕马布利:《马布利选集》,何清新译,北京:商务印书馆1960年版,第32页。

③ 〔英〕J. R. 波尔:《美国平等的历程》,张聚国译,北京:商务印书馆2007年版,第16页。

会政治实践的原则,大可疑问,这也是严复将这些观念称为"消极平等"①的主要原因。这些观念从其诞生开始的长时期里,不仅没有成为改变既有不平等的社会制度的动力,反而构成对不平等社会现实的观念论消解。佛教认为人人皆有佛的慧根,皆有成佛的可能,主张"佛性平等",但佛教从总体上说具有出世的取向,主张除欲,摆脱世俗之累,因而其所主张的"佛性平等"对社会政治实践中的不平等影响甚微,佛性平等容易停留在超乎现实的灵性平等上。对于现实生活中的诸多不平等,儒、道用"命"来解释,佛教用因果报应来解释,如此,就把平等观念限制在一种超越现实的修习境界,除了在特殊情境下用以表达对现实不平等的精神抗议外,通常成为对现实不平等的"适应、默认、逃避,甚至遮蔽"。佛教中国化后,对于中国古代不平等制度的抗议,远不及其对于现实不平等制度的肯定。②

由于产生并生存于其中的社会是等级制的,因而在近代宗教改革以前,基督教同世俗政权一样,是等级制的维护者。也就是说,基督教教义中可以阐发为人人平等的观念受着世俗政治的强大制约,并反映在基督教社会身份等级制的漫长历史传统中。在教皇革命前,教会中的实权人物,如主教、教区牧师等职位,往往是世俗政治的分配物,主教、教区牧师与世俗政治融为一体,有时甚至成为世俗政治权威的附庸,也就成为世俗社会等级制的附庸、同谋或帮凶。邦纳罗蒂认为,宗教是专制制度的"最可怕的帮凶"③。同样的道理,即使美国立国之初的宪法制定者坚信"人人生而平等",但他们同时也是拥有财产,尤其是大地产的庄园主,其中大部分人还拥有奴隶,由这些人进行立法以贯彻人人平等的原则,甚至废除奴隶制,其效果当然会大打折扣。

宗教中的平等观念往往以倡导平等的境界和理想为始,以成为不平等制度的附庸、同谋或者帮凶而终。这提醒我们,对于宗教平等观念在人类社会由封闭世袭的专制等级特权制度向现代身份平等制度变迁中所起的作用,不宜过分解读。

比如,很多学者在论述西方近代以来由封闭的等级制向身份平等制变

---

① 高瑞泉:《平等观念史论略》,上海:上海人民出版社2011年版,第111页。
② 同上书,第114—119页。
③ 〔法〕菲·邦纳罗蒂:《为平等而密谋》上卷,陈叔平译,北京:商务印书馆1990年版,第40页。

迁的动因时常常强调基督教中"上帝面前人人平等"观念的影响。其实,详细地考察欧洲中世纪的历史就会发现,"上帝面前人人平等""人人被造而平等"的宗教观念不仅可以成为反对封建专制和等级特权的有力武器,①还曾很好地与中世纪的神权政治、君权神授、封闭的等级特权长期共存。可见,那些认为基督教中"上帝面前人人平等""人人被造而平等"的观念是近代由不平等向平等重大转向关键根据的观点误读了历史,过于轻率。

而撇开平等观念的宗教来源,平等的经验主义言说依然可以为平等提供坚实的论证基础。这也是今天人们对于平等的论证,完全可以不必再追溯其神学来源的原因。

总的来说,宗教神学中的等级、平等观念是超验的和形上的,既无从证明,也难以证伪,因而容易被当权者操纵。而且,不管是基督教的末日审判,还是佛教的轮回报应,强调的都是现世的不平等会在天堂或是下一轮回得到公正的裁决或弥补,很少号召人们对现世的不平等采取切实的政治行动。这也就解释了为什么宗教神学的平等观念没有为古代社会带来平等取向的政治变革,而其等级观念却为当权者所利用以长期地维护专制和等级特权了。

导致近代欧洲社会由不平等向平等重大变迁的原因可能并不是基督教的平等观念,而是自然科学革命的间接结果。近代以来,随着实验科学的兴起,作为宗教神学重要支柱的宗教神迹不仅失去了神圣的光环,而且其真实性也成为人们怀疑的对象。这样,随着宗教神学等级观的真实性前提成为人们反思和怀疑的对象,其所支持的等级观也就开始动摇。比如,君权神授不再可信,王权来源的神圣性基础动摇了,建立在被动摇了的王权来源神圣性基础之上的封建等级特权也就坍塌了,身份平等制作为封建特权等级制的对立面和可能选项登上历史舞台就是自然而然的结果了。

在自然科学革命动摇了宗教神学根基之后的现代社会,来自宗教神学阐释的说服力减弱,人们在伦理证成中越来越强调经验和实证要素。也就

---

① 比如,潘恩(Paine)认为:"人类起初在上帝创造的物种秩序中是平等的,只有后来的某些情况会破坏这种平等",并以此来抨击"国王和臣民的划分"。类似地,亚当斯激烈抨击了封建世袭特权的"上帝选定论",批判教会"将封建君主包裹上云雾和神秘色彩,并从中推论出所有思想中为害最深的被动服从和逆来顺受"。他将那种认为"政府的合法性源于神的奇迹般的指定"的观点"黑暗下流",认为"封建"封号是对人性真正尊严的侵犯。参见〔英〕J.R.波尔:《美国平等的历程》,张聚国译,北京:商务印书馆2007年版,第31—32页。

是说,虽然神学曾经极大地影响了人们的道德伦理观念,强有力地塑造了许多今天仍然适用的道德伦理观念和法律制度,但当代的人们在重新审视和看待这些来源于宗教神学、天道、天理的道德伦理观念和法律制度时,却不宜再把核心论证建立在宗教神学、天道天理上,而应建立在逻辑和证据上。也就是说,随着自然科学兴起,宗教神学的真实性基础受到削弱,伦理学的神学根茎日渐枯萎,应然的证成主要代之以人的道德主体地位、自由意志、自主选择和对各种选择可能后果的权衡。

同样地,就宗教神学对法律的影响,伯尔曼表达了类似的观点。他说,法律制度的"神学渊源似乎已走向枯竭"①。他认为,自16世纪宗教改革以来,基本的立法和司法功能逐步转入民族国家的单一管辖权之下,法学逐步从神学中分离出来,法律思想逐步走向完全的世俗化。到20世纪,西方法律的基督教基础几乎完全被抛弃。②他指出,20世纪之后,传统的宗教已经被逐渐降到个人或私人事务的水平,虽然宗教教义仍然对某些论题产生影响,尤其是对虔信的教徒来说,但从整体上看,宗教教义对法律发展的影响力是下降的。③

类似地,在现代社会,平等的命题越来越被当作实在论命题对待。正如托克维尔(Tocqueville)所言,"事实是我头脑中的全部思想所依据的牢固而连续的基础"④;或者,"我必须找到某个部分,为我的思想提供牢固而连续的事实基础"⑤。因为对于形上的或超验的论据和假说,无法付诸经验的检验,既不能证实,也不能证伪,人们无法根据这些论据和假说得出确定性的结论。

在平等的观念史研究中,有不少学者从宗教教义或古代思想中寻找平等的观念史来源,阐发了诸如儒家"人皆可以为尧舜"的成圣平等、道家的"以道观之,物无贵贱"的自然平等、佛教的佛性平等和成佛平等、基督教的原罪平等和上帝最终审判的平等等理念,这些观念以何种途径和在何种程度上影响和塑造了人们的平等主张,殊难定论。但有一点是肯定的,千百

---

① 〔美〕哈罗德·J.伯尔曼:《法律与革命》第1卷,贺卫方、高鸿钧、张志铭、夏勇译,北京:法律出版社2008年版,第161页。
② 同上书,第193页。
③ 同上书,序言。
④ 参见〔法〕托克维尔:《旧制度与大革命》,冯棠译,北京:商务印书馆1992年版,第1页。
⑤ 同上书,第3页。

年来，上述平等观念没有能够突破观念论，完成向实践论的转向，始终未能对社会政治支配中的不平等现实构成真正的挑战，没有转化为与现代权利平等观念的发生学关联。

儒家的成圣平等观念，包括王门后学的"满街都是圣人"、李贽的"圣凡平等"，虽然蕴含了诠释为人格平等的可能性，但却只能囿于道德修习范畴，缺乏针对现实不平等的革新。而经过董仲舒改造后的儒学，用天理论证了人伦纲常，即君为臣纲、父为子纲、夫为妻纲，主导了延续两千多年的帝王专制社会的道德伦理规范，是彻头彻尾的身份等级制。

道家的庄子虽然提出了"以道观之，物无贵贱"的所谓"自然平等"观念，但面对"自然平等"与现实中的贵贱分殊，庄子又以"命"的理论来消解，即"安之若命，德之至也"①，要求人们对社会现实中迥异的贵贱穷通际遇，采取随遇而安的消极态度。这样，"以道观之，物无贵贱"的自然平等观念中可能蕴含的对社会现状的批判倾向，就被"安时处顺"的宿命论所转向和消解了。如果说道家毕竟还存在些许实践性的话，充其量也只停留在主观修养的领域，而没有导向"齐其不齐"的社会政治行动。② 庄子在不认可贵贱有别的价值观的同时，又认为君臣大义"无所逃于天地之间"③，完全丧失了走向现代权利平等观念的可能。

不论如何从中国古代经典，尤其是先秦经典中挖掘平等观念的思想史资源，并使其获得现代诠释，一个基本的判断是，从观念史的角度讲，平等观念在中国存在"古今之变"。④ 与此相适应，社会制度也存在"古今之变"。古代中国的平等观念和现代中国的平等观念之间存在着巨大的断裂，向先秦经典和近代以前的儒家追寻以个人权利为核心的现代平等观念，可以说是一种时代错置。⑤ 现代权利平等的观念不是从中国传统社会中内生出来的，而是西学东渐的结果。中国古代传统中用"三纲"以定尊卑

---

① 《庄子·人间世》。
② 高瑞泉：《论〈庄子〉"物无贵贱"说之双重意蕴》，《社会科学》2010年第10期。对先秦经典中"齐"这个词的英文翻译，美国汉学家郝大维、安乐哲等用parity(对等)而不是equality(平等)来表示，这也从某种意义上说明了古代中国经典中的平等观念与现代平等观念之间的差别。参见〔美〕郝大维、安乐哲：《汉哲学思维的文化探源》，施忠连译，南京：江苏人民出版社1999年版，第61页。
③ 《庄子·人间世》。
④ 高瑞泉：《平等观念在儒家系统中的四个解释向度》，《江苏社会科学》2010年第6期。
⑤ 同上。

上下，卑而下者安分守志，服从尊而上者，其思想、行动之独立、自由受到极大压制。① 始于暴秦而成于两汉的帝王专制，缺乏对帝王专权的有效制约，只是强化了"予一人"的专断。"三纲"从天经地义变为"吃人"的"惨祸烈毒"。② 也正是在这个意义上，梁漱溟认为，古代的礼教"全成了一方面的压迫"，是中国文化中"一个最大的不及西洋之处"。③"三纲"伦理极易造成专制的重重积压，致使"有君无民，有长无幼，有男无女，至不平等"之社会。④ 在中国传统社会秩序的"五伦"即父子、君臣、夫妇、兄弟、朋友中，能够看出，唯一可以平等相称的或许只有朋友关系，其他四伦关系都是不平等的。⑤

佛教从初创起就反对古印度婆罗门教的种姓制度，实行"众生平等"，容纳各种种姓出身的人，后来提出"一切众生皆可成佛"，并被许多学者阐发为"成佛平等"或"佛性平等"，但其提供的救赎和解脱主要在于心性修炼。佛家的"因果报应论"解释，反而成了对于现实不平等的观念论消解、逃避，甚至是遮蔽。⑥ 同样地，基督教的平等观念在向实践论转化时，也存在重大障碍，可被解释为等级秩序的内容与可被解释为平等秩序的内容同样显著，比如经文中明确说，"凡掌权的都是上帝所命的"⑦。此外，基督教教义中的不平等观念带来的挑战，不仅包括掌权者和无权者之间的不平等问题，还有信者与不信者、上帝拣选者与自觉皈依者之间的不平等问题。

尽管现代的人们完全可以从儒释道经典和基督教教义中发掘出"平等"的思想资源，但这种被重新诠释的平等毕竟仍然是观念论的，主要限于玄学讨论，没有构成与现实等级秩序的内在张力，同法国大革命中提出的法权平等，相距甚远。宗教神学或超验的平等观念，需要切实的实践论转向，才能走出或是停留在"玄谈"，或是寄托于"来世"的局限，以建立制度化

---

① 熊十力：《十力语要》第3卷，沈阳：辽宁教育出版社1997年版。
② "惨祸烈毒"系谭嗣同言。
③ 梁漱溟：《梁漱溟全集》第1卷，济南：山东人民出版社1989年版，第479页。
④ 《万国公报文选》，第167页。转引自高瑞泉：《平等观念史论略》，上海：上海人民出版社2011年版，第136页。
⑤ 李念祖：《平等条款入宪史谈片》，《第四届海峡两岸公法学论坛论文集》，2013年，第171页。
⑥ 高瑞泉：《论现代嬗变中的"平等"观念——以19、20世纪之交的中国思想界为中心的考察》，《学术月刊》2005年第7期。
⑦ 《圣经·罗马书》。

的权利平等。而"人人平等"只有作为存在论命题，并与科学实验证据相结合，才能对原有的封闭等级秩序构成真正的挑战，最终导致旧秩序的重大变迁。比如近代中国追求大同理想的康有为在论证平等时，就意图走出形上和玄谈，并诉诸具体的经验。他认为人是天然平等的："人皆天所生也，同为天之子，同此圆首方足之形，同在一种族之中，至平等也。"①

明晰了这一点，可以使人们对平等的实然命题的阐述尽可能少地依赖于宗教神学教义或是古代神话传说，而是更多地基于经验的和历史的考察，更多地基于科学证据。

(二) 平等的应然命题

平等的应然命题中必定包括平等的规范性概念，并由此构成平等的规范性主张。在使用规范性的平等概念表达平等的主张时，也存在一个概念的明晰性问题，因为平等这一概念如果不具体和单义地使用，就往往暗含着一堆杂乱的概念、观念、理想、利益等。在阐述平等的应然命题时，如果不注意这一点，而是使用日常语言中平等那种十分独特的、含糊和混杂着多种含义的集合概念，不仅会妨碍人们恰当地讨论有关平等政策的问题，甚至会妨碍人们从一开始就恰当地提出相关问题，因为平等这个大词所表达的可能是一大堆杂乱无章、彼此矛盾的主张。在实际的社会政治经济政策辩论中，忽视构造清楚的概念已经使得这些辩论失去了焦点，变得混乱且低效。

平等的应然命题除了包含平等的规范性概念，往往还包含平等的描述性判断，因为仅由平等的规范性概念构成的命题，只是一种价值取向的宣称，没有对价值取向选择的论证，无法构成有说服力的规范性主张。真正有说服力的规范性主张，不仅要表明应该做什么样的价值选择而不是其他的选择，而且要阐明为什么特定的价值选择是可取的以及其他的备选项是不可取的。

具体说来，就平等的规范性主张而言，就是要说明人们为什么应该追求特定的平等，而放弃与之相对的不平等。就规范性主张的证成而言，通常有两种方法：一种是义务论的，即认为平等具有一种不可置疑的内在价

---

① 康有为：《大同书》，北京：古籍出版社1956年版，第44页。

值,是人类社会的一种道德义务,是值得追求的,而不平等本身就是不道德的和需要摒弃的;另一种是后果论的,主要是比较和权衡某种特定的平等或不平等的后果,从而说明某一特定的平等是可取的,而与之相对的不平等是不可取的。

对于平等规范性主张的第一种证成方法,也就是义务论的证成,需要诉诸价值定位上高于平等或不平等的义务、善、正当、正义等更高层次的应然概念,而这些概念在价值定位层次上虽然更高,但含义往往人言人殊,难以达成共识,而且有关这些概念内涵的争议往往是形上的和超验的,很难有确定性的结论。规范性平等的义务论证成方法,虽然对有些人而言具有说服力,但它往往是为平等而平等,并自觉或不自觉地把平等神圣化。① 这种方法作为一种激情宣泄或者游行示威的煽情口号,或许能够短暂地奏效,但这些口号一旦走向具体的政策细节,往往就会立即失去原有的锋芒,因为一旦涉及具体的政策,其答案通常不是简单的赞成或否定,而是需要谨慎的权衡利弊、斟酌损益甚至利益交换。而一旦诉诸利益关切,就开始脱离义务论证成本身,走向后果论证成了。

人们在证成平等时越来越多地采取第二种证成方法,也就是后果论证成。而后果论的证成方法,主要在于说明选择某种特定的平等会有哪些后果和利弊,也要说明采取其他的备选项会带来什么后果,当然也包括不采取行动会有什么后果。人们在权衡比较各种可能选项的利弊得失后,得出相较于其他选择究竟哪一种政策选择更为可取的结论,从而为特定的政策选择提供论证。

这种后果论的证成方式是经验性的和实证的。在对平等进行后果论的证成时,需要对人们面临的各种可能选择进行梳理,需要就每一种可能选择的后果做出判断,并提供历史经验的昭示,对每种选择的可能后果做出说明。这里有两点需要指出:第一,对于平等后果论证成的与此相关的部分,是经验性的和实证的,完全可以采取韦伯所言的"价值无涉"的态度,运用科学的方法加以研究;第二,科学也必须到此止步,至于在提供了各种可能选择的后果论说明之后,人们最终会做出什么样的价值选择,属

---

① 奈斯比特(Nisbet)指出,在当代,仍然有不少人把平等神圣化,把平等当作一种宗教,意图建立一个"平等之城",实行"平等的统治",见 Robert Nisbet, "The Pursuit of Equality," *Public Interest*, No. 35, 1974, pp. 103-107。

于价值判断的领地,需要交给道德主体做出自己的价值判断而不是由学者越俎代庖。

在现代社会人本主义的条件下,对于某种特定的平等主张是否可欲和合意的回答,具有根深蒂固的个人主义特征,因为对一个人可欲和合意的东西,对另一个人则未必如此。比如有人认为"平等是至上的美德",也有人认为"平等是一种很卑贱的感情"。在这种情况下,一个社会应该采取什么样的平等政策?通常的做法是诉诸民意,而社会公众对于特定的平等或不平等的态度也不会一成不变。

托尼考察了英国社会自19世纪下半叶到20世纪20年代中期对于不平等态度的嬗变。19世纪70年代,英国社会对于不平等的态度还是相当保守的,那时,虽然上层社会、中产阶级和下层社会之间在生存环境和机会方面存在着"极端的不平等"和"剧烈的"差别,但不平等被认为是一种宗教、一种信仰,是一种"理所当然"。[1] 当时的人们以"富于礼貌的热情"对待这种剧烈的差别,社会的普遍态度是把它看作不仅是不可避免的,而且是令人尊重和使人愉悦的。到20世纪20年代,虽然英国社会政治经济生活中不平等现象依然十分普遍,甚至仍然是明显分层的,然而这种对待不平等的保守主义传统在半个世纪后发生了重大转变。已经很少有政治家赞同洛维的观点:英国社会对待不平等的保守主义传统是"无价之宝",值得热切地捍卫以防被亵渎。[2]

然而,即便到了20世纪20年代,大多数英国公众一听到"经济平等"这个短语,仍然会产生一种直觉反应,这种反应不是同情,而是恐惧和排斥,就好像"经济平等"这个词是那些具有良好趣味的人根本不会去触碰的一样。[3] 不少人对走向经济领域更大平等的企图咆哮并张牙舞爪,坚称经济平等是"邪恶的和根本不可行的"。博金海德爵士宣称,人人平等"是一种有毒害的学说"[4]。

现代社会,每个人对平等和不平等的态度都会有所不同,对于特定的平等要求和平等主张存在个体合意性之间的冲突。就一个社会而言,通常

---

[1] R. H. Tawney, *Equality*, London: Allen & Unwin, 1931, pp. 24-25, 40-41.

[2] Ibid., pp. 24-25, 49.

[3] Ibid., p. 42.

[4] 参见 R. H. Tawney, *Equality*, London: Allen & Unwin, 1931, p. 42。

并不能够就此达成全体一致的共识,这就意味着,有关平等的政策选择最终离不开政治过程,往往会走向政治权衡。

例如,应不应该采取教育平等?关于这个问题,就平等论平等没有多大意义,也无法提供足够的线索,而是需要跳出平等本身,从平等的可能性、合意性以及各种选择的可能后果进行考察。首先,人们需要看到,过多的教育对一个儿童或家庭而言,未必可欲。由于人类科学技术知识的爆炸性增长,要求每个人都掌握这些知识既不可能,也不可欲,这就注定了对于多数人来讲一个社会只能安排一种有限的或专门的教育,而不可能提供给每个人相同的、全面的教育。其次,得到良好的和较为全面的教育对于一部分人而言,尤其是那些求知欲强的人来说,可能是可欲的。但学习和掌握人类已有的知识毕竟不是一件轻松的差事,对许多人而言,甚至是一种难以忍受的重负,因此,要求每个人都达到某种特定程度的文化水平,对于一部分人来说,必定构成国家或社会的强制。而且,不可否认的是,对于尖端和前沿科学领域,会有一部分人能力不够。最后,现代社会存在着高度专业化的分工,需要人们接受差别性的教育,而且有些工作的顺利开展无须太多的教育资历。因此,所谓平等的受教育权只能是一种有差别的安排,现代社会广泛认可的义务教育,是一个社会认可的、成为合格的现代公民所必需的、有限度的教育。在义务教育领域,人们关注的问题往往是优质教育资源是否过于集中于某些地区和人群,因而要求教育资源相对均衡的分布等问题。对于超出义务教育水平的部分,则往往根据职业需要、个人偏好以及国家战略需要进行安排。对于后一部分,因为教育资历往往影响就业和职业前景,加上优质教育资源稀缺,争议比较大的问题是获取优质教育资源的机会是否平等,比如名牌大学的录取是否公平等。

面对一个规范性命题,人们可以采取的态度大致可以分为三类:第一类认为应该采取行动,做出改变;第二类认为现状可以接受,无须做出改变;第三类认为应该顺其自然或者放任自流,一个社会不应该对既定秩序刻意做出改变或者刻意不改变。

如果认识不到这一点,就有可能陷入平等的不可知论或者宿命论。比如伏尔泰的平等观具有很强的不可知论和宿命论色彩。他认为平等是一件最合乎自然的事情,自然赋予人们以共同的本性和理性,即使君主和皇帝也不能禁止平民消化和思考,并因而主张人人生而平等,人人享有同等的权利。他以此反对世袭等级制,认为"除非能证明农民的儿子生来颈上就带着轭,而贵族的儿子生来腿上带着马刺",否则以自然血缘为基础的世袭等级制就是不合乎自然的,因而也是不合理的。但他同时看到,平等虽然是最自然不过的事,现实生活中的人们却并不必然是平等的。他无法解释平等的自然基础与社会现实中不平等之间的严重不协调,因而做结论说平等虽然是"最自然不过的事",却也是"最荒诞不经的事"。① 从这个意义上讲,他还没有找到认识平等的线索。最终,生物自然主义在伏尔泰那里导致了悲观的宿命论,以至于他认为,"在我们这个不幸的星球上,生活在社会里面的人们不可能不分成两个阶级,一个是支配人的富人阶级,另一个是服侍人的穷人阶级"②。

自然的事实本身无所谓正义或者不正义,而是人们必须接受的事实。什么是正义的,什么是不正义的,取决于我们如何看待这些事实。贵族社会和种姓社会今天被认为是不正义的,因为它们试图把自然和社会的偶然因素变成永久的、封闭的社会等级特权的基础。也就是说,贵族社会和种姓社会把自然的随意性永久地化为社会的基本结构。③

"如果情势是不可改变的,那就不会出现正义问题。"④而如果人们认为社会制度不是人类无法控制的一种不可改变的秩序,而是人类自身选择的行为模式,那么正如罗尔斯所言,人们就没有理由听任这些偶然因素的永久支配。⑤

---

① 北京大学哲学系外国哲学史教研室编译:《十八世纪法国哲学》,北京:商务印书馆1979年版,第91页。美国《独立宣言》的主要起草者杰斐逊在其晚年也表达了类似的观点,他说,科学的普遍传播使人们认识到这一显而易见的真理,即上帝并没有赐予极少数人长靴和马刺,也没有让绝大多数人背负马鞍,以便受人役使。

② 北京大学哲学系外国哲学史教研室编译:《十八世纪法国哲学》,北京:商务印书馆1979年版,第90页。

③ 种姓制度以人种、血缘关系为基础,力图通过排除对外通婚达到其封闭性。

④ John Rawls, *A Theory of Justice*, Cambridge, MA: Belknap Press of Harvard University Press, 1971, p. 291.

⑤ Ibid., p. 102.

第二章　平等的反题[*]

平等与不平等是相互对立的概念,平等的反题即不平等。长久以来,就这一反题而言,人们关注的主要是平等一端,而对于不平等一端则没有给予足够关注。然而任何拘执于一端的观点,不仅无法道出事实的全部真相,导致人们对于平等的理解出现偏差,阻碍人们对平等和不平等产生审慎和均衡的认识,而且忽视这一反题结构对于平等的有力制约,容易产生对平等理想的不切实际的想象和轻率的偏执。

在描述性范畴,平等指人与人之间"在某一方面的相同性"。在描述的意义上,人们在某些方面是平等的,而在另外一些方面又是不平等的,因而往往存在着身份悖论。

在规范性范畴,平等指"在某一方面的相同对待"。在规范的意义上,平等与不平等处于一个充满内在张力的反题结构中。有些观点认为平等是"至上的美德",或者把平等作为"分配理想"[①],甚至建立一个"平等之城",实行"平等的统治"。也有观点宣称人人平等"是一种有毒害的学说"[②],是"带有血色污点的空想",而且平等的胜出必然以自由为代价。

平等是否自身就是可欲的?一个社会究竟需要什么样的平等和什么样的作为底色的不平等,以及需要何种程度的平等?对于这些与平等有关的基本问题,没有简单的答案,需要对平等与不平等这一反题结构进行审慎的权衡。

---

[*] 本章主要观点已经公开发表,参见王元亮:《论平等与不平等之间的张力》,《伦理学研究》2018年第2期。

[①] Richard Arneson, "Equality and Equal Opportunity for Welfare," *Philosophical Studies*, Vol. 56, 1989, pp. 77-93.

[②] R. H. Tawney, *Equality*, London: Allen & Unwin, 1931, p. 42.

一、不平等的自在性和普遍性

系统论认为,生物的自然演变会不断出现分化和变异。罗伯特·A.达尔文(Darwin)已经阐明,变异是自然存在的,是自然选择的基础和物种进化的前提。如果不存在变异、不存在差异,自然选择就无从发生,生物的演化也无从进行。变异对于罗伯特·A.达尔文来讲是生物界的本质,而不是人为的过错。生物的变异是无休止的,"任何生物相互之间以及与它们的物理的生活条件之间"互相适应的复杂的关系,也是没有止境的。①

差异是自然界的本质。"夫物之不齐,物之情也"②,说的正是这个道理。"或相蓓蓰,或相伯仲,或相千万。"③"我们在大自然创造的这无千无万的事物中,根本就不可能找到有两件事物、两个人、两只动物,甚至两片叶子或两颗沙粒是在各方面完全相同的。"④

差异既是自然界的本质,也是人类社会的本质,人与人之间的差异是普遍存在的。"在我们的世界中,不平等无处不在"⑤,甚至可以说,世界上从来就没有两个人是完全相同的。阿玛蒂亚·森认为,世界上没有两个完全相同的人,正如世界上没有两片完全相同的树叶,人与人之间的差异不仅表现在外部特征上,也反映在内部特征上,因而,"在评估平等主张时就不能忽视普遍的人际相异性存在的这个事实"⑥。

人类一切方面的相同,即在一切可能特征上的相同,这种事情并不存在。人在每个方面都有差别,如健康、体力、相貌、智力、才干、魅力、嗜好、情感、偏爱、进取心及付诸行动的能力等。人与人之间的不平等广泛存在,而人与人之间的平等只能是就某一具体特征而言的选择性认知。萨托利

---

① 〔英〕罗伯特·A.达尔文:《物种起源》,周建人等译,北京:商务印书馆1997年版。
② 《孟子·滕文公上》,参见杨伯峻:《孟子译注》,北京:中华书局1960年版,第126页。
③ 梁启超:《饮冰室合集》文集之二十八,北京:中华书局1989年版,第16—17页。
④ 〔法〕埃蒂耶纳·卡贝:《伊加利亚旅行记(第二、三卷)》,李雄飞译,北京:商务印书馆1978年版,第103页。
⑤ John Baker, et al, *Equality: From Theory to Action*, NY: Palgrave, 2004, p. 3.
⑥ 〔印度〕阿玛蒂亚·森:《论经济不平等/不平等之再考察》,王利文、于占杰译,北京:社会科学文献出版社2006年版,第224页。

认识到了这一点,认为一旦人们着手整理一份不平等的详细清单,很快就会发现,"越是想把它罗列清楚,清单就越会变得没完没了"①。即使同卵孪生的两个个体,也不会在所有特征上完全相同。二者之间可能遗传基因相同、家庭生活背景相同,但其在智力发展、教育经历、职业生涯、努力程度等与未来命运密切相关的方面却无法做到完全一致。

人们不仅在自然天赋等方面的不平等是客观的和自在的,而且在社会关系方面的不平等也是广泛的和普遍的。如果人们在各个方面都存在着极为不平等的分布,那么在事情的正常发展过程中就一定会产生极为不平等的结果。正是在这个意义上,萨托利将不平等称作一个社会自身发展的"内在惯性定律"②。在一种特定的分配秩序里,如果不加以主动的人为干预,人们在结果方面的差异就会有增大的趋势。萨托利认为要想造成不平等,人们只需听任事情的自然发展即可,而要追求平等,就不能有丝毫松懈,就需要同自身发展的惯性定律作战。类似地,托尼认为,"不平等易,因为它只需要随波逐流,而平等难,因为这需要逆流而动"③。

不平等的客观性、自在性和广泛性意味着,它是人类社会的底色和基调,是无法彻底根除的。一方面,人与人之间在个性、禀赋、能力、兴趣、爱好等方面的差异是人的"本质",是人类社会历史的和当下的现实,这些差异不仅无须刻意弥平,而且也难以弥平。另一方面,对人与人之间在个性、禀赋、能力、兴趣、爱好等方面的差异的人为拉平措施未必是可欲的。人与人之间对人生价值、生活目标等方面的看法也存在差异,任何对这类差异的硬性统一都必然会付诸强制。

人性有着广泛的多样性,人的个人能力及潜力存在着广泛的差异,这是人类最具独特性的事实之一,④而这就意味着即使人们无限制地谈论平等,实际上也决不会针对所有能够想象到的差别,而只能是针对某些特定的差别,即在某个历史阶段人们认为不可接受的并且能够进行补救的差别。正因为如此,萨托利认为,"人们越是致力于争取更大的平等或更多的

---

① 〔美〕乔万尼·萨托利:《民主新论》,冯克利、阎克文译,上海:上海人民出版社2009年版,第371页。
② 同上书,第370页。
③ R. H. Tawney, *Equality*, London: Allen & Unwin, 1931, p. 289.
④ 〔英〕哈耶克:《自由秩序原理》(下),邓正来译,北京:生活·读书·新知三联书店1997年版,第103页。

平等,人们就越有可能陷入迷津"。历史上,平等被限定为对某些差别的拒绝和清除,人们试图消除的只是某些不平等,更准确地说是某些"被人憎恶的差异"①。中国近代第一部宪法《中华民国临时约法》中就以"可疑分类"或"不当分类"的方式对"被人憎恶的差异"进行了清晰地枚举,"中华民国人民,一律平等,无种族阶级宗教之区别"。

这就意味着,人们应当把自然以及人类社会的差异和多样性看作一个事实,看作价值判断的基本前提。人们在提出平等要求和制定平等政策时,无须为哪些不平等是可以接受的进行辩护,而是要着重说明哪些不平等是过度的和不可接受的,是不正义的和不正当的,从而追求相应的平等。

人与人之间差异的广泛性和自在性决定了不可能有所谓的"绝对平等"②。这可以从不平等的起点、过程和结果来看:首先,差异的自在性决定了不可能有绝对的"起点平等"。也就是说,起点平等只能是就某一方面而言。更准确的说法或许是,由于人们先天的、习得的以及社会互动中的差异,每个人所处的起点都是不尽相同的。把一个世界短跑冠军和一个不善奔跑的人放在同一条百米起跑线上,似乎能够获得某种简单的起点平等。但显而易见的是,这种"起跑线上的平等"也只能意味着"两个人处于同一起跑线"这一比较单薄的含义,不可能意味着两人获胜的能力平等,或者获胜的机会平等。其次,差异的广泛性也决定了不可能有绝对的"过程平等"③。在从起点到结局的整个过程中,会有许许多多不同的因素参与进来,不存在两个完全相同的过程,"过程平等"只具有相对性。充其量人们能够做到的是,就影响结局的主要因素而言,不同的人生过程大致相当。最后,任何一个社会都难以保证全面的结果平等。充其量只能在有限的且能够进行人为干预的方面获得某种平等。

对所有人在所有方面都相同对待的极端平等论者或绝对平等论者的观点简单天真,不具现实性,然而历史上却不乏这样的平等论者。比如法国大革命时期著名的平等主义者巴贝夫(Babeuf)主张,"要使这个民族的

---

① 〔美〕乔万尼·萨托利:《民主新论》,冯克利、阎克文译,上海:上海人民出版社2009年版,第371页。

② 易小明:《中国传统社会文化差等——平等结构的特质及其消极影响》,《孔子研究》2007年第4期。

③ 同上。

各个人之间是没有任何差别的绝对的平等"①。

就社会领域的平等而言,人们之间的社会互动关系复杂多样,社会影响和社会地位迥然相异,不平等体现在各种各样的社会互动关系中。正如奈斯比特指出的,"等级和不平等是人类社会联系的关键要素"②。在社会领域中,人们能够做到的充其量也就是对人格的相互尊重,即所谓尊重的平等,而不可能在社会交往的众多关系中都平等。特定的社会组织结构会带来社会角色的差异。比如现代社会普遍的科层制组织形式,需要人们承担不同的社会职业角色。在政治领域,尽管现代社会的公民都具有法定的选举权和被选举权,可以通过定期投票来行使某种形式的政治权力,但寡头统治铁律意味着人们不可能完全同等地参与政治活动或具有同等的政治影响力。在经济领域,生产的集中和垄断,也意味着人们在经济领域的影响力会有显著差异。巴里(Barry)的观察印证了类似的观点,"在我们的社会里存在着政治、社会地位以及在经济资源支配方面的巨大的不平等"。虽然"每一个方面的不平等的程度在不同的社会里又是不同的"③。

卢梭认为,"在自然状态中,不平等几乎是不存在的"④。在纯粹假设的自然状态中,究竟人们是平等的还是不平等的,是不会有确定结论的,有关这一问题的争议,属于超验范畴,既无从证实,也无从证伪。蒲鲁东说,"在原始公社里,所有的人都是平等的,就赤身露体和野蛮无知来说,是平等的,就其拥有无限智能来说,也是平等的"⑤。原始公社中的人们是否平等,也不会有确定性的结论,因为不同的原始公社中存在着迥异的支配性结构,究竟这些支配性结构是等级制的还是平等的,无法一概而论。蒲鲁东(Proudhon)所谓的原始公社中的人们就赤身裸体而言的平等、就野蛮无知而言的平等以及就无限智能来说的平等,不仅是一种十分简陋粗疏和未经深思熟虑的表达,而且真相是否如此,也是大可疑问的。难以想象原始公

---

① 〔法〕G. 韦耶德、C. 韦耶德合编:《巴贝夫文选》,梅溪译,北京:商务印书馆1962年版,第89页。

② Robert Nisbet, "The Pursuit of Equality," *Public Interest*, Vol. 35, 1974, p. 104.

③ 〔英〕布莱恩·巴里:《正义诸理论》,孙晓春、曹海军译,长春:吉林人民出版社2004年版,第3页。

④ 〔法〕卢梭:《论人类不平等的起源和基础》,李常山译,北京:商务印书馆1962年版,第149页。

⑤ 〔法〕蒲鲁东:《贫困的哲学》,余叔通、王雪华译,北京:商务印书馆1998年版,第112页。

社中的人们既"野蛮无知",又"拥有无限智能"。

面对现实社会的巨大不平等,卢梭之后那些将平等奉为宗教信仰的法国空想社会主义者往往诉诸自然的平等,并对此进行了过于简单的描述,以此作为规范性平等主张的根据:"我们应该认定:一切人天生的体力和智力,一般来说总是平等或者接近平等的,因而,他们在权利上也是天然平等的。"①

虽然在近代以来有关平等的各种论说中,自然状态中的平等常常被作为言说的起点和假设,但自然状态平等论者有必要回答来自自然状态不平等论者的有力诘问:"大自然本身先于社会而存在,它所创造的人类,难道不是在性别和肤色、相貌和健康、身体和体力、美容和生殖能力、智慧和天才、勇气和品德等等方面都不平等,就像它所创造的各类动物在力气和本能上各不相同",人类难道不是"生来就在体力、才智、活动能力、预见性、需要和克制力方面是不平等的"吗?② 今天的人们谈论平等完全可以不依赖假设的自然状态中的平等为根据,也无须自然状态中的平等提供道义力量。

二、不平等的伦理价值

平等具有重要的伦理价值,对于这一点,现代社会的人们大概不会再有异议了。而不平等也具有重要的伦理价值,对于这一点,人们却未必能够清楚地意识到,学界也没有给出应有的阐述。

人与人之间的差异和不平等不仅是自在的和广泛的,而且承担着重要的社会功能。在认知心理学看来,人与人之间的差异是获得自我认同的前提,因为人正是从与他人的差异中来更明确地确立自我。③ 人与人之间的差异如果不存在了,人的自我认知就会出现问题。德尚(Desan)认为,为了

---

① 〔法〕埃蒂耶纳·卡贝:《伊加利亚旅行记(第二、三卷)》,李雄飞译,北京:商务印书馆1978年版,第114页。

② 同上书,第103页。

③ 当然,相较于欧美诸国近代以来个体主义色彩浓重的人格独立的特性,中华传统文化影响下的人格独立性不足,中国人的自我认同仍然含有较多的从属于家庭、集体乃至民族、国家的成分。

维护人类个体的独特性,差异和不平等是一种必需。①

差异和不平等并非完全不可欲,从某种意义上说,人们甚至还在刻意地追求差异和不平等。英语里有一个词组叫作创造不同,或创造差异②,从个体来讲就是指一个人要做出属于自己的东西,要跟其他人有所区别。一个社会常常通过奖惩制度奖励卓越和优异,刻意制造差别以激励人们奋发图强。③ 人是一个能够理性自主、自我发展、自我完善的生物,有不断实现自身潜能的主动性和需要。追求卓越、极致、崇高、不凡,是一切有进取心、有抱负的人的共同目标,而有卓越,自然就会有相对的平庸,就会有差别和不平等,卓越与平庸相伴而生。托尼指出,不平等是树篱,保护只有少数人才能企及的卓越;它像沙漠中的绿洲,尽管很少有人能栖息其上,但只要一想到它,就能给困顿的旅人带来清爽和希望;它呵护着生命的优雅,不使其淹没于日常必需的尘土之下。④

全面平等不仅是不可能的,而且是不可欲的,因为全面平等意味着千篇一律,意味着整齐划一,也意味着单调。而没有差别、差异,人类社会就失去了应有的多姿多彩,就成为单调的、贫乏的,就像在音乐和声上成为单调,在节奏上成为单拍一样。⑤ 没有差异的社会不是人类社会的本质,即使费尽心思去追求,也不可能持久。相反者相成,相反的东西彼此归属,不同的音调才能形成最美的和谐,平等只有与差异共存,才能形成和谐的社会。

当然,长久以来,与上述观点相反的主张一直存在。比如,勒鲁对平等和不平等的命题进行了过于简单和轻率的处理。他认为,人类社会的起源是一个"平等世界","平等是自然万物的胚芽",在不平等之前就已经存在;人类社会的终止也是一个平等世界,人们终将"推翻不平等,取代不平等";"平等这个词概括了人类迄今为止所取得的一切进步,也可以说它概括了人类过去的一切生活。从这个意义上说,它代表着人类已经走过的全部历程的结果、目的和最终的事业"⑥。可以说,勒鲁的理想社会就是一个不仅

---

① Wilfrid Desan, "Inequality as Basis of Equality in the Making of Law," *Philosophy Today*, 1976, Fall, p. 227.

② 即"to make a difference"。

③ 严存生:《差异与平等——兼论法律上的平等》,《北方法学》2011年第3期。

④ R. H. Tawney, *Equality*, London: Allen & Unwin, 1931, p. 105.

⑤ 〔古希腊〕亚里士多德:《政治学》,吴寿彭译,北京:商务印书馆1965年版,第57页。

⑥ 〔法〕皮埃尔·勒鲁:《论平等》,王允道译,北京:商务印书馆1988年版,第266页。

是虚幻的而且也未必可欲的平等王国。

多数的平等论者对平等的见解要比全面平等论者或极端平等论者审慎得多,温和得多。① 托克维尔认为一个民族无论如何努力,都不可能在内部建立起完全平等的社会条件②,因为智力、兴趣、努力程度等的差别是天然地存在着的。他早在150多年前,在通过对法国大革命和美国民主制度的比较和反思之后,就告诫人们,"平等带来的好处是立竿见影的,人们在感受到它的时候,立即知道它的来源",而"极端的平等造成的灾难,只能慢慢显示出来,逐渐地侵害社会机体"。而且对于平等给人们带来的危险,则"只有头脑清晰和观察力强的人才能发现",但这些人却"总是避而不谈这种危险"。③ 按照托克维尔的说法,平等带有一种贬损他人、贬损上级、贬损优秀和贬损卓越的趣味,它鼓励弱者把强者贬低到他们的水准。人为地消除一切个体间的相互差别和突出之处,尤其是经过个人努力而达致的卓越、优异之处,就必然使一切人都沦为平庸。拉吉罗指出,自由的努力和利益必然走向分化和不平等,而僵硬和愚蠢地运用平等原则不仅会摧残这些努力和利益,"并且还会勾结平庸的素质传播对平庸的爱好"。④

正是出于对全面平等观、极端平等观和激进平等观可怕后果的担忧,当君主专制和封建等级特权在实质上被推翻之后,英国社会对于激进的平等观念表现出极大的不安和抵触,而对不平等则表现出了相当的宽容,以至于19世纪后半期英国平等主义者阿诺德(Arnold)指出,不平等在英国几乎成为一种信仰。⑤ 托尼在20世纪20年代观察英国时认为,英国社会最根本的特征仍然是广泛存在的不平等,这种不平等在社会制度安排中根深蒂固,并由此影响到人们在日常的政治生活、经济生活和社会交往中的不平等。⑥

---

① 参见〔美〕汤姆·L. 彼彻姆:《哲学的伦理学》,雷克勤、郭夏娟、李兰芬、沈钰译,北京:中国社会科学出版社1990年版,第359页。

② 〔法〕托克维尔:《论美国的民主》(下卷),董果良译,北京:商务印书馆1988年版,第669页。

③ 同上书,第622页。

④ 转引自〔美〕乔万尼·萨托利:《民主新论》,冯克利、阎克文译,上海:上海人民出版社2009年版,第370页。

⑤ 转引自 R. H. Tawney, *Equality*, London: Allen & Unwin, 1931, p. 24.

⑥ R. H. Tawney, *Equality*, London: Allen & Unwin, 1931, p. 24.

三、不平等的归因

"不平等是如何产生的",是近代以来有关不平等的学术文献中人们最常着墨的一个问题,对这一问题的答案,关系到对于不平等的价值判断。

不平等是起源于自然,还是起源于法律?是自然,还是人为?这是卢梭发出的疑问,它提出了对于不平等的发生学按照自然和社会进行归因分类的思路。

卢梭认为,"在自然状态中,不平等几乎是不存在的。由于人类能力的发展和人类智慧的进步,不平等才获得了它的力量并成长起来"。但"人类能力的发展和人类智慧的进步"究竟是自然因素,还是社会因素或者人为因素,本身是难以分清楚的。他又说,"由于私有制和法律的建立,不平等终于变得根深蒂固而成为合法的了"①。这一点,倒是颇有见地,因为以相对稳定和固化的法律为代表的社会制度对平等和不平等会产生持久而重要的影响,能够为规范性的平等或者不平等提供制度保障。

但是,对于社会制度在不平等的产生中所起的作用,法国大革命时期的平等主义者显然过度强调了私有财产制度的影响。同卢梭一样,马布利认为,"不祥的私有制是财产和地位的不平等的起因,从而也是我们的一切罪恶的基本原因"②。他把对财产的私人占有看作赫拉斯所称的"万恶之源",并认为正是私有制所发挥的用以区分"你的"与"我的"这一分殊性、离异性功能,使不平等在没有先天自然基础的前提下,人为地产生与滋长起来。上述观点在今天看来显然值得商榷。不论是公有制还是私有制,都只是社会财富的组织方式,产权制度毫无疑问会对人们的财产和地位产生这样那样的影响,但很难称得上是决定性的影响。③ 最终影响人们在社会中的财产和地位的,是社会政治制度中以权力作为保障的分配要素。历史已经表明,公有制并不必然意味着财产和地位的平等,比如实行公有制的

---

① 〔法〕卢梭:《论人类不平等的起源和基础》,李常山译,北京:商务印书馆1962年版,第149页。
② 〔法〕马布利:《马布利选集》,何清新译,北京:商务印书馆1960年版,第38页。
③ 产权的公共所有和私人所有,各有利弊。

苏联存在的政治特权阶层以及新中国曾经长期实行的城乡分割;而私有制也不必然意味着财产和地位的不平等,比如当代以实行私有制的北欧国家为代表的福利社会。

对人们之间境况的差别进行自然或社会方面归因的经验判断,直接影响着人们在平等和不平等方面的政策取向。如果人们认为社会制度安排是造成不平等的主要原因,那么相应的政策就应该是由社会做出补偿,而这正是罗尔斯正义论的重要论据。反之,如果人们认为不平等主要是由个人后天努力程度的差别造成的,那么维持现状就有充分的说服力。而如果人们认为对不平等很难进行准确的归因,那么对平等政策的辩论就容易陷入争议。当代关于平等政策辩论中很大一部分争议就是从人们对于不平等影响因素归因的不同判断而来的。

对不平等来源按照自然和社会进行分类归因,对于简单的问题是有用的。比如,人们在性别、肤色、人种、相貌等方面的不平等,通常被认为是单纯的自然因素造成的,个人无法选择,因而无须进行道德评价。但对稍微复杂一些的问题,就无法提供清晰的答案。比如人的个性、兴趣、爱好等,通常也被认为属于人的本性,具有某些自然因素的特征,但也不是完全无可选择,或不可改造,因为个性能够塑造,兴趣可以潜移默化,爱好可以改变。而对于另外一些问题,比如能够在很大程度上影响一个人一生成就、财富和收入等的能力、职业伦理、理想抱负等,既有个人主观选择的影响,也有家庭教育等不可选择因素的影响,难以在自然和社会之间进行准确的分类归因。个人的成长进步往往是在与他人的互动中进行的,既有他人和社会的影响,也有个人无时无刻不面临的选项和抉择的影响。由此不难得出结论,对于不平等的发生学进行自然和社会的归因分类,可能并不是一种好的分类方法,由此对不平等进行的归因分析,无助于说明和指导实践中应对不平等现状的政策选择。

自康德以来,对人的个体行为按照控制性责任进行归功或归咎,成为伦理学更普遍的做法。但对不平等的来源按照控制性责任进行归因,在现实中会遇到难以克服的困境。人的境况的不平等,既有人们能够施加某种控制的个人努力的影响,也有偶然的运气、家庭出身、自然禀赋等道德上偶然和任意因素的影响,而这些因素往往复合在一起发生作用,难以拆解。人的境况的差别,究竟在多大程度上可以归因于纯粹的个人责任,又在多大程度上可以归因于那些道德上偶然的和任意的因素的影响,是不会有确定性结论的。而这也就意味着,对于规范性的不平等而言,哪些是"应该存在的",哪些是"不应该存在的",不会从控制性责任的归因那里获得明确的启示。

人与人之间个体的差异可能来自两个方面,一是生物遗传因素,这对个人来讲是先天的和不可选择的。二是成长过程,既有环境因素,也有个人因素;既有先天的因素,也有后天的因素。人们在个性、禀赋、能力、兴趣、爱好等方面的差异,在个人抱负、敬业程度等方面的差异,连同家庭出身、运气等偶然因素方面的差异,在特定的社会制度尤其是自由市场制度中,会造成人们在社会价值分配结果方面的差异,比如在社会地位、收入水平、影响力等方面的差异。这些结果的差异,有些是自然的因素起作用,有些是社会的因素起作用,有些是偶然的因素起作用,更多的时候是这些因素以一种不好准确归因的复杂的方式同时起作用。

四、过度不平等的弊端与矫正

尽管不平等是普遍的,尽管自然的、社会的以及个体自身的因素都有可能导致差异和不平等,尽管差异和不平等自有其价值,但这丝毫不能排除某些方面过度的不平等存在很大的弊端。法国大革命时期的平等主义者清楚地看到了身份等级制度的严重弊端。邦纳罗蒂(Buonarroti)认为,"不平等的必然结果是:公民之间的分裂,对立利益的出现,敌对情绪的产生和广大人民群众在不平等的制度下变得愚昧、轻信并成为过度劳动的牺牲品"[①]。

虽然不存在一个客观、独立的标准据以确定哪些差异和不平等是可以接受的,哪些是"被人憎恶的",但在当代社会,人们无法否认社会财富和收入分配方面的巨大差异和不平等会深刻地触动人的道德情感,与人的直觉的正义感相抵触。尽管作为个人,人们深切感受到他们相互之间在才能和个性方面的差异,但是在作为人之为人而受到重视和尊重方面,人们又是

---

① 〔法〕菲·邦纳罗蒂:《为平等而密谋》上卷,陈叔平译,北京:商务印书馆1990年版,第108页。

相同的。即使在英国浓厚的保守主义传统中,对 19 世纪后半叶英国社会仍然存在的广泛的不平等,也出现了反思的声音。阿诺德(Arnold)评论道,在一个真正文明的社会中,不平等与人的尊严和人道主义态度不相容,因为,一方面,它对于上层社会过于骄纵,另一方面,使中间阶层流于世俗,让下层社会感到压抑。他认为,这样的社会违背自然,从长期看,终将坍塌。①

奥肯(Okun)认为,尽管人们很难就某一种具体的平等观点达成一致,比如经济平等或者机会平等,甚至对于如何衡量这些平等也有不同看法,但要体认到某些社会的贫富悬殊和极端不平等却很容易。他说:自由市场的分配结果常常"使成功者喂养猫狗的食物甚至胜过了失败者哺育他们后代的食物","从阴郁的贫民窟到城郊上流住宅区这样一个短途行程间的经济差距,不啻是一次星际旅行"②。现代社会某些发达国家依然存在的这些差别把人的尊严似乎降到了比人的宠物还要低的地位。

而就资本主义早期社会实质上的巨大不平等和产业工人的悲惨境地,勒鲁以里昂工场里 75000 名丝织工人为例描述道:"他们一生下来,刚刚能够有规则地移动手臂,他们的父母被饥寒所迫,就考虑要利用他们。于是他们白天跟织布机在一起,晚上就睡在织布机上面(这就像一种吊床似的可以节省很多地方),他们就这样开始了一辈子从事的劳动。一个人的生命将在永远以同一种方式移动手臂中度过。"③他们变成了机器,变成了织布机的不可分割的一个零件。恩格斯更进一步指出:"大工业的机器使工人从一台机器下降为机器的单纯附属物。"④

由于生存环境和条件的巨大差异,20 世纪初期英国富裕阶层和贫困阶层儿童夭折率差别极大,以至于托尼不无讽刺地评论道:穷人虽然不为他们的同类关切,但却被他们的上帝深深钟爱,他让他们早早地离开人世。⑤

巨大的贫富差异会带来严重的社会政治后果,它造成了托尼所说的

---

① 转译自 R. H. Tawney, *Equality*, London: Allen & Unwin, 1931, p. 24.
② 〔美〕阿瑟·奥肯:《平等与效率——重大的抉择》,王奔洲译,北京:华夏出版社 1987 年版,第 1,59 页。
③ 〔法〕皮埃尔·勒鲁:《论平等》,王允道译,北京:商务印书馆 1988 年版,第 37 页。
④ 《马克思恩格斯选集》第 3 卷,北京:人民出版社 1995 年版,第 642 页。
⑤ R. H. Tawney, *Equality*, London: Allen & Unwin, 1931, p. 91.

"社会分裂"①,因为它降低了整个社会尤其是下层民众对既有社会分配秩序正当性的认同,影响社会政治稳定。波尔认为,当"严重的不平等被人看作和感觉是严重的不公正的时候,平等就会成为一种行动的计划",尽管其社会力量来源于朴素的道义直觉而不是缜密的思想原则。② 在现代市场经济条件下,贫富悬殊还会严重影响中下层民众的购买能力,导致需求不足和经济低迷。除此之外,贫富悬殊还往往导致犯罪率的增加。斯坎伦认为,收入和财富的极端不平等导致的一个后果是,穷人被迫以一种不体面甚至低人一等的方式生活着。③

这说明,尽管不平等可以很容易地归咎于天意、自然或者人自身,然而社会作为一个整体,或出于对人类尊严的认知,或出于对良善生活的渴望,或出于正义的理念,或出于恻隐之心,或出于人道主义关怀,或者仅仅出于维护社会政治稳定的有限目的,却不能完全漠视巨大的不平等,而是努力去减轻这些不平等的程度,即使这些不平等是自然而不是人为的。如果说不平等是不加人力干预的某种自然结果,那么,平等就是刻意的人类行为的结果。④ 正是在这一点上,萨托利说,一个追求平等的社会是"跟自身的内在惯性定律作战的社会"⑤。当然,巨大的贫富差距的形成,往往既有自然的因素,也有个人的因素,也有社会的因素,社会因而理应对此承担某种责任。

认识到人与人之间在智力、禀赋、进取心以及与此相关的社会结局的差异是一回事,而由此将人区分为优秀和劣等,优待前者而忽视后者,则完全是另外一回事。人们之间的差别对待是有底线的,差异不能达到人可以奴役人的地步。梭伦改革中废除债务奴隶制,就是保障人之作为人的基本尊严,他所确立的这一原则已在各个文明形态中逐步得到落实,人身契约

---

① R. H. Tawney, *Equality*, London: Allen & Unwin, 1931, p. 21.
② 〔英〕J. R. 波尔:《美国平等的历程》,张聚国译,北京:商务印书馆 2007 年版,第 16—17 页。
③ T. M. Scanlon, *Why Does Inequality Matter?* Oxford: Oxford University Press, 2018, pp. 4-5.
④ 卢梭较早阐述过不平等的基础和来源问题,他认为,环境的力量始终倾向于破坏平等。不平等易,因为人们只要听任事物的自然发展即可;而平等难,平等意味着人们需要奋力改变事物不加人力干预的某种自然结果。参见〔美〕乔万尼·萨托利:《民主新论》,冯克利、阎克文译,上海:上海人民出版社 2009 年版,第 370 页。
⑤ 〔美〕乔万尼·萨托利:《民主新论》,冯克利、阎克文译,上海:上海人民出版社 2009 年版,第 370 页。

性劳务(卖身性的合同)遭到全面禁止,尽管有些自由主义者认为这是对自由贸易施加的强制性的、不当的限制。

正如权利是对他人滥用自由的限制[①]一样,平等乃是对人与人之间不当和过度差异的限制。历史上,平等主要是作为一种抗议性理想出现的,其目的是对人们之间的社会地位、财富等的不正义的或者过度的差异进行限制,对超越底线的差异和不平等进行限制,以维护人类个体的基本尊严。波尔说,平等始终是"一种社会抗议和政治抗议的语言"[②]。

人们追求权利,乃是防止他人滥用自由可能造成的损害,防止可能造成的恶;同样,人们追求平等,乃是对人与人之间不正义的、不当的过度差别可能造成的恶的限制。从某种意义上讲,平等就是探讨可以忍受的不平等的界限。哈贝马斯说:"好的社会是什么样的,我们无法先天地知道,但好的社会将不是什么样的,我们却知道的很多,足以由此而提供一个当下的行动议程。"[③]同样的道理,什么样的平等是值得追求的,人们无法先天地知道,但什么样的不平等是难以接受的,人们凭直觉就能够感受到,足以提供一个关于平等的行动议程。人类社会在平等方面的每一进步,都是在试图消除某些不平等,即"被人憎恶的差异"中艰难获得的。斯坎伦论证平等诉求的方式与此相契合,他不是直接发问:什么样的平等是值得追求的?而是首先发问:究竟什么样的和何种程度的不平等是应当反对的?[④]

作为一种道德辩护,平等的理念本来是为了克服封闭的身份世袭等支配性社会结构而出现的,是为克服和矫正不能忍受的不平等应运而生的。正是在这个意义上,萨托利将平等表述为一种"抗议性理想"[⑤]。当平等的目的被理解为矫正、防止和克服极端的、不能忍受的差别和不平等时,平等是有感召力的,也是容易理解的,它体现并激励着人们对宿命、对偶然的差异和对封闭特权的反抗。历史上值得谴责的不平等的最显著例子是种姓

[①] 〔德〕康德:《法的形而上学原理:权利的科学》,沈叔平译,北京:商务印书馆1991年版,第42页。

[②] 〔英〕J. R. 波尔:《美国平等的历程》,张聚国译,北京:商务印书馆2007年版,第50页。

[③] 〔德〕哈贝马斯:《在事实与规范之间:关于法律和民主法治国的商谈理论》,童世骏译,北京:生活·读书·新知三联书店2003年版,第526页。

[④] T. M. Scanlon, *Why Does Inequality Matter?* Oxford: Oxford University Press, 2018, pp. 3-10.

[⑤] 〔美〕乔万尼·萨托利:《民主新论》,冯克利、阎克文译,上海:上海人民出版社2009年版,第370页。

制度和其他一些包含使某些社会地位带有耻辱性区别的制度,在这些制度中,部分阶层被以令人屈辱的方式打上了低人一等的印记。

当近代以来的科学革命动摇了身份世袭等级制的神学根基之后,如果极端不平等不能及时得到矫正,就会降低现行政治秩序的正当性,导致下层民众的反抗,造成政治系统的僵局、瘫痪甚至崩溃。法国大革命就是例证。为颠覆等级森严的支配性社会结构,平等成为法国大革命推翻王权专制和封建特权的极具感染力的口号。①

但是对封闭世袭身份的支配性等级制度的反抗,丝毫不等于说不要差异,这种抗议性理想所反对的是固化的、封闭的身份世袭特权。波尔认为,英属北美殖民地人民提出的"人人生而平等"的响亮口号,所反抗的主要是英国国王的专断统治,并作为建立独立国家的道义基础②,是一种含义极为有限的平等,不是泛化的平等。

但矫正极端不平等的逻辑本身又会自然地过渡和演变为追求更大平等的逻辑,作为抗议性理想的平等极易演变为一种浪漫的建设性理想。而平等的形式逻辑,即"相同的人相同对待"表明,任何平等要求都可能被提出,每一种平等要求都极易被伸张到极致。为此,托克维尔不无担忧地指出,人们追求平等的激情,可能会达到狂热的地步。③ 历史的经验表明,近代以来的平等理想表现出了一种极富韧性的"普遍主义冲动"④,它在取得政治权利的平等之后,展现了向经济、社会等领域扩张的冲动。

萨托利敏锐地指出,"一旦开始追求平等,那些曾经被认为是自然存在的权力、财富、地位及生存机会等方面的差异,就不再是一成不变的被人接受的差异了"⑤。人们很容易把不平等简单化和成见化,甚至将不平等看作一切不幸的来源,就像法国空想社会主义者马布利所言,"不平等将为人们带来一切不幸,降低人们的品格,在人们中间散布不和与憎恨"⑥。

---

① 在这个时期,作为反抗王权专制和封建特权的平等与反抗专断权力的政治自由的含义十分接近,因而二者自然而然地被联系在一起使用。
② 〔英〕J. R. 波尔:《美国平等的历程》,张聚国译,北京:商务印书馆2007年版,第1页。
③ 〔法〕托克维尔:《论美国的民主》下卷,董果良译,北京:商务印书馆1988年版,第623页。
④ 高瑞泉:《平等观念史论略》,上海:上海人民出版社2011年版,第36页。
⑤ 〔美〕乔万尼·萨托利:《民主新论》,冯克利、阎克文译,上海:上海人民出版社2009年版,第370页。
⑥ 〔法〕马布利:《马布利选集》,何清新译,北京:商务印书馆1960年版,第27页。

针对这一点,萨托利清楚地表达了平等理想的普遍主义冲动可能带来的后果,他认为,平等是人类所有理想中最不容易知足的理想,如果不加以适当的节制,平等就可能从一种易于理解的道德辩护,走向一种过度的并因而是堕落的理想。这样的平等压制多样化、自主精神和对杰出的追求。

依据平等的形式原则,在理论上人们可以很容易地将各自的平等要求伸张到极致,这就容易导致极端平等观。极端平等观认为,对社会价值的分配必须达到绝对平等的程度才称得上是正义的,否则便是不正义的,不应当考虑社会成员在有关方面可能有所区别。[1] 类似的极端平等的观点,虽然是天真的幻想,但因为将平等的理想描述为完美的、纯粹的和极致的,在人们缺乏审慎思考的情况下反而极具号召力。但任何一种政治要求必须立基于现实,才有实现的可能。不顾社会政治现实的过度的理想化极易造成理想的专断。历史经验提示人们,人类的许多灾难,是追求没有现实基础的理想造成的,人类历史上的大屠杀、大流血,往往是以美好理想的名义、以天堂的名义执行的。[2]

法国大革命时期著名的平等主义者巴贝夫提出:"要使这个民族的各个人之间是没有任何差别的绝对的平等",为此社会产品必须平均分配,即"分配给每一个公民由其他各种物品构成的社会总产品中同等的一份"[3]。类似地,勒鲁认为,平等是"一切人都可以享受的权利和正义"[4]。因为他是人,他就享有权利;而且只要是人,就都有同样的资格享有同样的权利。按照这样的逻辑,他认为可以得出"一个无可辩驳的、头等重要的、绝对正确的概念,即人人都享有一切权利"[5]。同样地,太平天国也提出了"有田同耕,有饭同食,有衣同穿,有钱同使""无处不均匀,无人不饱暖"[6]等虚幻的、极端的平均主义口号。

极端平等论者把平等作为解决社会政治问题的万灵妙药,这样的观点

---

[1] 参见〔美〕汤姆·L.彼彻姆:《哲学的伦理学》,雷克勤、郭夏娟、李兰芬、沈钰译,北京:中国社会科学出版社1990年版,第359页。

[2] 〔美〕乔万尼·萨托利:《民主新论》,冯克利、阎克文译,北京:东方出版社1998年版,第46页。

[3] 〔法〕G.韦耶德、C.韦耶德合编:《巴贝夫文选》,梅溪译,北京:商务印书馆1962年版,第89页。

[4] 〔法〕皮埃尔·勒鲁:《论平等》,王允道译,北京:商务印书馆1988年版,第283页。

[5] 同上书,第265页。

[6] 《太平天国》(一),上海:上海人民出版社1957年版,第321页。

简单而粗陋。极端平等论者确信平等是最高准则,在假设平等所带来的好处,如自由、财富、公正、美德时过于乐观,容易成为乌托邦式的幻想和不严谨思维方式的自我欺骗。① 厄斯金·梅(Erskine May)把法国人所追求的社会平等称为"带有血色污点的空想"②。莱基(Lecky)认为自由和平等是"不可调和的敌人",后者的胜出必然以前者为代价。③ 如果只强调人们之间类的同一性,就会忽视了人与人之间个体的差异性。萨托利提醒人们,人为地取消所有差异,也就不再有自由。④

法国大革命时期人们对平等的认识还是初步的和天真的,极端平等论中不切实际的一面及其危害需要经过一段时间之后,才能逐步显现出来。当平等被作为反对封建特权的对立面时,是有号召力的,也是有具体的针对性的,而当其含义变为绝对平等或者人类社会的最高准则时,则变成虚妄的和不切实际的。这一点,只有在经过了极端平等的实践所导致的极端贫困和无形压制之后,平等被作为浪漫主义社会理想的魔鬼一面,才能被人们痛彻地认识到。中国社会主义早期浪漫的政治理想所带来的贫困、饥荒、政治高压和经济停滞,就一度使得被社会主义所睥睨的资本主义社会形态反而变得像黄金时代了。这正应了歌德的名言:"你别忘了,魔鬼是位老者,要认识它,你们得变老。"⑤

启蒙主义思想家孟德斯鸠(Montesquieu)对作为社会理想的平等持有谨慎的看法,并批驳过极端平等论。他说,"平等的真精神和极端平等的精神的距离,就像天和地一样。平等的真精神的含义并不是每个人都当指挥或是都不受指挥;而是我们服从或是指挥同我们平等的人们。这种精神并不是打算不要有主人,而是仅仅要和我们平等的人去当主人"⑥。

黑格尔(Hegel)也以其辩证思维的敏锐指出了极端平等面临的悖论和可能带来的严重后果。他认为任何制度都承认差别,如果毁灭所有的差

---

① William Letwin, *The Case against Equality*. 参见周仲秋:《平等观念的历程》,海口:海南出版社 2002 年版,第 357 页。

② Erskine May, *Democracy in Europe*, Vol. ii, 1877, p. 333.

③ Lecky, *Democracy and Liberty*, 1899, Vol. i, pp. 256—257.

④ 〔美〕乔万尼·萨托利:《民主新论》,冯克利、阎克文译,北京:东方出版社 1998 年版,第 404—405 页。

⑤ 语出歌德:《浮士德》第 2 部第 2 幕第 1 景。参见〔德〕马克斯·韦伯:《学术与政治》,冯克利译,北京:生活·读书·新知三联书店 2013 年版,第 45 页。

⑥ 〔法〕孟德斯鸠:《论法的精神》上册,张雁深译,北京:商务印书馆 1959 年版,第 136 页。

别,也就摧毁了所有的制度,而这样往往会导致恐怖和暴政。① 也正因为如此,萨托利说,平等在历史上往往被界定为对某一差别,而不是所有差别的否定。

五、有节制的平等

平等,作为近代法国资产阶级革命的口号之一,为推翻曾经根深蒂固的身份世袭等级制度做出了重大贡献,成为推动人类社会进步的重要的政治理想和价值追求。但这一浪漫主义政治理想在出色地完成其历史使命之后,如果不明了自己的局限,不懂得节制,就会带来浪漫主义的灾难。浪漫主义虽然通过超越现实的想象能够带给人们特殊的审美愉悦感,但却往往不切实际。

虽然德沃金认为"平等的关切是政治社会至上的美德","没有这种美德的政府,只能是专制的政府"②,但他同时也认识到平等理想的另一面,他说"绝对而无差别的平等,不但是一个软弱无力的或容易被其他价值压倒的政治价值,它根本就没有价值","用勤快人的成果去奖励那些能够工作却选择了游手好闲的人,这样的世界根本不值一提"③。

把每一个人都视为同样的人,在每一个方面都实行相同对待,是不现实的和不可能的。人们所追求的平等注定了是一种有限的和节制的平等。但有些平等的理想主义者往往对某一种平等能够给人们带来的益处,怀有不切实际的幻想。比如,"平等一定会带来一切福利,因为它团结着所有的人,提高人人的品格,培养人们相互怀有善意和友爱的情感"④。

虽然每个人都是有理性的,要求作为人的平等关切,但不平等也并非

---

① 〔德〕黑格尔:《法哲学原理》,范杨、张企泰译,北京:商务印书馆1961年版,第15页。
② 〔美〕罗纳德·德沃金:《至上的美德:平等的理论与实践》,冯克利译,南京:江苏人民出版社2003年版,导论。
③ 〔美〕罗纳德·德沃金:《至上的美德:平等的理论与实践》,冯克利译,南京:江苏人民出版社2003年版,第2页。而且他同时认识到,即使人们主张"平等的关切是政治社会至上的美德",但对于"平等的关切"具体是指什么?对"这个问题不存在一目了然没有异议的答案"。见〔美〕德沃金:《至上的美德:平等的理论与实践》,南京:江苏人民出版社2003年版,导论。
④ 〔法〕马布利:《马布利选集》,何清新译,北京:商务印书馆1960年版,第27页。

完全不可欲,只有某些个别类型的不平等或者不平等超过某种"可憎的"限度才是不可欲的,平等追求的只能是在某些方面的相同对待,而不可能在所有方面都相同对待。斯坎伦指出,平等的关切不可能是无限度的,而只能是"以某种程度为限的",而且需要与其他的伦理诉求进行权衡。①

错误的平等观导致平等的错误。平等作为一种政治理想,首先必须明了自身的局限性,成为一种有节制的理想,才不至于因理想的过于偏执,而酿成大错。但可惜的是,任何一种政治理想,往往是通过呼应政治现实的缺憾和不满而来的,并力图以至善的或者完美的形象示人,而完美主义者往往不易妥协和自我节制。

不节制的平等要求容易煽动起对多样化、自主精神、进取精神、杰出人物的厌恶和对实现个人潜能的自由的压制。萨托利告诫道:作为道德理想应运而生的平等,如果不懂得节制,极容易成为一种"堕落的理想","它以恢复公正这一最纯洁的努力开始,却可能作为贬低他人抬高自己的托辞而告终"②。

亚里士多德的记载证明了一个在2000多年后受到托克维尔和穆勒抨击的事实,即如果不加以节制,平等的理想在城邦中立刻就能退变成在数量上占优势的多数派专制。古希腊各城邦为了保持人们之间在才能和影响力方面的大致均衡,甚至不惜采取强制措施,以驱逐那些具有特殊才能的人。③亚里士多德认为各城邦创制"陶片放逐律"的理由,是因为这些城邦"以平等为超过一切的无上要义",因而他们对于邦人的特别富有资财,或朋从过多,或其他势力,凡是政治影响足以掀动社会的,就应用这个处分而把他驱逐出境,限令若干年内不得归返本邦。④

其实,就连卢梭也表达过对于平等的较为审慎的观点,认为平等"绝不是指权力与财富的程度应当绝对相等",而是说,"就权力而言,则它应该不能成为任何暴力,并且只有凭职位与法律才能加以行使";"就财富而言,则没有一个公民可以富得足以购买另一个人,也没有一个公民穷得不得不出

---

① T. M. Scanlon, *Why Does Inequality Matter?* Oxford: Oxford University Press, 2018, p. 19.
② 〔美〕乔万尼·萨托利:《民主新论》,冯克利、阎克文译,上海:上海人民出版社2009年版,第370—371页。
③ 〔古希腊〕亚里士多德:《政治学》,吴寿彭译,北京:商务印书馆1965年版,第157—158页。
④ 同上。

卖自身"。而这就要求大人物"节制财富与权势",同时小人物"节制贪得与篡求"①。托尼认为,"文明社会的任务就是要不遗余力地铲除阶级不平等导致的特权与专制"②。而就法国大革命时期所追求的平等,他的理解是,平等"并不是宣告所有人具有相同的智力与美德,正如并不是宣告每个人具有相同的身高和体重,只是表示每个国民的生活不再受到过时的财产权限和荒谬的法律差异的摧残"③。

马克思主义的平等观也是相当节制的。恩格斯说:"无产阶级平等要求的实际内容都是消灭阶级的要求","任何超出这个范围的平等要求,都必然要流于荒谬"④。马克思不可能把共产主义社会理解成一个千人一面或追求千人一面的社会。他设想的共产主义社会绝不意味着对追求卓越的抹杀,相反,那是一个人人全面发展、自由发展和充分施展个人潜能的社会。每个人的自由发展,不可能是完全一样的发展,因为自由的努力将会导致个体之间的分化和差异。他在《哥达纲领批判》中明确地反对使用"消除一切社会的和政治的不平等"这样的语句,而是建议改用"随着阶级差别的消灭,一切由这些差别产生的社会的和政治的不平等也自行消失"⑤。

在共产主义社会,个体的需要和能力仍然会存有差异,只不过因为生产力高度发达、物质资料极大丰富,个体的需要和整个社会的生产能力不再表现出冲突,每个人都可以"各尽所能、各取所需"罢了。但差异的价值仍然是得到承认的。个体自由必定会在许多方面产生差异。一个人人自由而且全面发展的社会应该是一个个人多样化发展的世界,说到底,是一个差异的世界。

在现代社会,平等之所以要有所节制,还有一个重要原因,就是劳动分工越来越细以及专业化协作导致的普遍的组织化生存,使得人们不管情愿与否,都不得不生活在科层制中。科层制内部并不重视平等,而是强调权威的层级授予,强调职位、职务的明确的上下级关系。职位、职务的等级制

---

① 〔法〕卢梭:《社会契约论》,何兆武译,北京:商务印书馆2003年版,第66页。
② R. H. Tawney, *Equality*, London: Allen & Unwin, 1931, p. 90. 参见周仲秋:《平等观念的历程》,海口:海南出版社2002年版,第362页。
③ R. H. Tawney, *Equality*, London: Allen & Unwin, 1931, p. 48. 参见周仲秋:《平等观念的历程》,海口:海南出版社2002年版,第361页。
④ 《马克思恩格斯全集》第20卷,北京:人民出版社1971年版,第117页。
⑤ 《马克思恩格斯选集》第3卷,北京:人民出版社1995年版,第311页。

仍然是现代社会的常态,虽然科层制意义上的等级制不是封闭世袭的身份等级制,但也往往导致巨大的地位和影响力的差别。

六、平等与不平等的审慎权衡

从思想史的视角看,平等在亚里士多德的著作中,充其量只是一个中性词,没有很多的褒义,甚至在某种意义上说,还隐含着某种平民派多数专制的危险倾向。但在法国大革命前后,人们在反思、批判并意图颠覆封建世袭特权专制的过程中,平等成为有力的思想武器,其积极意义开始呈现,甚至一度被过度宣扬。在当代,平等成为被普遍认同的社会政治价值,但人们却往往不太明了平等观念可能的多重意涵,以及多重意涵之间的可能冲突。

在审慎的思想家看来,平等总是毁誉参半的。平等和不平等各有其利弊。要全面和审慎地认识平等,就必须清楚地意识到作为平等的反题,不平等不仅是广泛存在的,而且也有着极为重要的伦理价值,人们不只需要平等,同时也需要不平等,仅用"平等"二字无法涵盖所有的价值诉求。完全可以这样说,那些不懂得不平等的伦理价值的人,也很难对平等的伦理价值做出恰当的评价。

从更高的价值角度来说,公平正义在要求"同案同判"的同时,必然意味着"不同案不同判",在要求"相同的人相同对待"的同时,必然要求"不同的人不同对待"。而这就意味着任何公平正义理论都是既承认相同对待,即平等,又承认不同对待,即不平等。任何公平正义理论都既承认平等,又承认差异,而这就需要对平等与不平等进行审慎权衡,在"不齐而齐"与"齐其不齐"两种进路中取中庸之道,达到均衡点,要避免简单粗暴的"强不齐以为齐"。实际上,正如摩根(Morgan)指出的,有许许多多的不平等,因为它们"不重要或者不相关",并没有引起人们特别的注意。[①]

从人的需求角度讲,人们既需要在某些方面平等对待,也需要在某些方面的自由和差异。这种平等与不平等的复合论能够得到马斯洛(Maslow)

---

① Morgan, "Human Equality," *Ethics*, Vol. 53, No. 2, p. 120.

人类需求层次理论的支持。马斯洛认为,人的需要可以分为五个层次,当人的前四个层次的需要,即生理、安全、爱和尊严的需要得到满足之后,人就可以被称为一个"基本满足"的人①,这时他就从人的最基本的需要中解放出来。而紧接着,自我实现的需要开始占据支配地位,他开始追求自我潜能的实现和对自我的超越。

要使人成为"基本满足的"而不是"病态的"人,就必须满足人们的基本相同的前四项需要,这也就是人人平等的基本权利。人们只有从前四项基本需要中解放出来之后,才有机会追求自我实现、自由发展,从而追求作为个体的人的独特性、差异性和潜能的发挥。

在现代社会,人的基本权利中最起码应该包含最基本的物质保障,大约相当于能够满足马斯洛需求层次中生理和安全需要的物质条件。此外,人们还应该享有基本的社会交往权利和社会尊严,满足某种归属感和尊严的需要,大约相当于马斯洛需求层次中的第三、四层次需要。只有这前四个层次的需要得到满足,才能够说一个人已经成为一个"基本满足的人",而不再是一个需要照料的、缺乏营养的"病态的人"。人的前四项需要的满足,为每个人的自由发展和自我实现,为充分施展自己的抱负和追求,创造了基本的前提。而节制的平等观所保障的,就是人作为人应该享有的基本权利,即基本的物质保障、社会交往和社会尊严。

而在追求最高层次的人类需要即自我实现的过程中,人们的自主选择往往会大异其趣,会越来越反映个人的人生目的和价值追求,越来越体现人的差异性和独特性。在这样的意义上,平等作为一种社会政治理想,主要是针对人的前四项基本需要而言的,是就人的基本权利而言的,在超出人的基本需要和基本权利之后,平等就无能为力了。正如福格尔(Fogel)指出的,国家和社会最多只能为个人潜能的发挥创造必要的条件,并不能代替个人的主观能动性和自主选择。②在基本需要满足之后,个人的自由发展和全面发展主要由个人来完成,主要体现为个体自主选择。而如果承认人们之间在人生目的、志趣、价值观等方面的差异的话,个体选择和个人的自

---

① A. H. Maslow,"A Theory of Human Motivation," *Psychological Review*, Vol. 50, July 1943, pp. 370–396.

② 〔美〕罗伯特·威廉·福格尔:《第四次大觉醒及平等主义的未来》,王中华、刘红译,北京:首都经济贸易出版社2003年版,引言,第4页。

由发展就从来不是整齐划一的。

平等不是终极价值、终极目的,而只是达致其他更高目的的手段。不论赞同平等的理由多么充分,平等本身并不是一种"至上的美德"或终极的价值,一切为平等而平等的做法都是没有根据的,对平等的评断必须根据其所达致的成就来进行。诺齐克(Nozick)指出,那些认为平等无须证成即为可欲的观点以及为平等而平等的观点,不仅是天真幼稚的,也必然会引起平等的反对派的正当疑虑。[1]

那些为平等而平等的主张,都将平等的伦理价值信条化或绝对化,不利于全面和均衡地看待平等及其反题。正如韦伯指出的,在现实政治中,对任何伦理价值的绝对律令式的强调,都必然会无视后果伦理,沦为一种泛道德主义。[2] 对于政治伦理和社会伦理意义上的平等而言,也是如此。

如果人们把平等看作是对过度差别的矫正,是对恶的限制,那么人们就能理解平等应该有所节制,不能因为追求平等造成新的、更大的恶,平等的目标能够也应该与其他目标、其他价值达成妥协,尤其是与由差异和不平等来保障的其他价值达成妥协。

平等作为推翻专制特权的有力武器,曾经凝聚起社会的共识,推动了社会的变革。然而当政治平等和社会平等已经成为社会政治的常态,经济平等和社会保障也达到一定水平之后,平等失去了原有的靶标,不再所向披靡,其进一步扩张遭遇困境。相反,人们开始反思优秀、卓越、差异和不平等的价值。这让许多平等主义者深感困惑。

而如果人们能够认识到,平等以及不平等的价值,只有放在由平等与不平等共同构成的具有内在张力的反题结构中,才能得到审慎和均衡的说明,认识到平等的道义力量主要不是来自它是一种侵略性或扩张性的政治要求,而是体现在它是一个抗议性或防御性的要求,是在承认各种各样差异的基础上对过度差异的矫正,那么,肤浅的平等主义者眼中的困惑也就不再是困惑了。

---

[1] 本书虽然不赞成诺齐克有关平等的诸多论述,但认为他对于某些平等观的疑虑和担忧仍然是正当的、合理的。比如他指出,"赞成平等的诸多论述的假定前提,有不少是缺乏根据的"。参见 Robert Nozick, *Anarchy, State, and Utopia*, New York: Basic Books, 1974, p. 233。

[2] Max Weber, *Political Writings*, Cambridge: Cambridge University Press, 1994, p. 42.

第三章 平等的价值定位

虽然平等具有重要的道德伦理价值，但平等自身是否可欲，却仍是一个悬而未决的问题。平等是否具有一种自身即是可欲的内在价值，抑或仅仅是一种工具性价值？平等只是众多道德伦理价值之一，抑或是其中的压倒性价值，甚至终极价值？有些观点认为平等是"至上的美德"[1]和"最大福利的源泉"[2]，是"历史演变的终结"，是"各种法律的法律"，是"一项唯一的法权"[3]。也有观点认为平等不是最终价值或最高价值，"平等服从更高的价值——法律的最终价值——正义"[4]；"任何正义理论的核心问题都是对于人与人之间不平等关系的维护"[5]；甚至有人认为，"社会和政治平等显然是极不公平的"，"这种平等不但远非有利于弱者和无能者，而且对一切人都是有害的，因为它会窒息人们的竞争精神、活动能力和奋斗意志，妨碍天才的发挥和发明创造的出现"[6]。

上述相互对立的观点提示人们，思考平等的价值定位问题，最基本的前提是要认识到平等与不平等处于一个充满内在张力的反题结构中。平等自身是否可欲，不是平等理论自身能够回答的，而是由平等与不平等共同构成的反题结构来回答的。这就意味着，平等的上位价值必须能够容纳平等与不平等的这一反题结构和内在悖论。如果认识不到这一点，就很容

---

[1] 〔美〕罗纳德·德沃金：《至上的美德：平等的理论与实践》，冯克利译，南京：江苏人民出版社2003年版，导论。
[2] 〔法〕马布利：《马布利选集》，何清新译，北京：商务印书馆1960年版，第36页。
[3] 〔法〕皮埃尔·勒鲁：《论平等》，王允道译，北京：商务印书馆1988年版，第251—252页。
[4] 朱应平：《论平等权的宪法保护》，北京：北京大学出版社2004年版，第35页。
[5] 〔英〕布莱恩·巴里：《正义诸理论》，孙晓春、曹海军译，长春：吉林人民出版社2004年版，第3页。
[6] 〔法〕埃蒂耶纳·卡贝：《伊加利亚旅行记（第二、三卷）》，李雄飞译，北京：商务印书馆1978年版，第98页。

易做出"平等是终极价值尺度"的独断论宣称。

要对一个反题结构做出裁决,需要一个上诉法庭,或者位阶上更高一级的价值,这个上诉法庭或者上位价值就是正义。也就是说,相对于平等和不平等而言,正义是更高的价值,是上位价值,可以用来平衡和协调平等与不平等的反题结构。正义在价值位阶序列上高于平等这一点,法院门前通常出现的象征性雕塑多少能够提供一些启示,这些雕塑从来都是正义女神,而不是平等女神。

一、作为平等上位价值的正义[*]

正义能否作为平等(也包括不平等)的上位价值,在学界尚无定论。学界对于平等与正义的价值定位问题存在分歧。平等与正义哪一个在逻辑上更基础,是平等为正义提供支撑,还是正义为平等提供支撑?

正义是更高价值的观点可以追溯至《汉穆拉比法典》。作为人类最早的成文法典,它的主要目的在于说明王权的依据以及如何调整人们的民事权利关系,也明确指出了法典的根本原则是正义。法典中说,神命令、授权汉穆拉比王"发扬正义于世","使公道发扬,以正直的办法管理各部落","使我公道与正义流传国境",以为人们造福。[①] 汉穆拉比王称自己制定的法律为公正的法律、正义的言辞,在法典的末尾四次自称为"公正之王"[②]。在这部自称为正义的法典中,不仅包括"同案同判"等平等对待的要求,也容许主奴关系等身份等级制的要求,暗含了正义是比平等和不平等更高级价值的观点。

梭伦在其政治诗篇中表达了支撑自身改革的正义或公正观念。对于执政者应处的公正立场,他制定"同等对待恶人与善人的法规,让正义径直进入每一个人的世界里";他"手执坚盾我挺身遮护两者,不让任何一方不

---

[*] 本章第一部分和第二部分的主要观点已经公开发表,参见王元亮:《平等的正义性及其形式原则考论》,《伦理学研究》2011年第4期。

[①] 〔古巴比伦〕汉谟拉比:《汉穆拉比王法典》,刘京春译,延吉:延边人民出版社1999年版,第3—5页。

[②] 同上书,第33—35页。

公正地取胜……我给予平民的尊荣恰如其分,不夺走他们的尊荣,亦不予以扩增……那些拥有势力和因钱财而显赫的人,我也留意使他们不致身蒙任何屈辱的事情"①。梭伦表达了其政治改革所依据的是正义而不是平等。

亚里士多德最早明确地将平等与正义联系在一起,阐述了平等与正义的价值支撑关系,但他所做的论述很不明晰,甚至自相矛盾。他一方面认为正义是"德性之首","比星辰更让人崇敬"②,他赞同"公正是一切德性的总括"③这句谚语,认为城邦的治理以正义为原则,由正义衍生的礼法,可凭以判断人间的是非曲直,正义是"树立社会秩序的基础"④。另一方面,他又认为,"正义是某些事物的平等观念"⑤。他认为,所谓"公正",其真实意义主要在于"平等"⑥,因为"正义包含两个因素—事物和应该接受事物的人","大家认为相等的人就该配给到相等的事物"⑦,而且"公正必定是适度的、平等的"⑧,也就是说,平等是公正的属性之一,平等为正义提供支撑。

为此,亚里士多德论证道:"如若不公正包含着不平等,公正就包含着平等,这是不言自明的。"⑨但是,"不公正包含着不平等"并不能以他所说的逻辑推导出"公正就包含着平等",也不是"不言自明的",因为有些平等也许是不公正的,但这些平等并不包含在公正之内。同样地,有些不平等是公正的,又为公正所包括。他认为"正义包含两个因素—事物和应该接受事物的人",但在认识到"大家认为相等的人就该配给到相等的事物"的同时,没有进一步思考"不相等的人是不是应该配给到不相等的事物";在认识到"公正必定是适度的、平等的"同时,没有进一步追问"公正是不是也包含着差别对待即不平等"。

---

① 语出梭伦的《政治诗篇》。参见苗力田主编:《亚里士多德全集》第 10 卷,北京:中国人民大学出版社 1994 年版,第 12—13 页。

② 〔古希腊〕亚里士多德:《尼各马可伦理学》,廖申白译注,北京:商务印书馆 2003 年版,第 130 页。

③ 〔古希腊〕亚里士多德:《尼各马科伦理学》,苗力田译,北京:中国社会科学出版社 1990 年版,第 130 页。

④ 〔古希腊〕亚里士多德:《政治学》,吴寿彭译,北京:商务印书馆 1965 年版,第 9—10 页。

⑤ 同上书,第 152 页。

⑥ 同上书,第 157 页。

⑦ 同上书,第 152 页。

⑧ 〔古希腊〕亚里士多德:《尼各马可伦理学》,廖申白译注,北京:商务印书馆 2003 年版,第 134 页。

⑨ 同上。

用法学的术语来表示的话,正义在要求"同案同判"的同时,是不是也必然意味着"不同案不同判"? 如果"同案同判"被认为是平等,那么"不同案不同判"是不是平等的反题即不平等?

实际上,亚里士多德又指出,所有的正义都涉及差别对待。如果这是正确的,那么按照他的"正义是某些事物的平等观念"的推理,就意味着平等也涉及不平等,他因此而变得彻头彻尾地自相矛盾了。仅此一点即可反驳平等为正义做辩护的逻辑。

亚里士多德没有将平等与支撑平等的正义观念做出区分,而是经常混淆使用,这导致了他在论述平等与正义关系时的逻辑混乱,于是就有了他对于平等与正义之间关系的似是而非的断语。比如他说,"假如不平等者所受的待遇相称于他们之间的不平等,那就没有什么不平等"。[①] 此处,他把"不公正"混同了"不平等",如果把最后一个"不平等"改为"不公正",就不存在任何逻辑矛盾了,即:"假如不平等者所受的待遇相称于他们之间的不平等,那就没有什么不公正"。

亚里士多德对平等和正义关系的逻辑混乱源于他想当然的前提假设,他简单地把公正和正义等同于平等,把不公正和不正义等同于不平等,没有认识到正义和平等之间的复杂关系。比如,他简单地假设"既然不公正的人与不公正的事都是不平等的"[②]。

康德也曾论及平等与正义的关系,他的观点和论证和亚里士多德一样,也是前后矛盾的。在谈到罪与惩罚的问题即惩罚正义时,康德一方面认为,"在任何惩罚本身中首先必须有正义,正义构成惩罚概念的本质"[③]。但另一方面,他又认为,正义需要平等的支撑,可以作为"公共的正义"的原则和标准的惩罚方式与尺度,"只能是平等的原则",因为只有这样,在公正的天平上,指针才不会偏向一边。[④] 如此一来,他又将平等看作比正义更底层的支撑。

---

① 〔古希腊〕亚里士多德:《政治学》,1301b。参见〔美〕乔万尼·萨托利:《民主新论》,上海:上海人民出版社2009年版,第383页。
② 〔古希腊〕亚里士多德:《尼各马可伦理学》,廖申白译注,北京:商务印书馆2003年版,第134页。
③ 〔德〕康德:《实践理性批判》,邓晓芒译,北京:人民出版社2003年版,第50页。
④ 〔德〕康德:《法的形而上学原理:权利的科学》,沈叔平译,北京:商务印书馆1991年版,第164页。

这可能与康德本人对于数学尤其是几何学的推理和论证方式非常推崇有关,他认为只有数学才具有完美的形式逻辑。在他的时代,非欧几何还没有被提出,把数学以及数学中的平等和相等等概念提升到近似神学的地位在当时并不奇怪。这种认为"惩罚公正"或者"报复正义"以平等为原则的错误认识,突出地表现在不少法院正门上的标志性雕塑——天平上,将平等不当地上升为天启的或者自然主义的神秘性质,这样的认识将平等的描述性概念和规范性概念不当地混杂在一起。笔者认为,即使在"惩罚公正"或者"报复正义"里,公正和正义也只是道德需要和应然的代名词,更具体而深入的分析说明,为"惩罚公正"或者"报复正义"提供支撑的并不是康德所谓的"罪与罚的平等",因为说到底,罪与罚两者是完全不同的事物,它们之间不可能有平等。

罪与罚平等的说法,是一个在两种完全不同事物之间建构的综合判断,不可能从对罪或罚的分析中得出,而只能从两者的关系中去寻找,这种关系就是把罚当作一种惩戒措施。当有论者认为公正是平等(相等、同等)的利害相交换的善的行为时,[①]难道是说一个受害者所受到的伤害与罪犯所受到的惩罚是相等的吗?为什么对同样罪行的惩罚会如此变化不一呢?同样的罪行对不同人的伤害也是不一样的,又何谈与同样的惩罚相平等呢?《圣经》中说,摩西受上帝之命后,发布法令,"要以命偿命,以眼还眼,以牙还牙,以手还手,以脚还脚"[②]。以眼还眼、以牙还牙,只是一种惩戒或报复,一个人的眼与另一个人的眼对各自当事人的价值来讲,是无法比较的,又何来平等之说?如果一个人杀了另一个人,可以用以一命抵一命的所谓罪与罚的平等方式来处理以求公正的话,那么一个谋害了十个人的杀人犯,人们应该从那里去找到平等呢?如果认为平等是公正的基础,那人们在这个人身上恐怕是难以找到公正了。

至于多大的惩罚才与某一特定的罪行相称,则不会有一成不变的答案。比如康德随后又说,"对罪犯与惩罚之间的平等,只能由法官的认识来

---

① 王海明:《公正平等人道——社会治理的道德原则体系》,北京:北京大学出版社2000年版,第5页。

② 《圣经》,中英对照和合本,1973年版,第322页。

决定","根据报复的权利,甚至直到处予死刑"①。而不同的法官对同一罪行应受的惩罚,认识并不会完全一致,这就注定了所谓平等的惩罚尺度,并非如人们通常凭直觉认为的那样客观、独立,有很大的主观性。这一点,可以从历史和现实得到印证。同样的罪行所受的惩罚,历史上和今天会有很大不同,在各个文明传统中所受到的惩罚也不一样,即使在同一个国家,对同一种犯罪行为的处罚,也会经常进行调整。

所谓"惩罚正义"中罪与罚之间在补偿或报应的意义上平等的说法,已经渐渐被对罪行进行相应惩戒以儆效尤的观念所取代,惩罚不再被看作对罪犯所犯罪行的等价报复,罪行与对该罪行的惩戒既不是同样的事物,也无法公度,罪与罚很难再用哪怕是修辞意义上的平等来看待了。

孟德斯鸠在谈到罪与罚时,认为刑罚的主要功能是惩戒,刑罚的轻重要有协调。② 伯尔曼认为,1810 年的《刑法典》已经开始强调,惩罚的主要目的是对犯罪的惩戒,以有效阻止未来可能的犯罪行为,而不再主张刑罚的报应。③ 中国的《刑法》已经反映了这一观念的转变,其总则第一章第五条说,"刑罚的轻重,应当与犯罪分子所犯罪行和承担的刑事责任相适应"。

虽然在分析的意义上罪与罚是两种不同的事物,不存在罪与罚的平等,平等也不是一种客观的惩罚尺度。但"正义女神手中的天平"还与平等存在着一丝微弱的勾连,那就是"同案同判"。也就是说,如果一个法庭在同一时间对同样的案件做出了不同的判决,那就违背了"法律面前人人平等"和"同案同判"原则,就是不正义的。由此看来,"正义女神手中的天平"代表的所谓"罪与罚的平等",只是"同案同判"的一种修辞而已。只有在这种微弱的、比较的"形式"意义上,平等依然守护着正义的底线。

康德所理解的罪与罚的平等除了指一种罪行应该得到相应惩戒外,无非是"同案同判"意义上的平等。跟亚里士多德一样,他同样没有认识到"同案同判"有一个更大的背景,即"不同案不同判",将"同案同判"作为正义的全部,显然有失褊狭。

---

① 〔德〕康德:《法的形而上学原理:权利的科学》,沈叔平译,北京:商务印书馆 1991 年版,第 166 页。

② 〔法〕孟德斯鸠:《论法的精神》上册,张雁深译,北京:商务印书馆 1959 年版,第 108 页。

③ 〔美〕哈罗德·J. 伯尔曼:《法律与革命》第 2 卷,袁瑜琤、苗文龙译,北京:法律出版社 2008 年版,第 13 页。

麦考密克(McCormicks)指出，在惩罚的意义上，没有人能够客观地和确定地知道什么是公正，①公正也不可能得到客观的、永久有效的证明，在惩罚公正中，人们只是把社会对罪行的应对式惩罚姑且冠以正义之名罢了。这种正义只是反思指导下的实践选择，不是什么反思平衡中的永恒真理。在惩罚正义里，认为平等比正义更底层、为正义提供价值支撑和逻辑支持的观点没有说服力。在分配正义中，正义这个概念也只是应然的假托。当前的社会，对于什么是正义的，什么是不正义的，存在着广泛的争议。尽管存有争议，人们仍然可以假设，每个人都有一种正义观念。② 如果这样理解的话，正义这个概念就只是道德应然的代名词③，人们往往对其内涵有着不同的理解，不存在客观、独立的基础——譬如平等——的支撑。

关于平等和正义的关系，萨托利的观点跟亚里士多德的观点类似，也非常纠结并充斥着前后不一致。一方面，萨托利认为公正依赖于平等，因为"公正是个平等问题"，公正就是平等，不公正就是不平等。他说："公正也要求平等观念。"他还引用中世纪作家拉蒂尼的话说："一如公正是个平等问题一样，不公正就是不平等；因而希望建立公正的人就是在试图变不平等为平等。"④另一方面，萨托利同时又表达了与上述观点相异的观点，认为平等依赖于公正，"我们追求平等便是因为我们认为它是一个公正的目标，不是因为人们确实是相似的，而是因为我们感到，他们理应被认为好像是相似的"⑤，因而应该受到平等的对待，从而把对平等的要求直接和完全地归因于正义。为此，他还论证到，必须反对没有理由的不平等，正是出于同一原因，也必须反对没有理由的平等⑥，这里的理由就是他提到的"公正

---

① 〔英〕麦考密克、〔奥〕魏因贝格尔：《制度法论》，北京：中国政法大学出版社2004年版，第250页。

② John Rawls, *A Theory of Justice*, Cambridge, MA: Belknap Press of Harvard University Press, 1971, p. 5.

③ 汉语中的"义"，正如冯友兰认为的，"义者宜也，即一个事物应有的样子"。"义"是"应然"的代名词。参见冯友兰：《中国哲学简史》，北京：新世界出版社2004年版，第37页。

④ 〔美〕乔万尼·萨托利：《民主新论》，冯克利、阎克文译，北京：东方出版社1998年版，第381页。

⑤ Giovanni Sartori, *The Theory of Democracy Revisited*, New Jersey: Chatham House Publishers, Inc. 1987, pp. 339-340.

⑥ 〔美〕乔万尼·萨托利：《民主新论》，冯克利、阎克文译，北京：东方出版社1998年版，第405页。

的目标"。

虽然萨托利在平等和正义的逻辑支撑关系上是矛盾的,但他对平等和正义关系的经验意义上的说明似乎意味着他更倾向于平等依赖于正义的观点。他观察到,人类历史上在平等方面所取得的进步以正义为核心。他说:"历史上,每个时代所认为的朝着更大的平等的进步,不是反映着相同的正义感得到了更多的落实,就是反映着由变化的正义感加以引导的新创制。"① 他认为人们应该追求的是"公正的或正当的平等",应该反对的是"不公正的不平等"②。而"公正的或正当的平等"的表述中所使用的限定词"公正的或正当的"本身,隐含着这样一种可能,即还存在着其对立面"不公正的或不正当的平等";同样地,"不公正的不平等"的表述也隐含了可能还存在着其对立面"公正的不平等"。

对于平等和正义的关系,密尔的观点十分微妙。他认为,"除了他觉得因利便起见需要有不平等的时候之外,各人都主张平等是公道所必需的"。也就是说,通常情况下,公道需要平等,但也有例外,公道因便利起见有时候也需要不平等。

托克维尔对平等与正义的关系最先做出了明晰的和一贯的表达。他说:"平等也许并不怎么崇高",但"它的正义性使它变得伟大和美丽。"③托克维尔因此把平等的可欲归因于正义;一种平等是否可取,端赖其是否正义。而且早在150多年前,他对法国大革命和美国民主制度进行比较和反思之后指出,某些平等带有一种贬损他人、贬损上级、贬损优秀和贬损卓越的趣味,并发出了这样的告诫:"平等带来的好处是立竿见影的,人们在感受到它的时候,立即知道它的来源……极端的平等造成的灾难,只能慢慢显示出来,逐渐地侵害社会机体……只有头脑清晰和观察力强的人才能发现",但这些人却"总是避而不谈这种危险"④。

罗尔斯的正义论虽然没有明确地但却隐含地论及了平等与正义的价值支撑关系。他在《正义论》开篇说道,"正义是社会体制的第一美德,就像

---

① 〔美〕乔万尼·萨托利:《民主新论》,冯克利、阎克文译,上海:上海人民出版社2009年版,第390页。
② 同上书,第371页。
③ 〔法〕托克维尔:《论美国的民主》(下卷),董果良译,北京:商务印书馆1988年版,第884页。
④ 同上书,第622页。

真实是思想体系的第一美德一样",如果法律和体制是"不正义的",那么不管它们多么高效、有序,也必然会为人们所改革或废除①;一个关于正义的公共观念是一个良好秩序的人类社会的基本宪章。② 从他的这段话中我们可以得出结论,即他认为正义是第一美德,是首要价值原则,因而是比其他价值——当然也包括平等在内——更底层的价值或目的,可以为平等理论提供支撑,以在不同的平等观和互竞的平等要求之间做出选择。

在罗尔斯对正义的思考中,正义与平等有很大关联。权利和义务、收入和财富的平等分配被当作为思考正义的一个或许可以进一步改善的"水平基点"。他认为,如果某些财富和权力的不平等能够使每个人都比这一"水平基点"更好,那么就仍然是正义的。③ 因而正义并不总是(与有些学者所做的解读相反④)意味着平等,不平等也并不总是意味着不正义。"不正义就仅是那种不能使所有人得益的不平等。"

罗尔斯的正义思考对为某些特定的不平等开了扇方便之门。他说:"所有社会价值—自由和机会、收入和财富、自尊的基础—都要平等的分配,除非对其中的一种价值或所有价值的一种不平等分配合乎每一个人的利益。"⑤那些"合乎每一个人的利益"的不平等分配,其中包括了自由和机会的不平等分配,只要这些不平等合乎每一个人的利益,也仍然是正义的。

罗尔斯正义理论的结论是正义的两个原则,这两个原则恰恰就是平等(基本自由权平等原则)与不平等(差别对待原则)的组合。他对社会制度安排的正义处方恰恰表明了本书主张的而他也许没有清晰地意识到的观点:某些平等是正义的,某些不平等也是正义的。而斯坎伦在诠释罗尔斯

---

① John Rawls, *A Theory of Justice*, Cambridge, MA: Belknap Press of Harvard University Press, 1971, p. 3.

② John Rawls, *A Theory of Justice*, Cambridge, MA: Belknap Press of Harvard University Press, 1971, p. 5.

③ 〔美〕约翰·罗尔斯:《正义论》,何怀宏、何包钢、廖申白译,北京:中国社会科学出版社1988年版,第58页。

④ 有些学者,比如高景柱,将罗尔斯此处的观点解读为"正义总是意味着平等"。这是一种严重的误读,将正义和平等这两个大词之间相互关系的理解过于简单化了。参见高景柱:《当代政治哲学视域中的平等理论》,天津:天津人民出版社2015年版,第3页。

⑤ 〔美〕约翰·罗尔斯:《正义论》,何怀宏、何包钢、廖申白译,北京:中国社会科学出版社1988年版,第58页。

的相关观点时,直接使用了"正义的不平等"这样的用法。①

罗尔斯"作为公平的正义"这个术语的用法实际上是值得商榷的。首先,在英语里,正义(justice)与公平(fairness)是两个十分接近的概念,"作为公平的正义"这种说法有重言定义和同义反复之嫌。其次,公平本身是一个尚待厘清、宽泛模糊的概念,也是一个含义极富争议的"大词",用一个自身就是宽泛模糊的概念来阐明正义,恐怕不能如愿。最后,在译为中文之后,公平本身包含公正、正义和平等等多方面的内涵,"作为公平的正义"在中文里使用就不仅有重言定义的问题,还有将平等和公正、正义混淆使用的问题。

有些观点明确地提出正义是比平等更底层的概念,可以为平等提供支撑。艾德勒认为,在自由、平等、正义三大概念中,正义是上位概念,价值最高;人们在纠正与自由、平等相关的错误时,需要诉诸正义。② 他明确提出"正义至上",正义是"最高的价值",是比平等"更大的善",可以作为矫正平等和自由所犯错误的最后诉诸。他认为,与平等相比,正义是"无限制的善",正义对平等具有支配地位。没有一个人或一个社会能称自己是过度的正义的,而平等则有过分或过度之说。艾德勒认为,正义对于人们思考平等"具有管制性",缺少了正义的引导,平等要么会犯错误,要么无解。③ 他认识到了正义与平等的复杂关系并指出,正义不仅需要平等,同时需要不平等。④ 从某种意义上说,正义就是通过由社会认可的平等和不平等而被不断界定的。

当代的波尔认为平等依赖于公正,他认为,"公平与平等相比较,属于一个更高水准的伦理,而理解平等的一个方式是,它是将公正的指令运用于具体的情况"⑤。

此外,虽然人们难以就正义的具体内涵达成共识,但是正义作为现代社会道德应然的地位还是得到承认的。即使哈耶克这样的自由主义者也

---

① T. M. Scanlon, *Why Does Inequality Matter?* Oxford: Oxford University Press, 2018, p. 36.
② 〔美〕艾德勒:《六大观念》,郗庆华译,北京:生活·读书·新知三联书店 1991 年版,第 145 页。
③ Mortimer J. Adler, *Six Great Ideas*, NY: Touchstone Books, 1981, pp. 22, 135–139.
④ 〔美〕艾德勒:《六大观念》,郗庆华译,北京:生活·读书·新知三联书店 1998 年版,第 182 页。
⑤ 〔英〕J. R. 波尔:《美国平等的历程》,张聚国译,北京:商务印书馆 2007 年版,第 436 页。

认识到,"在今天,很可能没有哪场政治运动或者没有哪个政客不是经由诉诸'社会正义'来支持他们所倡导的各项特定措施的"①。

由此看来,将正义作为对平等的价值或目的支撑是有充分根据的。本研究认为,就规范性的平等而言,平等可以是正义的,也可以是不正义的。② 不平等可能是正义的,也可能是不正义的。正义的平等和正义的不平等是可取的,它们之所以可取,不在于是否平等,而在于它们的正义性。同理,不正义的平等、不正义的不平等都是不可取的,它们之所以不可取,其原因也不在于它们是否不平等,而在于它们都是不正义的。③

平等既可以是正义的,也可以是不正义的,既可以是褒义的,也可以是贬义的,但近代以来,人们越来越多地倾向于使用其褒义的含义。平等在亚里士多德那里基本上是个中性词,但在近代,尤其是法国大革命以后,人们在谈到平等时,更多地用来指正义的平等,而不是不正义的平等;同样地,在谈到不平等时,更多地强调不正义的不平等,而不是正义的不平等。因而不知不觉地将平等与正义联系起来,将不平等与不正义联系起来。正如克里斯托尔(Kristol)指出的,人们常常把平等作为事物应有的状态来看待,而把不平等当作对这种应有状态的偏离。④

任何时代都有平等与不平等。但在特定的时代里,有的平等是可以接受的,有的平等是不可接受的;有的不平等是可以接受的,有的不平等是不可以接受的。至于何者可以被接受,何者不可接受,不是平等自身能够解决的,这需要依据一个时代的普遍的正义观来确定。也就是说,平等或不平等本身并不意味着它们是否可以接受、是否正当,平等与不平等的可接受性和正当性需要外在的支撑,尤其是一个时代的特定正义观念的支撑。柯尔(Cole)在谈到不平等与不公正的关系时曾清楚地表明了这一点。他说:"需要废除的不是不平等,而是不公正,也就是说:要废除的不是以不平

---

① 〔英〕弗里德利希·冯·哈耶克:《法律、立法与自由》第2、3卷,邓正来、张守东、李静冰译,北京:中国大百科全书出版社2000年版,第120页。

② 当然,就描述性的平等而言,其功能是描述事实,无所谓正义与不正义。比如人的天赋能力的差异,包括智商高低、体质强健与否等,无所谓正义与不正义,而是人们必须接受的事实。

③ 在当代道德伦理学的论证语境中,正义已经成为应然的代名词,而其他价值观念,如平等、自由、民主等都做不到这一点。对此问题的详细讨论,请参阅王元亮:《论应然的基础》,《道德与文明》2013年第4期。

④ Kristol, "Equality as an Idea," in Sills ed., *International Encyclopedia of the Social Sciences*, Vol. 15, NY: Macmillan and Free Press, pp. 296-316.

等的劳动为依据的不平等,而是以特权和垄断作为靠山的不平等。"① 同样地,贝尔将不平等区分为"正当的不平等"和"不正当的不平等",他认为不仅存在"平等主义的公平",也存在"非平等主义的公平",当然也存在"平等主义的不公平"和"非平等主义的不公平"②。

当然,在正义与平等的关系上,也有论者明确主张平等是更底层的概念,平等为正义提供支撑。约翰·穆勒(John Stuart Mill,又译作密尔)认为,"在许多人眼中,平等是公道的精义"③;戈尔丁(Golding)认为,"正义的核心意义与平等观念相联系"④;何怀宏认为,"公正的含义也就是平等"⑤。

勒鲁明确地表达了平等比正义更为基础的观点。他认为人类社会的起源是一个"平等世界","平等是自然万物的胚芽",在不平等之前就已经存在;人类社会的终止也是一个平等世界,人们终将"推翻不平等,取代不平等"。因而"从人类社会的起源和终止这两方面来看",平等可以"作为社会的准则和理想"⑥。他认为,"平等是一种神圣的法律,一种先于所有法律的法律,一种派生出各种法律的法律"⑦;平等是人类的"共同守则",是"唯一的合理原则和唯一的正义标准"⑧;平等是"正义的准绳",是社会的基础。⑨ 他认为,"人类平等一旦被理解和接受,它单独就能给政治权利提供基础"⑩;"无论平等怎样毫无组织,缺乏内容",但却是"历史演变的终结",因为"平等总是灵魂的法则,各种法律的法律,它是一项法权,一项唯一的法权"⑪。

勒鲁宣称:"平等这个词概括了人类迄今为止所取得的一切进步,也可以说它概括了人类过去的一切生活。从这个意义上说,它代表着人类已经

---

① 〔英〕H. 柯尔:《社会主义思想史》第 1 卷,何瑞丰译,北京:商务印书馆 1977 年版,第 205 页。
② Wendell Bell, "A Conceptual Analysis of Equality and Equity in Evolutionary Perspective," *Americal Behavioral Scientist*, Vol. 18, No. 1, 1974, p. 20.
③ 〔英〕约翰·穆勒:《功用主义》,唐钺译,北京:商务印书馆 1957 年版,第 17 页。
④ 〔美〕马丁·P. 戈尔丁:《法律哲学》,齐海滨译,北京:生活·读书·新知三联书店 1987 年版,第 236 页。
⑤ 何怀宏:《契约理论与社会正义》,北京:中国人民大学出版社 1993 年版,第 120 页。
⑥ 〔法〕皮埃尔·勒鲁:《论平等》,王允道译,北京:商务印书馆 1988 年版,第 15 页。
⑦ 同上书,第 21 页。
⑧ 同上书,第 21 页。
⑨ 同上书,第 247 页。
⑩ 同上书,第 249 页。
⑪ 同上书,第 251—252 页。

走过的全部历程的结果、目的和最终的事业。"①他认为,平等不仅是法国人的原则、信条和信念,还是一种信仰和宗教②;"什么都不能战胜你们对正义的感情,这种感情并非其他,而是对人类平等的信仰"③。

在平等与正义的关系上所有认为平等是更底层从而能够为正义提供逻辑支撑的观点都无法解释"为什么有些不平等是正义的、可取的"这一问题,并因而自相矛盾。而认为正义比平等更底层从而能够为平等(同时也为不平等)提供逻辑支撑的观点则不存在这种自相矛盾。

这种自相矛盾,在王海明的论证中呈现得十分突出。他说:"就概念来说,公平从属于平等,是一种特殊的平等,因为平等是人们的与利益获得有关的相同性;公平则是人们的平等的利害相交换的行为:公平是利害相交换的平等。"④然而他又解释道:"就原则来说,却恰恰相反:平等原则是一种特殊的公平而从属于公平原则。"他认识到了自身理论的前后矛盾,于是就用"'平等'这个道德原则极为奇异"这样的话来自我解套。按他的说法,几乎所有道德原则、规则与其名称、概念都是同一的,例如,公平、人道、善、自尊、谦虚、诚实等,都既是名称也是概念,还是道德原则、规则;然而,唯独平等不是这样,平等与平等原则有着根本的不同。⑤ 这样,他就把平等当作通则的例外,意图将自身理论的矛盾之处开脱。他这样做的结果却彻底破坏了自身理论的逻辑一致性。

他后来论证说,平等是人们相互间的与利益获得相关的相同性,如相同的肤色、相同的智力、相同的贫困等,因而显然不能被奉为应该如何的道德原则。显见他认识到了平等概念的双重性。但他又做出结论说:"可见,平等还不是平等原则,但是,平等原则确是平等,平等原则无疑是一种特殊的平等。"⑥这不由得让人们想起了康德的感叹:"前后一贯是一个哲学家的最大责任,但却极少见到。"⑦

---

① 〔法〕皮埃尔·勒鲁:《论平等》,王允道译,北京:商务印书馆1988年版,第266页。
② 同上书,第21页。
③ 同上书,第24页。
④ 王海明:《公正平等人道——社会治理的道德原则体系》,北京:北京大学出版社2000年版,第106页。
⑤ 同上书,第106—108页。
⑥ 同上书,第106页。
⑦ 〔德〕康德:《实践理性批判》,邓晓芒译,北京:人民出版社2003年版,第29页。

王海明最后的结论最让人匪夷所思。他说："总之，公平原则从属于平等概念：公平是一种特殊的平等；而平等原则却又从属于公平：平等原则是一种特殊的公平，因而也就是一种更加特殊的平等……进言之，平等原则不仅是一种特殊的公平，而且是最重要的公平。"他的结论的矛盾之处应归咎于其出发点——"因为公平不过是一种平等，一切公平问题都不过是个平等问题"①。

当代学者张康之认为，"平等是公正的基础和前提"，"社会公正"在逻辑上可以逆溯到"社会平等"，"公正是建立在人际甚至群际平等的基础上的，没有平等，也就没有公正"②。这些论点说明，他对平等的认识还停留在十分肤浅的层次，还没有认识到平等和公正等概念都具有极其复杂多样的内涵，没有认识到差异和不平等的广泛性以及平等和不平等构成的充满张力的反题结构，也没有认识到有些差异和不平等也是可欲的。

他说："在等级制的条件下，社会公正根本没有实现的基础……在等级社会，没有平等，也就没有真正的公正。"③在等级社会里是否存在公正，是一个复杂的问题，不可依据单一的维度一概而论、以偏概全。比如，在等级内部可以存在公正，只不过在等级之间存在着明显的差别对待，即不平等，而这些差别对待和不平等在今天被认为是不公正的。同样需要注意的是，等级之间的这些差别和不平等，在相当长的历史时期内，曾被认为是神圣的、正当的，当然也是公正的。

杨海蛟认为，"平等是公平的理想境界，是最高意义上的公平④……平等比公平宽泛，公平从属于平等，是一种特殊的平等。公平是对一定具体历史条件下的平等的认同⑤……公平总是引起平等的观念，可以说平等是公平的必然结果"⑥。同样地，他没有认识到公平是一个同正义十分接近的概念，正如罗尔斯所提出的"作为公平的正义"所隐含的，公平和正义在价值序列上都是平等（也包括不平等）的上位价值，可以充当平等与不平等这

---

① 王海明：《公正平等人道——社会治理的道德原则体系》，北京：北京大学出版社 2000 年版，第 107—108 页。
② 张康之：《对平等和公正的历史考察》，《理论探讨》2007 年第 6 期。
③ 同上。
④ 杨海蛟：《平等：人类对理想社会的诉求》，吉林大学博士学位论文，2003 年，第 23 页。
⑤ 同上文，第 24 页。
⑥ 同上。

一反题结构的上诉法庭,而不是相反。

杨海蛟将平等与正义的关系简单化,譬如,他认为"正义蕴盖了平等","平等无时无处不体现着正义","一个正义的社会,必然是平等的社会"等。更全面的研究似乎表明,正义虽然可以为平等提供支撑,但正义与平等的关系并不是简单的,并不是所有的平等皆正义,也不是所有的不平等皆不正义。正义并不能涵盖所有的平等,有些平等是不正义的;同样地,正义也需要不平等,有些不平等是正义的。

中国有句古话说到对不平等的看法:不患寡,而患不均。意思是贫穷本身并不会让人们感到特别苦恼,让人们感到苦恼的是分配上的不平均、不平等。其实,这句话还没说到点子上,更准确的说法应该是"不患不均,而患不公、患不义"。对分配不平等的痛苦感受,其实质不是不平等导致的,而是不公正、不正义导致的,是不公正的、不正义的不平等的结果。如果人们认为大家原本并无差别,因而按照公正的做法,处境不应有天壤之别。当社会出现两极分化时,就感受到了不公正和不正义,正是这样不公正的不均、不平等让人苦恼。如果这种两极分化与公权力的滥用和腐败联结在一起,就会变得让人更加难以忍受。

荀子提出了"争则乱,乱则穷"的观点,进而指出先王"故制礼义以分之,使有贵贱之等、长幼之差,知贤愚、能不能之分,皆使人载其事,而各得其宜"[①]。这里的义,就是分配正义,指的不是平等而是差序等级。

韦伯在阐释印度种姓制度的不平等时,从另一个侧面印证了公平正义是比平等和不平等更高价值的观念。印度种姓制度包含有种姓之间极大的不平等,但人们为何竟然对此安之若素?因为"按照有关再生的神正论,种姓制度本身乃是永恒而绝对公平的"[②]。印度种姓中的贱民,基于特定的有关再生的神正论,认为自己应该做的就是"恪尽为贱民民族规定的特殊宗教戒律",永远不去"改变今生的种姓分层以及自身种姓在这种分层中的地位,他要做的就是为个人的灵魂在这个等级秩序中安排一个适当的未来地位"[③]。

---

① 《荀子·荣辱》,参见杨朝明注说:《荀子》,郑州:河南大学出版社2008年版,第261页。

② 〔德〕马克斯·韦伯:《经济与社会》第2卷,阎克文译,上海:上海人民出版社2010年版,第629页。

③ 同上书,第626页。

也就是说,印度教徒没有对这种种姓制度的不平等地位感到一种不公平感,因为这是神正论所要求的。① 这可以说明虔诚的印度人当中"为什么没有怨恨,实际上也没有任何社会革命的伦理观"②。

在当代社会,人们的直觉也对平等与正义的复杂关系有所反映。奥肯曾经援引波士顿一位28岁的下层阶级妇女在一次调查中对平均分配收入的看法:"大家都一样,每人有一份,我不愿意这样……如果我比别人工作得更卖力气,……为什么我不能够……生活得更好一些?"特别令人惊讶得是,人们很少表现出对极端富有的不满。③ 人们对当今世界首富比尔·盖茨很少表示出愤恨或不满,相反,更多的是佩服和尊敬,甚至感念他的贡献。看来,人们的愤恨或不满并不是针对收入的不平等,而是针对与收入不平等相联系的不公正。收入不平等不是关注的核心,人们真正关注的是某种分配秩序是否公正。④

正如斯坎伦指出的,有些不平等是"令人反感的",但人们反感这些不平等,并不是基于平等的理由,而是反对造成这些不平等的背后的原因⑤,比如由于政府官员的腐败造成的不平等。

除了比尔·盖茨的高收入之外,人们对中彩票的人以及体育明星的高收入等并没有表现出愤怒和很大的反感,即使他们过着奢华的生活。⑥ 这种不平等之所以被人接受,因为它并不违背人们的正义感。

如果人们谨慎和全面地思考平等及其反题,认真地看待那些对平等价值优先性的诘问,就能最终认识到某些平等的可取,正是在于其符合人们特定时代的正义观;还有一些平等不可取,因为这些平等与人们其时的正

---

① 〔德〕马克斯·韦伯:《经济与社会》第2卷,阎克文译,上海:上海人民出版社2010年版,第627—629页。

② 同上书,第629页。

③ 〔美〕阿瑟·奥肯:《平等与效率——重大的抉择》,王奔洲译,北京:华夏出版社1987年版,第30页。

④ 罗尔斯明确指出他的分配正义或社会正义所关注的就是解决社会合作所产生的更大利益如何分配的问题。"由于人的利己性,每个人都想得到较大的一份,而不是较小的一份",这就有了冲突,因而需要一系列的原则,用来"选择决定这种利益分配的各种社会安排,保证达成某种关于恰当分配份额的协议"。参见 John Rawls, *A Theory of Justice*, Cambridge, MA: Belknap Press of Harvard University Press, p. 4。

⑤ T. M. Scanlon, *Why Does Inequality Matter?* Oxford: Oxford University Press, 2018, p. 11.

⑥ 〔美〕斯坎伦:《平等何时变得重要?》,陈真译,《学术月刊》2006年第1期。

义观念相悖。同时,有些合理的差别,即不平等是可取的,因为他们同样符合人们其时的正义观;当然,有些不平等,通常是过度的差别,并不可取,因为它们违反了人们的正义观。

那些认为平等作为一种价值,本身就值得追求的人,自然会把平等作为社会理想,即便隐隐约约地感到一个完全平等的社会或极端平等的社会未必就真的值得追求。这样的观点,没有看到平等与正义的区别,认为一切平等都是正义的,也都是可取的。这样简单粗疏的观点,无法免除类似诺奇克对于平等主张论证缺失的疑虑:"改变种种社会制度以实现物质条件的更大平等,这样做的正当性虽然常常被人们视为当然,但却鲜有论证"[1]。

当人们简单地认为,平等本身具有内在价值,并在任何情况下都值得追求,那么人们自然就会把平等看作一种社会理想,即使认识到不可能实现,也赋予其乌托邦色彩的浪漫主义理想特性。而当人们认识到了平等的复杂性,认识到平等的可取与否,在于其是否正义,那么就不会赋予平等价值以无条件的优先性,就会更容易认识到平等的局限性。虽然许多社会经济政策以平等的名义获得公众认同,但平等自身不是无须论证就自动成立的,而是需要说明特定的平等为什么值得追求,与之相对立的不平等为什么需要摈弃。认识到这一点,当人们遇到具体的平等政策问题时,就会变得冷静下来,谨慎地权衡相应的平等与不平等,并拒绝那些轻率的、简单的、幼稚的平等观点和平等诉求。

而如果认识不到这一点,人们在思考和实践平等时就会面临一种尴尬的窘境,就连德沃金这样的平等主义大师也对平等产生了困惑:"就在几十年前,凡是自称自由主义者甚至中间派的政治家都会同意,真正平等的社会至少是一个理想,即便它带有乌托邦色彩。可是现在,甚至自称中间偏左的政治家也在拒绝平等的理念。"[2]

总之,平等不是内在的好,不平等也不是内在的好。就平等与不平等而言,人们没有任何理由不加论证就宣称或假设平等对于不平等的优越性或优先性,不加任何论证就宣称平等优于不平等的观点是独断论的和非学

---

[1] Robert Nozick, *Anarchy, State, and Utopia*, New York: Basic Books, 1974, p. 232.
[2] 〔美〕罗纳德·德沃金:《至上的美德:平等的理论与实践》,冯克利译,南京:江苏人民出版社 2003 年版,第 1 页。

术的,不值一驳。任何平等主张或不平等主张都需要正义性论证,尤其是当不同的平等要求相互冲突的时候,这一点就表露得更加清楚。① 相互冲突的平等要求之间,需要由在目的论意义上高于平等的正义做出仲裁。②

这一点,在所谓平等权的法律保护方面也体现得很清楚。平等权的立法保护,"首先就是要坚持相同情况相同对待,即平等对待",其次,"还必须坚持合理的差别对待",可以说,平等对待与合理的差别对待都是立法保护的应有之义,二者缺一不可。③

将平等作为最高价值或终极价值的观点,还有一个内在矛盾难以克服,就是不同的平等之间可能相互冲突。在平等和正义理想的引领下,历史上曾经出现过各种各样的平等观和具体的平等诉求,比如法律面前人人平等、机会平等、性别平等、基本自由权平等、资源平等,又比如政治平等、经济平等,再比如形式平等、实质平等,甚至还有起点平等、过程平等以及结果平等等,不一而足。这些不同的平等观点之间有些是相容和相互促进的,有些则是相互冲突的。比如,过程平等和结果平等的天然矛盾,侧重机会平等的过程往往会导致不平等的结果。不同的平等观之间相互抵牾,这让那些认为平等是终极价值的观点,或者平等自身就是可欲的观点陷入了"以子之矛攻子之盾"的窘境。

平等和正义都是大词,但相对而言,平等的规范性概念依赖"在某一方面的相同对待"这一形式定义,更容易细化和具体化,而正义却往往难以摆脱其抽象和模糊的特征。在这种情况下,由平等的抽象和形式定义进一步细化和具体化而来的不同的平等之间,并不总是相容的和相互促进的。不同平等之间的不相容甚至相互冲突,影响了平等在价值序列中的位阶,使其不可能处于最高的层面。正是由于平等概念内部这种不同平等之间的可能冲突,道格拉斯·雷(Douglas Rae)认为,能够抵制平等的更有力的理念,不是秩序、效率或自由,而是平等自身。④ 平等概念内部存在着潜在的自我抵制。

---

① Louis Pojman, "Theories of Equality: A Critical Analysis," *Behavior and Philosophy*, Vol. 23, No. 2, 1995, p. 6.

② 当然,不同的正义观点之间也会有冲突,这一冲突的解决只能付诸社会政治系统的政治裁决。

③ 都玉霞:《平等权的法律保护研究》,济南:山东大学出版社2011年版,第133页。

④ Douglas Rae, et al., *Equalities*, Cambridge, MA: Harvard University Press, 1981, p. 150.

在有关平等与正义的文献中,常常见到如下的表述,即过度的平等或某些特定的平等并不可取,但从没有见到某些正义不可取的说法,甚至从没有见到"过度的正义"这样的说法。这从另一个方面印证了,在价值序列上正义是高于平等的,当然也高于不平等。平等不是最高价值,也不是终极价值,某些平等和某些不平等,因为符合一个社会在特定时段的正义观,从而具有价值并值得追求,另一些平等和不平等则因为不正义而被蔑视、憎恨,因而需要清除。那些为平等而平等的主张,那些为不平等而不平等的主张,都没有充分地认识到这一点而经常陷入自我矛盾。

从另一个角度讲,平等理论不是一种自足、完备的理论,也就是说,从平等理论自身不能得出对以下问题的答案:人们为什么追求平等?人们要追求什么样的平等?某种特定的平等是可以接受的,还是不可以接受的?[①]而如果一种平等观不能找到完备、自足的论证,则这一平等观需要从外部寻求价值支持,容易受到其他目的性价值的影响,就是容易理解的了。一种平等要求的论证,需要从外部借一个概念,尤其是一个在价值和目的层级上比平等更底层、更基础的概念。也就是说,平等要求的论证需要更底层、更基础的价值的支撑。这个目的性价值首先就是正义,即对平等的证成往往是一种正义性证成。因为如果要人们长期、稳定甚至自觉地遵守某些价值规范,就必须使人们相信这些价值规范是正义的。

如果我们能够就平等与正义的价值支撑关系达成一致,认为正义是比平等更底层的概念,可以为平等诉求提供价值和目的论支撑,那么,我们就可以转而讨论正义的形式原则以及正义是如何能够同时支撑平等和不平等的了。

二、正义的形式原则

平等的逻辑基础,就是指人类理性以什么线索认识和把握平等。正如本书第一章提出的,通常情况下人们在使用平等概念时,没有将平等的双重概念即其描述性概念和规范性概念进行有意识地和明确地区分,没有将

---

① Douglas Rae et al., *Equalities*, Cambridge, MA: Harvard University Press, 1981, p. 150.

描述性范畴的相同性与规范性范畴的相同性区分开来,没有将两事物在某方面的相同性与把两事物相同对待区分开来,因而也就没有看到平等的规范性主张(应然的"相同"对待)是通过"相同性"这一中介要素与平等的描述性判断(实然的"相同性")联结起来的。

当人们把平等的双重概念区分开并认识到二者通过"相同性"中介的联结,即把平等的描述性概念中所指的相同性与平等的规范性概念所指的相同对待联系起来,支撑平等的形式原则也就呼之欲出了,这就是"相同的人相同对待"。

同样的道理,"不同的人不同对待"是支撑不平等的形式原则。而平等的形式原则"相同的人相同对待"与不平等的形式原则"不同的人不同对待"作为相反相成的一对命题,通常并列在一起使用,就构成了"相同的人相同对待,不同的人不同对待"的对立统一体,这一联合起来的原则恰恰是正义的形式原则,正义正是通过这一原则将平等和不平等一并支撑起来的。完全可以说,平等和不平等是正义这枚硬币不可或缺的两面。这也在逻辑上清楚地说明了有些平等是正义的,而有些不平等为什么也可以是正义的原因了。正义的这一形式原则在法学上的表达便是"同案同判,不同案不同判",也有人将其更宽泛地表述为"相同情况相同对待,不同情况不同对待"。

正义的这一形式原则意味着,正义是平等与不平等的复合,是对平等及其反题的权衡。如果认识不到这一点,或者混淆平等与正义的概念,就不仅会对这一原则产生片面的认识,甚至会出现彻头彻尾的矛盾。比如下面这种观点:第一,"人类历史上的法律发展可分为两个阶段:古代和现代,其建构分别适用不同的原则,即不平等原则和平等原则"[1]。这样的理解,就不仅没有看到平等和不平等本身都是"大词",具有多种复杂的有时甚至相互抵牾的内涵,而且没有看到法律所追求的正义,不仅在古代社会,而且在现代社会,都不会仅仅包含着平等或者不平等,而必定是同时包含平等和不平等。第二,"古代社会实行等级制度,古代法就是对这种不平等制度的法律确认"[2]。这样的说法也没有认识到,古代法除了认可不平等制度外,也必定认可某些平等,比如"同案同判"意义上的平等,再比如在同一等

---

[1] 严存生:《差异与平等——兼论法律上的平等》,《北方法学》2011年第3期。
[2] 同上。

级内部的某种平等。古代社会的某些形态尽管在社会政治的支配性结构方面是等级制的，但必定也有平等的一面，将支配性的社会政治结构看作社会的全部，并不合适。

又比如下面的观点："在现代社会，自由、平等价值观念普遍确立，因而平等就成为现代法律所追求的价值目标之一，也就成为法律的一个基本原则"①，这种观点也是一种对正义和平等的片面认识，没有看到平等只是现代法律所追求的正义内涵的一个侧面，其反题不平等也是现代法律所追求的正义中不可否认的另一个侧面，不平等也是正义的不可或缺的组成部分。

正义的形式原则中，人们更多的是关注前者，因为不平等往往被当作背景前提。也正是在这个意义上，许多人认为正义就是平等，虽然这样的观点是有关正义的片面认识，但却道出了近代以来，为了反对历史上曾经长期存在的封闭世袭的身份等级制度，人们往往通过平等追求正义的事实。

认识不到平等与正义的差别以及各自复杂的内涵，就必然会导致前后不一致。比如这样的说法：正义中差异原则的存在不仅"与平等观念不相矛盾"，而且"甚至是实现平等的必不可少的手段之一"②。差异原则与平等原则当然是对立的，差异原则不是实现平等的手段，而是实现正义的手段，正义本身不仅包含平等，也包含差异。

支持平等以及不平等的形式原则在亚里士多德的论述中最先出现，它是以"公正"的面目出现的。他认为，大家认为相等的人就该配给到相等的事物③，公正就是平等地对待彼此平等的人以及不平等地对待彼此不平等的人。④ 当然，亚里士多德这里所谓"彼此平等的人"是就平等的描述性概念而言的，即指"在某方面相同的人"，"不平等的人"则指"在某方面不同的人"。他的观点中包含了"平等的人平等对待，不平等的人不平等对待"的朴素的形式原则，为平等和不平等提供形式逻辑。正义的形式原则既支持平等，也支持不平等甚至是等级制，这一观点令人印象深刻。

---

① 严存生：《差异与平等——兼论法律上的平等》，《北方法学》2011年第3期。
② 同上。
③ 〔古希腊〕亚里士多德：《政治学》，吴寿彭译，北京：商务印书馆1965年版，第152页。
④ 同上书，第139页。

由于在论及公正与平等的关系时，亚里士多德的表述暧昧不清，有前后矛盾之处，而且他没有明确区分平等的描述性概念和规范性概念，论述平等和不平等时难免同义反复和循环论证，加上这一原则很容易被富于弹性地运用，也就经常被滥用和误用，从而支持相互矛盾的观点，难以发挥底层原则在不同观点之间充当裁决依据的功能。因此，他提出的这一原则长期以来在政治哲学领域并未得到足够重视。直到费因伯格(Feinberg)将这一原则单独列出，并名之曰"平等的形式原则"，亚里士多德所谓的"正义原则"才被发掘出来。这两条原则即：

1. 平等地对待在有关方面平等的人；
2. 不平等地对待在有关方面不平等的人，而且这种不平等地对待与他们之间的不平等性成为比例。①

费因伯格的表述有三个问题：第一，用"平等地对待"不如用"相同对待"，因为"相同"二字不容易被误解，且"相同对待"就是规范性的平等概念，用"平等地对待"多多少少有重言定义之嫌。同样地，"不平等地对待"不如用"不同对待"更好，以免同义反复。第二，他把第2条原则，即"不平等地对待在有关方面不平等的人"称作平等原则，是极不恰当的，混淆了规范性范畴的平等和不平等。第三，他提出"这种不平等地对待与他们之间的不平等性成为比例"②，这种表达方式不仅极易引起歧义，而且本身就是故弄玄虚造成的伪问题。如果按照本书建议的，在将"不平等地对待在有关方面不平等的人"改为更准确且不易产生误解的表述"不同的人不同对待"之后，这个问题就消失了，因为费因伯格所谓的"成比例的不平等性"的含义被包含在"在某个方面(数量)不同的人不同对待"之中了。数量平等还是比例相等的问题曾经令亚里士多德深感困惑，其后许多研究平等的学者也未跳脱出这个伪问题，但在做出更准确的表述后，数量平等已经完全容纳了比例平等，这个问题也就不再是问题了。

在对费因伯格提出的原则做出修正之后，亚里士多德的正义原则可以更明确、更精炼地表述为：

---

① Joel Feinberg, *Social Philosophy*, New Jersey: Prentice Hall, Inc., 1973, p. 100. 参见奥肯：《平等与效率——重大的抉择》，王奔洲等译，北京：华夏出版社1987年版，第77页。

② Joel Feinberg, *Social Philosophy*, New Jersey: Prentice Hall, Inc., 1973, p. 100. 参见王海明：《公正平等人道：社会治理的道德原则体系》，北京：北京大学出版社2000年版，第77页。

第一,相同的人相同对待;

第二,不同的人不同对待。

这两条原则是"正义的形式原则",其中第一条原则可以称为"平等的形式原则",第二条可以称为"不平等的形式原则",二者共同构成"正义的形式原则"。

萨托利在阐述上述原则时,也出现了跟费因伯格同样的问题。他认为,平等的标准主要包括两项内容:

第一,对所有的人一视同仁,即让所有的人都有相同的份额(权力或义务);

第二,对同样的人一视同仁,即相同的人份额(权力或义务)相同,因而不同的人份额不同。

其中第二条原则又细分为四条次级标准:

一是成比例的平等,即按现存不平等的程度一成不变地分配份额;

二是对可以接受的差别,给予不平等的份额;

三是按照每个人的功绩(品德或能力)分配份额;

四是按照每个人的需要(基本的或其他的)分配份额。①

这里的问题主要有:首先,将这两条原则称为平等的标准,极不恰当,因为第二条原则中"不同的人份额不同"指的显然是规范性范畴的不平等,而不是平等;其次,第一条原则的内容完全可以纳入第二条"相同的人份额相同"的内容之中;最后,功绩和需要不是分配份额的完备标准,而且对于功绩和需要这两个分配标准如何使用或者如何搭配也存在争议。②

但萨托利随即发现他自己提出的上述标准容易引起一些误解,因而紧接着做出三点澄清:一是不能将上述原则理解为涵盖"一切",否则就会犯严重的错误,第一条标准"并非假定在一切方面一切人都有相同份额",第二条标准"也不是规定相同的人对一切都有相同份额"。二是"权力或义务

---

① 〔美〕乔万尼·萨托利:《民主新论》,冯克利、阎克文译,上海:上海人民出版社 2009 年版,第 381—382 页。

② 这里主要是阐述原则问题,主要阐发正义的形式原则,而与具体的实质性标准相关的内容放在后文"分配正义的平等尺度"部分讨论。

的份额既可以由许可与禁止所构成,也可以由实际的分配(有利的或不利的)所构成,但份额的性质对原则来说无足轻重"。三是第二条标准中的多数标准,一般来讲可以称为"按比例的平等"标准,但"至于这一项是否应当仅仅保留给一成不变的比例",要"取决于人们在讨论时想把多少具体问题纳入其中"。①

最后,萨托利又提出了他所谓的"平等标准"的简洁版:

1. 给所有人以相同份额;
2. 与可以接受的差别成比例的对应份额;
3. 抵消可以接受的差别的不对应份额;
4. 根据每个人的能力分配份额;
5. 根据每个人的需要(尚待定义)分配份额。②

对于萨托利所谓的"平等标准"的简洁版,他同样发现了这些标准之中的矛盾之处。他说,对上述标准可以做出若干可能的解释,而"如果把上述标准中的任何一项推到极端",那么,它就会对所有其他各项标准产生破坏性作用,导致与所有其他各项标准的冲突。最后,他无奈地断定,"我们的所有标准大体上都是相互矛盾、相互排斥的"③。

本研究认为,正义本身是一个"大词中的大词",内涵极其复杂,因而在讨论这样内涵丰富多样的概念时,可以分为若干层次:首先,讨论其以相同性为核心概念构成的形式原则,这样的原则抽象层次高,可以从形式上统摄其复杂内涵;其次,讨论形式原则的标准问题;最后,讨论标准的具体化等实践性细节。像萨托利这样将原则和实践中的具体标准放在一起讨论难免产生各种层次之间的混乱,容易使主要的问题失去焦点。

当然,正如前文已经指出的,更宽泛地说,"同样的情况同样对待"与其反题"不同情况不同对待"相反相成,共同构成了正义的形式原则。

综上所述,正义的形式原则可以更明确、更精炼地表述为:

第一,相同的人相同对待;

---

① 〔美〕乔万尼·萨托利:《民主新论》,冯克利、阎克文译,上海:上海人民出版社2009年版,第382页。
② 同上书,第381—388页。
③ 同上书,第388页。

第二,不同的人不同对待。

这样表述的平等和不平等的形式原则,就比费因伯格提出的两条原则更精炼,更容易为不同平等观的分歧找出焦点,提升平等论辩的品质。

平等和不平等的论证依赖这两条形式原则,正义也依赖这两条形式原则。因为说到底,这一形式原则涉及了分类、相同性、差别等道德伦理论证中相关的最基本的概念,在整个道德伦理论证中是不可或缺的,没有比这一原则更基本、更抽象的原则以调节这一原则本身所蕴含的冲突。正是依赖这两条原则,正义同时为平等和不平等提供价值性和目的性支撑才有了可能。

"相同的人相同对待,不同的人不同对待"的形式原则,不仅可以为不平等和等级制度提供论证逻辑,就像亚里士多德所做的那样;它同时也包含着平等的胚芽,可以为平等提供论证逻辑,就像近代以来的平等主义者所做的那样。第一条原则主要是用来支持平等对待,即平等要求的;第二条原则主要是用来支持差别对待的,也可称为差别对待原则,主要是用来支持不平等的。

其中,第一条原则意味着要确定分类标准,首先要将人按某种特征或属性进行分类,划分为不同的类别;其次,第一条原则说明平等的要求只是针对"相同的人"的,而不是针对"不同的人"的;最后,这条原则意味着同类别之间的差异可以不予考虑,即两个人在某方面相同,就可据此将这两个人归为一类,但这丝毫不意味着这两个人完全相同,而只是说,其他方面的差异不予考虑。

古希腊语中法律一词的原意即为"区分"。对事物进行划分、区分是认识论的起点,是理性和规则的起点,也必然是法律的起点。也正是在这里,分类与正义的形式原则相联系。正如迈克尔·沃尔泽(Michael Walzer)所言,分配正义的"标准形式"是"通过一个哲学原则作为中介将合法占有与某些个人品质结合起来"①。

正义依赖这两条原则,其中第一条原则为平等要求的论证提供形式逻辑,第二条原则为不平等要求的论证提供形式逻辑,这就为正义是比平等

---

① 〔美〕迈克尔·沃尔泽:《正义诸领域:为多元主义与平等一辩》,褚松燕译,南京:译林出版社 2002 年版,第 11 页。

以及不平等更底层、更基础的概念提供了形式逻辑上的证明。通过这一原则，正义同时为平等和不平等充当上位价值也就在形式上得到了说明，正义为平等以及不平等提供价值和目的性支撑也因此而有了可能。

正义的形式原则不仅支持平等，也支持不平等，并因此将这一反题统一起来了。一个社会的正义观不仅为这个社会可接受的平等，同时也为这个社会所接受的不平等提供价值和目的性的支撑。比如，现在多数高校都有这样的规定：只有获得博士学位的人员才有资格申请担任高校专任教师。这样被普遍接受和通行的规定是支持平等的，还是不平等的？

可以看出，这样普遍接受的被认为是公平或者公正的规定既支持平等，也支持不平等。它支持的平等存在于那些拥有博士学位的人员之间，这些人员因为具有博士学位，也就获得了一种申请高校专任教师职务的"资格平等"；当然，它也支持不平等，支持差别对待，那些没有获得博士学位的人员就被排除出申请高校专任教师资格的范围，这就与那些具有博士学位的人员之间存在着某种不平等。这种"资格平等"和不平等都是前述规定认可的，而这同上述规定的公平性和公正性并不矛盾。

正因为区别对待不可避免，所以上述问题的实质不在于是否区别对待，也不在于是否存在不平等，而在于相同对待和区别对待的分类标准是什么，以及这一标准是否被认为是合理的和可以接受的。

正义的这两条原则既支持平等，因为第一条原则要求对同类人相同对待；又支持不平等，因为第二条原则要求对不同的人差别对待，尊重差异。这就从逻辑上说明了为何当代的各种正义理论，除了极端自由主义者外，都试图论证某种将平等与不平等复合或者混合在一起的缘故。这些将平等与不平等复合或者混合的理论中，一方面，包含人人均等的一份，如基本自由权、基本人权等，这一部分被认为是不可剥夺的，相对稳定，与人道主义有密切关联；另一方面，也包含不均等的一份，对不均等一份的论证，都依据于人与人之间的某种被认为值得重视的差异，尤其是考虑到这些差异在社会价值形成中的作用。

然而，有些人对正义的形式原则，尤其是其中第一条论及平等的形式原则抱有这样那样的疑问。比如，萨托利认为，平等的道德要求，"既不包含也不需要事实上的相同性"，"是否生来相似（相同）这一事实和他们理应被一视同仁这一伦理原则之间并不存在必然联系"。他认为，从历史上看，他的观点得到了以下事实的支持,即"最基本的平等主义原则,例如平等的自由、平等法则、法律面前人人平等,并非来自人是相同的这一前提"①。

他的这一观点颇能迷惑人,其实只要认识到人与人之间注定在许多方面是不同的,但也会在许多方面是相同的,而不是对人们之间是相同的还是不同的一概而论,就能增强对类似大而无当观点的迷惑性的免疫力。平等对待的道德要求一定建立在人们某一方面的相同性上,比如上面给出的申请高校专任教师任职资格的例子,尽管申请人各有不同,但只要拥有博士学位,就同样可以获得申请高校专任教师的资格。"相同的人相同对待"中"相同的人"指的一定是在某一特定方面的相同性,而不是其他方面的相同性或者所有方面的相同性。萨托利的说法只要稍事修改就可以变得十分清晰和可以理解了:平等的道德要求,"不需要事实上的完全的相同性,但需要在某一特定相关方面的相同性","最基本的平等主义原则,例如平等的自由、平等法则、法律面前人人平等,并非来自人是完全相同的前提,但却必定来自在某一被认为相关的方面的相同性前提"。

尽管平等主义原则并非来自"人在各方面都是相同的"这一前提,但却一定来自于某种相同性前提,比如人们"都属人"这一前提。尽管人与人之间在诸多方面会有不同,但就人都属人这一点,却是不容置疑的。正如前文已经指出的,如果否认了这一点,属人的类概念将不复存在,迄今为止有关平等的一切理想、追求和信念就失去了全部的经验基础。托尼表达了类似的观点:尽管人们在能力和性格方面是不同的,但他们作为人,以"都属人"而言,都有资格要求获得同样的尊重和关切。②

萨托利又说,"严格说来,促进某些平等,以弥补人们是——或者可能是——生而有别的这一事实,是公正的"③。本书认为,人们确实是各不相同的,是有各种各样的差异的,或者用萨托利的话说,确实在某些方面生而有别。但人们出于什么原因非要弥补由生而有别带来的不平等呢?其理由只能是:尽管人们可能在某些方面生而有别,但人与人之间却有一种基

---

① 〔美〕乔万尼·萨托利:《民主新论》,冯克利、阎克文译,上海:上海人民出版社2009年版,第373页。
② R. H. Tawney, *Equality*, London: Allen & Unwin, 1931, p. 47.
③ 〔美〕乔万尼·萨托利:《民主新论》,冯克利、阎克文译,上海:上海人民出版社2009年版,第372页。

本的相同性,即都属于人类。人们追求平等,即是基于同属人类这一点而提出的要求。如果其他平等对待的理由不再存在,那么只此人的本性而非动物性这一点就可以作为人们应该享有某种平等的最终根据。艾德勒明确主张,"所有人类平等"的命题必须加以维护的一个重要理由,是对抗那些持反对意见的观点,这些反对观点容易导向亚里士多德的奴隶制,对某些种族的歧视,或者大男子主义等认为女性生来是下等人的主张。[1]

哈耶克在这方面的观点也值得商榷。他认为,平等待遇的要求,不是因为"人们实际上是平等的",而是因为人们认识到人与人之间确有不同。"要求法律面前人人平等的实质恰恰是,尽管人们在事实上存在着差异,但他们却应当得到平等的待遇"[2]。哈耶克的这种论证逻辑是一种极具诱导性的、貌似有理的浅薄,必须找出其错误的根源并予以彻底的拒斥,方能使"相同的人相同对待"或者"相同情况相同对待"的平等原则稳固确立。

在"要求法律面前人人平等的实质恰恰是,尽管人们在事实上存在着差异,但他们却应当得到平等的待遇"这句话中,核心问题在于如何理解"尽管人们在事实上存在着差异"。如果把它理解为,人们在事实上存在完全的差异,没有任何相同之处,则是不符合事实的。

如果把它理解为,人们在实际的境况中是不同的,所以应当得到平等的待遇,则并没有为平等待遇提供任何论证,首先,如果人们的境况是相同的,则完全没必要提出平等待遇的要求;其次,在境况不同的情况下,人们需要为平等待遇提供理由,也就是说,人们的境况不同是一个既定的事实,但这个事实并不令人满意,需要改变它,人们需要为这个改变提供理由。那么在这种情况下,所提供的理由内容大致应该是,人们在某些方面是相同的,所以应该得到平等待遇。比如,人们都是人,应该得到保证人生存的基本物质条件;又比如,甲乙两人都有博士学位,因而都有资格申请某高校专任教师职位;再比如,甲乙两个考生获得了同样分数,都有资格被某个高校录取,而不是一个被录取、一个被淘汰。

而如果有人论证说,甲乙两个考生一个被录取而另一个没有被录取,恰恰因为他们"在事实上存在着差异",如果将这句话中"在事实上存在着

---

[1] Mortimer J. Adler, *Six Great Ideas*, NY: Touchstone Books, 1981, pp. 53—54.
[2] 〔英〕弗里德利希·冯·哈耶克:《自由秩序原理》(上),邓正来译,北京:生活·读书·新知三联书店 1997 年版,第 102—105 页。

差异"理解为"没有同时被录取",所以应该同时被录取,这没有提供任何理由。而如果将这句话中"在事实上存在着差异"理解为比如甲乙二人肤色不同,那么提供的理由完全不相关;除非提供了诸如"甲乙两个考生获得了同样分数"这样的相同性,否则,前面的理由完全不成其为理由,而只是浅薄和自以为是的诡辩。

只有把这句话理解为"尽管人们在事实上存在着各种各样的差异,但人们也必定在某些方面是相同的,尤其是在某些具备应得资格条件的方面是相同的,所以人们仍然有理由得到某些方面的相同待遇",才是全面的和符合逻辑的。

试想,如同哈耶克的观点可能试图误导的,有人提出如下主张:甲乙两个考生因为性别不同,或者因为肤色不同,或者因为家庭背景不同,所以都应该被某高校录取,那么,这样的论述提供了任何像样的论证吗?如果还有疑问,不妨尝试着回答一下这个问题:人与狗之间确有不同,那为什么不能追求平等?这不正可以看出最基本的原则还是因为人是在与人做比较,虽然人与人之间存在不同,但毕竟都属人且具备最基本的相同性吗?

同样地,布坎南(Buchanan)没有充分认识到平等的多重维度,没有认识到人们在有些方面是相同的,而有些方面是不同的。他片面地强调人与人之间的差别,"个人与个人在很多重要且有意义的方面有差别",认为"我们生活在由个殊的人,而非相同的人组成的社会中",却没有看到"人之为人的相同性"的另一面。由此导致他对平等权利的论证出现偏差,认为只能把人当作个殊和不同的人来分析,"如果把社会中个殊的人当作相同的人来分析,我们很难甚或无法有任何进展"。他的结论是,权利的配置要求国家在组织和实行强制时必须"平等地对待所有人",并认为"对不同个人的平等对待"是强制机关在履行职责时的中立性所要求的。虽然他就权利配置而言的处方是正确的,但他给出的理由却是不合逻辑的,他的理由是"平等对待不平等的人,而非平等的人",认为"平等对待本身"不意味着"某种相关意义上的事实上的平等","不能推论出平等性是平等对待的正当性的条件"[1]。

---

[1] 〔美〕詹姆斯·M. 布坎南:《自由的界限:无政府与利维坦之间》,董子云译,杭州:浙江大学出版社 2012 年版,第 14—16 页。就这一问题在形式逻辑方面的更为详尽的阐述,参阅本书第四章有关人道主义和人类中心主义部分的内容。

而霍布斯的观点就容易理解得多,他在谈到人的平等时认为"自然使人在身心两方面的能力都十分相等",并"由这种能力上的平等出发","产生达到目的的希望的平等"①。

法国大革命时期的人们也是这样看待平等和不平等的论证的。"就平等这个词的最概括、最广泛的意义来说,我们应该认定:一切人天生的体力和智力,一般来说总是平等或者接近平等的,因而,他们在权利上也是天然平等的"②;或者"人类既然生来就在体力、才智、活动能力、预见性、需要和克制力方面是不平等的,那么不同的人所具有的影响、威信、权力、财产和收入,也应该不平等"③。

正义原则中有关相同对待的价值主张,必然是以某种相同性为基础的,否则,一种平等观的提出,就像空中的尘埃,失去了任何附着的依据和着力点,充其量只是观点的宣称,而没有丝毫观点的论证。如果我们认为,追求平等是因为人们之间确有不同,因为人与人之间没有相同性,人们才追求平等,这将使平等理论的逻辑基础彻底崩塌,从而变得完全不可捉摸了。这样的观点不符合历史上等级制或平等制的论证逻辑,完全不能解释人类由不平等走向平等的重大历史变迁。

或者试想一下,如果正义的原则不是"相同情况相同对待,不同情况不同对待",而是"相同情况不同对待,不同情况相同对待",这样的原则有无起码的逻辑?能否经得起推敲?其实,柏拉图在抨击雅典城邦中民主制度下盛行的轮流、抓阄等分配政治职位的做法时,已经批判过类似的观点,它认为轮流和抓阄的做法是不正义的,因为这是"不加区别地把一种平等给予一切人,不管他们是不是平等者"④。

对于上述错误观点在平等理论中可能造成的思想混乱,以及正义的形式原则对理解平等、不平等及其历史性变迁的重要性,重温一下洛克关于理性的比喻,或许不乏教益。他说:"人类的思想比恒河的沙还要多,比海洋还要宽阔,假使没有理性这个在航行中指示方向的唯一的星辰和罗

---

① 〔英〕霍布斯:《利维坦》,黎思复、黎廷弼译,北京:商务印书馆1986年版,第92—93页。
② 〔法〕埃蒂耶纳·卡贝:《伊加利亚旅行记(第二、三卷)》,李雄飞译,北京:商务印书馆1978年版,第114页。
③ 同上书,第103页。
④ 〔古希腊〕柏拉图:《理想国》,郭斌和、张竹明译,北京:商务印书馆1986年版,第333页。

盘来引导,幻想和情感定会将他带入许许多多奇怪的路途。"①同样地,如果人们固执地将认识平等、不平等及其历史性变迁的形式原则这一线索也抛弃了,人们面对不同的平等要求,就像面对一片混沌,只能无从理解,束手无策。②

正义的形式原则的重要性,在于避免对平等以及不平等的论证中违反形式逻辑的情况发生,因为任何正义理论只要违反了这一原则,就同时违反了形式逻辑,变成矛盾的和不一致的,因而也就造成逻辑思维的混乱和难以理解。对于平等来讲,再也没有比这个形式逻辑原则更基本的原则了,难怪布坎南认为"给同等人以同等待遇"这一原则是一个主张"公平"权利的社会中任何社会秩序规则的一个必要因素。③ 就规范性范畴的平等的形式原则而言,波季曼的思考是最清晰的,他提出"同样的情况同样对待"是平等的逻辑原则,而且进一步指出,如果人们想用法律和规则来处理事务,那么这一原则就是最基本的规则。④

可以毫不夸张地说,任何以规则(包括法律、制度)而不是以任意和专断来治理的社会,都需要这两条基本的原则。尽管可能并不存在能够解决所有平等问题的完备性理论,但人们的平等主张从来不是全然任意的,而是有一以贯之的逻辑线索,这个逻辑线索就是平等的形式原则——"相同的人相同对待"。

正义的形式原则不仅支持平等,也支持不平等,成为认识平等和不平等的共同的逻辑线索。由此出发,人类历史上由封闭的身份世袭等级制向现代身份平等制度的变迁,即不平等向平等的历史变迁,就因为它们拥有共同的形式逻辑因而变得容易理解了。

也就是说,近代社会从等级制向身份平等制的重大变迁,虽然意味着

---

① 〔英〕洛克:《政府论(上篇)》,叶启芳、瞿菊农译,北京:商务印书馆1982年版,第49页。
② 甚至动物也有这种朴素的平等观,相同情况相同对待反映的是理性的基本逻辑。美国动物心理学者布鲁斯南在2003年版《自然》杂志发表的研究结果表明:猴子也有类似的平等观。他在与一群猴子的游戏中发现,如果完成相同的工作却给予不同的奖励,猴子甚至会拒绝接受奖励。他认为这种平等观是长时期进化的产物而非文化的熏陶。转引自朱应平:《论平等权的宪法保护》,北京:北京大学出版社2004年版,序言。
③ 〔美〕詹姆斯·M. 布坎南:《自由、市场与国家——80年代的政治经济学》,平新乔、莫扶民译,上海:生活·读书·新知三联书店上海分店1989年版,第207页。
④ Louis Pojman, "Theories of Equality: A Critical Analysis," *Behavior and Philosophy*, Vol. 23, No. 2, 1995, p. 3.

包含有世袭等级制的传统社会政治制度的重大革新,也意味着人们的平等观念在传统和现代之间存在着重大断裂,但这种断裂却不是有关平等和不平等的形式原则的断裂,人类历史上由不平等向平等的重大变迁恰恰说明了这一原则的一致性和灵活性,正义的形式原则本身是一以贯之的。这一看似重大的观念和制度断裂,因为有"相同的人相同对待,不同的人不同对待"这个原则作为逻辑上的过渡和中介,不再显得突兀或矛盾,而是变得可以理解了。

只有弄清楚这一点,才能更好地理解为什么许多不为当今社会所认可的不平等在历史上曾被长期、广泛地接受,为什么人们在考虑平等对待的同时,又要考虑差别对待。而平等至上论者则永远无法理解这一点。

亚里士多德的等级观,涉及主奴、夫妇、长幼关系以及政治职位分配原则等。关于主奴关系,他认为自然所赋予人类的体格、灵魂与理智能力都是有差别的。人类体格区别的程度竟"有如神像和人像之间的那样优劣分明",自然地,大家应该承认体格比较卑劣的人要从属于较高的人而做他的奴隶了。[①]

亚里士多德认为,虽然灵魂的优劣比身体的优劣难于辨识一些,但人类灵魂方面的差异也是明显的。灵魂在本质上含有两种要素:一为主导,二为附从,各各相应于不同的品德,理智要素符合统治者的品德,非理智要素则符合从属者的品德。[②] 所有人的确都具备灵魂的各个部分,但各人拥有各个部分的程度并不相同。他认为,"凡是富有理智而遇事能操持远见的,往往成为统治的主人;凡是具有体力而能担任由他人凭远见所安排的劳务的,也就自然地成为被统治者,而处于奴隶从属的地位"[③]。他指出,奴隶的灵魂缺乏理智部分,"完全不具备思虑(审议)机能;但奴隶异于禽兽,他能感应主人的理智而服从他,进行劳役"[④],"奴隶的被应用于劳役同驯畜的差别是很小的,两者都只以体力供应主人的日常需要"。他指出,人在理智方面的自然天赋也不相同,世上有些人天赋有自由的本性,有一些人则

[①] 〔古希腊〕亚里士多德:《政治学》,吴寿彭译,北京:商务印书馆1965年版,第16页。
[②] 同上书,第39页。
[③] 同上书,第5页。
[④] 同上书,第39页。

自然地成为奴隶。①

亚里士多德认为,正义的原则就是对同等的人给予同等的分配,在不同的人们之间施行不同的待遇,否则就是"不合自然的",而"凡违反自然的都不足称颂"②,因而也是不正义的。他认为奴隶制是正当的和正义的,因为"有些人在诞生时就注定将是被统治者,另外一些人则注定将是统治者"③,他把对奴隶制的论证前提建立在人类天赋的生物自然主义差别之上。④

但亚里士多德的思维毕竟是缜密的,他很快就意识到自己对奴隶制的自然主义论证在另外一种奴隶(由战俘沦为的奴隶)那里遇到了矛盾。因为雅典城邦的公民本来是做主人的,也就意味着他们的自然天赋在体格、灵魂和理智方面是优等的,却因为成为战俘,变成了奴隶。他于是迅速祭出了道德伦理来源的自然一元论以图回避这一矛盾。他认为凭借武力,凭借权力和法律,或者是凭借习俗惯例所造成的奴役,不是自然的,而是社会强加的,是一种"强迫奴役",里面充塞着仇恨和利害的冲突⑤,因而是不正义的。而人类原来存在着的"自然奴隶和自然自由人",前者为奴,后者为主,"各随其天赋的本分而成为统治和从属,这就有益而合乎正义",而且"农民、工匠和一般佣工"只不过是城邦赖以生存的条件⑥;"对自然禀赋为奴性的人们,才可凭武力为之主宰"⑦。

亚里士多德做结论说,人类的分别就像"身体和灵魂,或人和兽的分别"一样,那些在专用体力的服务而且只有在体力方面显示优胜的人们,属于"卑下的"一级,就"自然地"应该成为奴隶。而且这些人因为缺乏理智,仅能感应别人的理智,于是就可以成为而且确实成为别人的财产,这种人天然就是奴隶。⑧他认为"主人的权力是绝对的,至高无上的",而"奴隶已完全丧失意志",是"财产的一个部分",仅是一种"会说话的财产"而已。⑨

---

① 〔古希腊〕亚里士多德:《政治学》,吴寿彭译,北京:商务印书馆1965年版,第15—16页。
② 同上书,第356页。
③ 同上书,第13—14页。
④ 同上书,第16页。
⑤ 同上书,第18—19页。
⑥ 同上书,第374页。
⑦ 同上书,第398页。
⑧ 同上书,第15页。
⑨ 同上书,第21页。

关于夫妇关系,亚里士多德认为男女在天赋方面也"自然地"存在着高低的分别,比如妇女"确实具有"灵魂的理智部分,但在妇女那里这一部分"并不充分"①,因而夫妇之间应该是统治和被统治的关系,而且这种原则在一切人类之间(包括奴隶夫妇之间)是普遍适用的②;就天赋来说,"夫唱妇随是合乎自然的,雌强雄弱只是偶尔见到的反常事例"③。

亚里士多德的等级制论证,尤其是有关主奴关系的论证中,已经包含了平等的逻辑线索,或者说包含了平等的胚芽。因为如果曾经被认为具有截然不同禀赋的人们被证明其身心能力其实大致相同,那么,即使按照亚里士多德自身的逻辑,也显然无法得出主奴关系的结论,而是人人应该大致相同对待的结论。

等级制论者如柏拉图、亚里士多德,甚至也包括近代的种族主义者,运用这一原则为其等级制论调服务。而平等主义者,如卢梭、伏尔泰等,也将这一原则作为其理论的形式逻辑。

正义的形式原则,不仅从形式逻辑上呼应了平等与正义的价值定位问题,也解决了正义与不平等的价值定位问题;同时为提出有节制的平等观奠定了学理基础,为平等与不平等的价值权衡提供了认识论支撑。

对于平等和正义关系的上述认识有助于反驳极端平等论,能够使人们认识到,有些平等既不现实,也不可欲,从而有助于阐明正义往往是平等与不平等的复合与折中。

一项正义的判决,既意味着同案同判,也意味着不同案不同判;一项公平的交易,既意味着同质同价,也意味着优质优价、劣质劣价。但相同与不相同者为何物,也就是确定平等和不平等的相同性标准究竟是什么,这是一个大问题,是正义理论必须处理的一个棘手难题。

亚里士多德在提出正义的原则时,就认识到了这一问题的复杂和疑难之处。他认为应该对"这一问题中所包含的疑难"在政治学上做"明智的考察"④。

---

① 〔古希腊〕亚里士多德:《政治学》,吴寿彭译,北京:商务印书馆1965年版,第39页。
② 同上书,第15页。
③ 同上书,第36页。
④ 同上书,第52页。

三、正义与公平、公正等相关概念词义辨

在当代伦理学和政治哲学的相关文献中,正义、公平、公正、平等等相关概念经常混淆在一起使用。有不少学者意图对这些相关概念的内涵做出区别和澄清,但由于多数学者对这些概念没有自己清晰的界定,或者即使有自己的界定,也缺乏融贯的理论为这些概念的逻辑基础和价值定位做支撑,其结果往往不是让这些概念的含义更清晰可辨,而是变得更加模糊和混乱。

更为重要的是,当代大多数道德伦理理论,仍然没有认识到或者没有完成对"绝对的正义观念"等的除魅。正义、公平、公正等词汇,都具有一个共同的特点,就是都预设了这些观念自身终极的、绝对的应然地位,正义自身就是善的,就是应当做的,不正义自身就是不善的,不应当做的;公平自身就是好的,不公平自身就是不好的;等等。这样的"绝对的正义观念"通常都是与整体主义或者极权专制的独断论紧密联系,无法真正地尊重个体。因为一旦人们尊重个体的人,就会发现,每个人的正义观念或许是不同的,是多元的,甚至是迥然相异的,也就是正义观念的多元论,而这种多元论之间往往不可公度或通约,于是,多元的正义观念之间就面临"诸神之争"的问题,而这样的"诸神之争"是形上的和本质主义的,是无解的。

本书在对平等和不平等做了清晰的界定,并依据这些界定把正义的形式原则梳理清楚之后,使得正义和平等在概念界定和价值定位上更加融贯,从而可以尝试对这些多义和容易混淆的概念进行梳理了。

平等与正义的区分是极其重要的,不仅明确了二者的价值定位问题和价值支撑关系,也同时阐明了正义对不平等的支撑问题,解决了有些不平等也是可欲的、可取的难题。首先,正义可以同时支撑平等和不平等,在价值定位上比平等和不平等位阶更高,可以充当平等及其反题的上诉法庭,而不是相反。其次,有些平等是正义的、可取的,有些平等是不正义的、不可取的;同样地,有些不平等是正义的、可取的,有些不平等是不正义的、不

可取的。① 并不是所有的平等都是正义的,特定的平等是否正义,不是平等自身能够回答的,而是要看它是否符合一个社会特定时代的正义观;同样地,并不是特定的差异或者不平等都是正义的,特定的差异和不平等是否正义不是差异或者不平等自身能够回答的,也同样需要诉诸一个社会特定时代的正义观。

至于哪些平等诉求是正义的,并不存在客观或唯一正确的答案。人类社会的正义观凭借"相同的人相同对待,不同的人不同对待"这一形式原则,始终对社会现实和人们观念的嬗变保持着开放性、弹性和必要的张力,同时使"正义"作为应然的地位长久不衰。

正义与公平、公正以及公道等概念内涵虽然不完全相同,但含义十分接近。正如万俊人认为的,"在汉语语境中,正义、公平、公正和公道这些概念几乎可以通用"②。

公正与正义的含义十分接近,公正的"公"字,其意与"私"相对,但因为正义本身往往侧重的就是公共事务,所以公正的"公"字并没有给正义添加更多的内涵。

公平和正义的含义也十分接近,就英语来说,"公平"(fairness)与"正义"(justice)的含义十分接近③,罗尔斯甚至将正义观念表述为"作为公平的正义"(justice as fairness)。虽然表面上看,公平似乎侧重平等的含义,但其实不然,汉语中的"平"字往往被用来表示差序等级各安其位之意。荀子曰:"制礼仪以分之,使有贵贱之等、长幼之差、知贤愚能不能之分,皆是人载其事,而各得其位……是之谓至平。"④公平本身不仅包括平等,也包括不平等。比如,价格公平,指优质优价、劣质劣价;比赛公平意味着强者胜、弱者败。

---

① 比如萨托利认为,"把不平等的天赋拉平,不是公正的平等,而是不公正的平等"。这一类"不公正的平等"从侧面印证了前文论及的"有些平等是不公正的"结论。类似地,他认为,"功绩上的(与能力对应的)平等有利于社会整体,缺点上的平等(平等地对待不平等)则是有害的平等"。既然有些平等是"有害的",也就有意无意地驳斥了"平等是至上的美德""平等是终极价值或最高价值"的观点。参见〔美〕乔万尼·萨托利:《民主新论》,冯克利、阎克文译,上海:上海人民出版社2009年版,第186页。

② 万俊人:《义利之间——现代经济伦理十一讲》,北京:团结出版社2003年版,第74页。

③ Grand, "Equity Versus Efficiency: The Elusive Trade-off," *Ethics*, Vol. 100, No. 3, Apr., 1990, p. 554.

④ 《荀子·荣辱篇》。参见杨朝明注说:《荀子》,郑州:河南大学出版社2008年版,第261页。

公道的含义和公平、正义很接近，甚至通用，比如价格公平也经常被表述为价格公道。公道常用来翻译英语中的 impartiality 一词，表示不偏袒、不偏不倚之意。

在汉语中，在对平等规范性概念的使用上，人们经常将平等与公平、社会公正、正义等混用，没有明确的区分，有些学者甚至得出结论说平等与公平、社会公正是同一个概念。

行文至此，平等不是表达人们价值诉求的精确术语，倒是可以做一番全新的解读了。首先，平等是一个"大词"，是一个可以容纳极其复杂内涵的形式概念，除非做出精确的界定，当然无法表达人们的精确诉求；其次，人们不只需要平等，同时也需要不平等，仅用"平等"二字不但无法涵盖人们所有的价值诉求，而且有些平等根本就是不可欲的，完全不在人们的价值诉求之内。

四、平等的价值权衡

平等作为一种社会政治和道德伦理价值，能够影响甚至决定个人的行动取向和社会政策选择。它既可以作为价值理性意义上值得追求的目标，也可以作为工具理性意义上达成其他目的的手段。

某些界定明确的平等可以作为社会政治目标来追求，因为有些平等是正义的、可欲的。但并不是所有的平等都是值得追求的，因为有些平等是不正义的、不可欲的。

平等时刻受到其反题即差异和不平等的有力制约，因而通常情况下，平等不被认为是终极价值或最高价值，也不是派生其他价值的"元价值"。这跟正义和善的价值是不一样的。尽管人们可能对正义和善的内涵有不同理解，但正义和善的价值本身就是可欲的，其对立面不正义和恶的本身就是不可欲的，正义和善可以被作为终极价值或最高价值。在价值序列上，正义可以作为平等及其反题不平等的上位价值和上诉法庭。

通常情况下平等不能被作为终极价值或最高价值看待，于是就自然而然地存在着平等与其他价值的可能的权衡与抉择。平等作为一种价值追求，与其他社会政治价值存在密切的竞合关系，有时候它们相辅相成、相得益彰,有时候则相互抵牾、相互冲突。

比如平等和自由,当平等主要以反对封建世袭、封闭的等级特权为目标时,二者是相容和相互促进的。这也是为什么二者在法国大革命的口号中同时出现而没有被感觉到相互抵牾的原因。因为在当时,平等的内容是摧毁封建贵族的等级制,而对于大多数人而言自由首先意味着摆脱特权专制的压迫,两者在这里出现了共鸣。在资产阶级革命时期和资本主义初期所谓自由和平等的组合,是不包括经济平等的内容的。但当政治领域的平等基本确立之后,人们对平等的追求开始向经济领域转移,而经济领域的平等要求同自由的要求之间便出现了对立和冲突。

平等可能与某些价值相互包容,甚至相互促进,也可能与其他价值相互对立,甚至相互冲突。在那些平等与其他价值相互对立和竞争的领域,人们需要的往往不是非此即彼、你死我活,而是不同价值诉求之间的审慎权衡。

因为平等是一个大词和集合名词,可以被赋予多种多样的内涵,平等的价值权衡涉及的内容十分宽泛,大致可以分为三类:一是平等与不平等的价值权衡。平等与不平等始终处于一个充满内在张力的反题结构中,某些平等是可欲的,某些不平等也是可欲的;同样地,某些平等是不可欲的,某些不平等尤其是过度的不平等也是不可欲的。一个社会究竟需要什么样的平等和不平等,需要由一个时代特定的正义观来审慎权衡二者之间的关系并做出相应的抉择。二是不同类别的平等之间的权衡。因为抽象的平等可以具体化为各种不同的、具体的平等,这些不同的平等之间可能相互包容,甚至相互促进,但也可能相互冲突。比如法律面前的平等,要求的是所有人都遵守同一部法律,它与该法律所要求的平等与不平等都能相互包容;过程平等与结果平等,往往相互抵牾,因为过程平等在通常情况下会导致结果的不平等;再比如,机会平等意味着结果可能的不平等。三是平等与其他价值之间的权衡,学界经常探讨的包括平等与自由、平等与民主以及平等与效率之间的权衡等。因为平等与自由、民主、效率等都是大词,因此,说明哪种平等与哪种自由、哪种民主、哪种效率的权衡就特别重要。

平等的价值权衡往往在两个层面上展开:一是价值理性层面,二是工具理性层面。在价值理性层面的权衡,就是通常所说的目的权衡,是指当平等与其他价值都被当作目的来追求时所进行的权衡。平等虽然通常不被认为是最高价值或终极价值,但也常常被许多人作为可欲的目的来追求。在这种情况下,它就可能与其他价值发生冲突。比如在当代社会,某种程度的经济平等在许多人看来是可欲的,而经济的高效率增长也是可欲的,但二者有时并不相容,较高程度的经济平等或过高水平的社会保障会影响人们的积极性和创造性,损及经济效率。这种情况下,就出现了奥肯所说的平等与效率的权衡与抉择。

价值理性层面的冲突,在学术上无法得到清晰地解答,因为不同的价值往往难以进行可公度的量化比较。不同价值倾向的承载者都把特定价值视为义务,使得价值理性层面的冲突具有了"诸神之争"的性质,难以妥协,在现实中往往体现为深刻的观念冲突和党派理念纷争,不易解决。

至于人们如何在不同的价值偏好之间做出最终选择,韦伯认为,这"不再是科学力所能及的任务,而是有所欲的人的任务:他按照自己的良知和他个人的世界观在各种相关的价值之间进行斟酌选择",而且"经验科学无法向任何人说明他应该做什么"[①]。

虽然如此,李猛指出,即使各种价值在价值理性层面没有相对化或妥协的可能,以及各种价值之间存在着不可调和的诸神之争,相互冲突的诸价值的各种实践方式和实践技术也往往有可以权衡和斟酌之处,为不同价值的权衡提供了一个可能途径。[②]

从工具理性层面对不同价值进行权衡之所以是可能的,主要就是把平等和与其相竞争的价值看作是达成更高目的的手段或工具,而不是不可妥协的终极价值,因为不同价值选择最终在实践上都会表现为一些可欲的或某些不可欲但却不可避免的伴生后果,虽然人们难以对不同的价值进行权衡,但却可以对不同的价值选择造成的不同后果进行权衡。正是在这一点上,人们可以对类似"诸神之争"的价值冲突做出某种韦伯所说的"技术批判"。[③]

也就是说,人们往往从不同价值选择造成的可以观察、可以感受以及

[①] 〔德〕马克斯·韦伯:《社会科学方法论》,韩水法、莫茜译,北京:中央编译出版社2008年版,第4—6页。

[②] 李猛:《除魔的世界与禁欲者的守护神:韦伯社会理论中的"英国法"问题》,李猛编:《韦伯:法律与价值》,上海:上海人民出版社2001年版,第184页。

[③] 〔德〕马克斯·韦伯:《社会科学方法论》,韩水法、莫茜译,北京:中央编译出版社2008年版,第4页。

能够度量的后果层面,来考察和比较不同价值的优劣,将在价值层面的选择决定转换为对不同价值选择后果的比较,就是在某种意义上将不同价值选择当作实现更高目的——比如幸福、善、正义等——的工具理性看待,通过不同价值选择造成的可能后果或实际后果,比较不同价值选择的可欲与不可欲的结果,来决定某种价值可以更"多"一点,另一种价值不得不更"少"一些,从而在实践上实现在价值理性层面看似不可能的不同价值选择之间的权衡。

虽然"经验科学无法向任何人说明他应该做什么",但经验科学能够说明他面临的可能选择以及不同选择的可能后果。有关不同价值选择可能后果的经验性说明,能够帮助人们意识到他特有的行动选择,自然也包括视情况而定的不行动,都不仅意味着他赞同某些价值,还意味着作为一个负责任的道德主体,必然要承受由此带来的某些可能的好处与不利后果。最终的选择,则应该由承担价值判断和相应责任的道德主体根据自己的意欲和良知,做出自己的解答。

第四章 平等的形式与实质

"相同的人相同对待",或者更一般地说,"同样的情况同样对待",可以作为规范性平等主张的形式原则。这一原则对平等意味着什么?形形色色的实质平等主张是如何将这一形式原则在社会实践中具体化的?

一、平等的形式原则

平等和正义的形式原则之所以重要,在于形式逻辑研究思维的形式,关注推理和论证过程是否满足同一律、矛盾律或排他律等形式逻辑的基本要求。① 形式逻辑虽然研究思维的形式而不是思维的内容,但只有通过平等的形式原则才能将万千的平等观统摄、提领起来,才能将各种各样的平等要求归于形式之下以便于比较和研究。

正义的形式原则主张的"相同的人相同对待,不同的人不同对待"符合人类认识论的规律,符合社会认知心理学的规律,也是道德伦理学的基本原则。正义的两条原则符合人类的认识逻辑,因为人类的思维从形成概念开始,概念的形成意味着将万千事物进行分类。外部世界是纷繁复杂的,人与人之间也是千差万别的,要认识复杂纷乱的外部世界,包括人自身,就必须要对外部世界循着某种特征进行归类,使外部世界变得有条理起来。在这一过程中,人们运用归纳逻辑形成概念,并依据这些概念对杂乱无章的世界进行整理。这种对事物和人依据某种特征归类、划分的步骤以及形成概念的步骤,在人的认识过程中是不可或缺的。康德精辟地指出了这一

---

① 有关形式逻辑的更详细的说明,参阅金岳霖主编:《形式逻辑》,北京:人民出版社 2006 年版,第 4—11 页。

点:"我离开范畴就不可能思维任何东西"①,而德语中的范畴就是类别的意思。

平等要求作为一种规范性判断,其实质是一种伦理判断。汉语中"伦理"一词中的"伦"即类别的意思,伦理也就是关于人的不同类别的理论。而平等的规范性判断首先要求按相同性或同一性对人群进行划分,然后再相同或差别地对待,是本来意义上的伦理判断。一切伦理意义上的判断都首先要求对人群进行划分,或按性别,或按长幼,或按贤德、才干等,无一不要求确定一种划分的标准或属性。

等级制中等级的含义就是划分,历史上形形色色的等级制,无不以某一自然或社会特征作为标准将人群划分以相同或不同地对待。它或者把一国人民分离并划分成多个不同的类别,或者推而广之,把人类区分为几个类别。② 古典时期的希腊人把自己以外的人看作野蛮人、外邦人,从而区别对待。古罗马人也是一样,将自己与其他民族区分开来,从而为奴役全球其他民族寻找根据。德国纳粹主义将是否雅利安人作为首要的划分标准。亚里士多德早就观察到,人们对于他人,或者异族、异邦的人,往往采取在自己人之间认为不义或不宜的手段且不以为耻。而他们在自己人之间,处理内部事情的权威总要求以正义为依据;逢到自己以外的,他们就不谈正义了。③

印度的种姓制度以肤色为标准,梵语的"种姓",本意即肤色。美国的奴隶制度,也主要以肤色为标准。有些则以国别身份为标准,如古希腊、古罗马区分本邦人与外邦人。有些以血缘远近为标准,如欧洲、中国的封建等级制。法国大革命时期颁布的《人权宣言》中的平等权利只限于法国人,而法属殖民地人民不在此列。美国《独立宣言》确立和倡导的人人平等原则,只限于白种人,黑人、印第安人并不享有与白人同等的地位和权利。正如彼彻姆(Beauchamp)所说,每一项正义的现实原则都要找到一个特征,并

---

① 〔德〕康德:《纯粹理性批判》,邓晓芒译,北京:人民出版社2004年版,第142页。
② 〔法〕皮埃尔·勒鲁:《论平等》,王允道译,北京:商务印书馆1988年版,第256页。
③ 〔古希腊〕亚里士多德:《政治学》,吴寿彭译,北京:商务印书馆1965年版,第353页。希腊人称非希腊人为barbarians,犹太人称非犹太人为gentiles,罗马兴起后也相承此类做法而称罗马和希腊以外各族为野蛮人,即barbaries。

以此为根据来分配负担和福利。①

支持平等的形式原则所承认的：一是要有一条分类标准，符合形式逻辑；二是在类别相同性基础上从事实向规范、从实然向应然的逻辑过渡。除去上述两点之外，平等的形式原则并不包含其他具体内容。韦斯坦（Westen）所说的平等只具有躯壳而没有实质内容②，大概就是这个意思，作为躯壳的平等，即是平等的纯形式，是一种形式原则，其实质内容需要在社会政治实践中依据某个时代特定的正义观加以解决。

平等的形式原则首先要求对人群按某种特征或属性进行分类，而分类方法本身即蕴含着矛盾和冲突。"相同性"这个术语本身在其核心意义上不会引起歧见③，容易引起歧见的是选择何种属性作为划分人群的标准并以这个标准提出自己的平等和正义要求。可以看出，即使对平等的理解仅仅来自对形式原则的阐释，平等的那些伦理意义也仍然容易被众多可能的人群划分标准所搅乱。

人与人之间是否平等所依据的相同性必定是某一具体方面的相同性，而看待两个事物可以有很多的视角或方面，这就一定会带来身份冲突。严格地说，世界上没有两个人是完全一样的，这就意味着，有多少个人，就可以制定多少个分类标准以对人群进行区分。而同一个人，根据不同的分类标准可能会被划分为各种不同类别，这就造成了人的身份冲突。比如在性别上，女人与男人同样是人，又与男人是不同的人，女人与男人既相同又不同，这就存在着身份悖论。又比如，甲、乙两个好朋友依据某种分类标准可以归为同一个类别，而按照其他划分标准，又可以归为不同类别。因为甲、乙二人可以被归为同一类别，根据平等的形式原则，应该同等对待；而两人又可以被归为不同类别，根据形式原则，又可能要求对二人区别对待。这就容易产生冲突。

在分类标准方面，任何平等理论都会遭遇身份困境。人存在局域、广域多重身份，在追求分配正义时，囿于历史、文化传统、宗教等原因，常常在

---

① 〔美〕汤姆·L.彼彻姆：《哲学的伦理学》，雷克勤、郭夏娟、李兰芬、沈钰译，北京：中国社会科学出版社1990年版，第340页。

② Peter Westen, "The Empty Idea of Equality," *Harvard Law Review*, Vol. 95, 1982, p. 596.

③ 〔美〕乔万尼·萨托利：《民主新论》，冯克利、阎克文译，北京：东方出版社1998年版，第383页。

多重身份之间踟蹰徘徊,在家庭、宗族、种族、肤色、民族之间,在村社、省份、国家、全球身份之间,做出权衡和抉择。比如中华人民共和国成立后,就长期地存在着以城镇和乡村户籍作为分类特征的身份上和分配上的城乡二元制。

仅就形式的意义而言,平等的形式原则在分类标准的选择上,在相同对待、平等要求的内容上,是完全开放的,允许在形式的框架内,填充进极其丰富的内容。正因为如此,平等的形式原则可以为万千的平等观提供一个共同的形式逻辑基础。一种平等观,不管多么离奇荒谬,无不依赖这条原则作为论证的逻辑基础,平等的形式原则能够将各色各样、千奇百怪的平等观提领起来。也正是在这个意义上,正义女神手中的天平所暗含的平等,是高度抽象的和形式化的,天平两端的托盘上是什么,没有清楚指示,也不可能清楚指示,这要由一个时代特定的正义观来决定。

平等的理念也正是依赖这一不可或缺的形式原则随时准备为人们的政治主张和价值诉求提供支撑,这就使得平等理念具有波尔所说的一种特别的"韧性"。当整个社会安于现状的时候,平等潜在于人们的意识中;当社会矛盾加剧、政治动荡时,平等的观念就会重新闪耀光芒,焕发出独有的生机和活力,以平等的名义提出的政治诉求便会浮出水面,力图重塑平等的疆域,并对应该实现的平等内涵进行重新界定。[①] 在这种情况下,平等诉求容易以其简单易懂的一面迅速获得民众的呼应,以求改变现状。

如果说,平等作为一种规范性主张,需要一个硬核或者内核的话,这条原则可以作为平等的硬核或内核,是平等的逻辑内核,是一种形式正义。这一形式原则,成为解开平等之谜的一条线索。

平等的形式原则是理解平等的重要线索,它不仅具有简单和一致的逻辑,而且可以根据其描述性含义中的相同性与经验证据相联系,从而使得对平等的论证与经验的、可核查的证据联系起来,纠正历史上经常出现的由先验或超验的论据支撑的等级观。

平等形式原则的一个最基本的应用是人道主义的和人类中心主义的,其结论是人的基本权利,即人权。恩格斯很好地指出了这一点:"一切人,作为人来说,都有某些共同点,在这些共同点所及的范围内,他们是平等

---

① 〔英〕J. R. 波尔:《美国平等的历程》,张聚国译,北京:商务印书馆2007年版,第2—5页。

的,这样的观念自然是非常古老的",现代的平等要求应该是"从人的这种共同特性中,从人就他们是人而言的这种平等中,引申出这样的要求:一切人,或至少是一个国家的一切公民,或一个社会的一切成员,都应当有平等的政治地位和社会地位",这种"从相对平等的原始观念中得出国家和社会中的平等权利的结论",在经历几千年之后,已经成为"自然而然的、不言而喻的东西"。①

勒鲁认为平等体现为人权,"平等被认为是一切人都可以享受的权利和正义"②。他认为,因为一个人是人,他就享有权利;而且只要是人,就都有同样的资格享有同样的权利。"由于个人只是以他唯一的人的资格才感到享有一切权利,所以他不能不承认同样具有人的资格的其他人的这种权利。"③

近代以来,虽然不同国家、不同政治共同体的公民身份依然有差别,但人道主义已开始在全社会伸张,并逐步跨越国界。第二次世界大战以后,社会责任这一概念开始被扩大到不仅包括本国公民,也包括全人类,开始将每个人都视为地球公民。

人道主义认为人本身具有最高的价值和尊严,以人作为万物的尺度,人的价值居于首位。更广义地讲,人类中心主义,其实质就是把人的各个等级划分取消,从而变成唯一的一个类别,即人类④,以区别于其他物种。这一点与康有为有关"破界"的论述有相通之处,他追求大同的路径就是"破界"。所谓一部《大同书》,总论"破九界",就是要打破国家、民族、种族、男女、家庭等界限,其实质就是将这些传统的分类标准去除,从而实现"人人平等"。按照这样的划分,所有的人,仅仅因为作为人这一点,就应受到某种相同的对待。而其他物种,跟人是不同的,应与人区别对待。

对人的特殊性以及人与其他动物的区别,亚里士多德认为,"在各种动物中,独有人类具有语言的机能","人类所不同于其他动物的特性就在于

---

① 《马克思恩格斯全集》第20卷,北京:人民出版社1971年版,第113页。
② 〔法〕皮埃尔·勒鲁:《论平等》,王允道译,北京:商务印书馆1988年版,第283页。
③ 同上书,第265页。
④ 勒鲁表达过合并人类的各个等级为唯一的等级,即人类的说法。参见〔法〕皮埃尔·勒鲁:《论平等》,王允道译,北京:商务印书馆1988年版,第265页。

他对善恶和是否合乎正义以及其他类似观念的辨认"①;"理性实为人类所独有"②。类似地,艾德勒认为,人具有与动物相区别的人类共性,也就是人区别于其他动物的"物种特性",而人类的共性主要指"自由选择的能力"和"概念思维能力"。③

人都属于人类,但这并不表示人与人之间没有差异,只是说明这种差异不足以改变人同属人类的事实,或者说人们最看重的是人都被归为人类这一事实,并愿意从这一前提出发思考道德伦理规范和社会政治秩序。正如美国早期黑人民权主义者提出的要求:"我们要求享有与白人完全同样的权利、特权和豁免权。我们的要求仅此而已,也不会接受达不到这种要求的任何条件。"他们要求"法律不再承认白人或黑人,而只是承认人",因此,黑人同样有权"搭乘公共交通工具,担任公职,参加陪审团",并且做任何以前"仅仅因为肤色的原因而被禁止做的事情"。④

黑人民权主义的支持者克拉克同样从人种的角度主张黑人的权利。他说:"关键的问题是黑人也是人!""尽管肯塔基州的那位参议员能够证明他和黑人之间存在着36、56或是106个方面的差别,但是在他能够证明黑人不是人之前,黑人就应该被作为人对待,要求享有与其他人同样的特权。"⑤

对于人种之间的差异,韦伯的分析更为精到。他认为,种族之间的差异,单纯人种学意义上的差异所起的作用微乎其微,更多地体现为身份差异带来的社会化和文化教养所造成的差异,当然对某些人来说,极端的审美排异也发挥了重要作用。⑥

历史上,不断有观点将人的"物种特性"与人实际的体力和智力等能力大致相同联系起来。比如,霍布斯认为:"自然使人在身心两方面的能力都

---

① 〔古希腊〕亚里士多德:《政治学》,吴寿彭译,北京:商务印书馆1965年版,第8—9页。
② 同上书,第391页。
③ Mortimer J. Adler, *Six Great Ideas*, NY: Touchstone Books, 1981, p. 166.
④ 转引自〔英〕J. R. 波尔:《美国平等的历程》,张聚国译,北京:商务印书馆2007年版,第193页。
⑤ 同上书,第189页。
⑥ 〔德〕马克斯·韦伯:《经济与社会》第2卷,阎克文译,上海:上海人民出版社2010年版,第510页。

十分相等。"①或者如马布利的哲学家朋友所说:"自然界绝没有把才能分配得这样不平等,以致能够在人们的地位上造成极大差别……我不否认自然界没有在我们之间平均分配财富,但我认为它在分配财富时所依据的比例,并没有人们在地位上所出现的那种惊人差别。"②美国人类学会(The American Anthropological Association)得出结论说,没有科学的证据可以将部分人看作"非人类"或"准人类",从而可以将他们排除在美国宪法规定的合法权利之外。联合国人类体质和遗传委员会在1951年也做出过类似结论:"既有证据不足以确认不同的人类群体之间存在着天生的、内在的智力能力和情感能力的差别。"③

对于这一点,尽管权威机构做出了说明,但质疑的声音仍然存在。因为不同种族的人群之间在学习成绩、测试表现、工作成就和行为方面的平均值上确实存在着差异。英格尔问道:"不同种族的人群之间真的没有遗传差别吗?"他认为这个问题没有定论,讨论的大门仍然敞开着。④

尽管如此,下述观点仍然得到广泛认可:人类权利被假定为作为一个人所必需享有的权利⑤,人权是所有的人因为他们是人就平等地具有的权利⑥。彼彻姆认为,存在着与人的价值和才能无关的一些基本权利,享有这些权利,正因为我们都是人⑦,而只要是人,就有资格享有这些权利。艾德勒认为,正是人区别于其他动物的"物种特性"才是人们有权享有平等的"最终根据",因为在人性上人们是平等的,没有一个人多于或少于另一个人。⑧ 阿玛蒂亚·森认为,"'人性'或'人道'所引发的规范性要求建立在我们作为人的基础上,而无论我们拥有何种具体的国籍,属于哪个宗派或

---

① 〔英〕霍布斯:《利维坦》,黎思复、黎廷弼译,北京:商务印书馆1986年版,第92页。
② 〔法〕马布利:《马布利选集》,何清新译,北京:商务印书馆1960年版,第34—35页。
③ C. P. Ives, "Equality and Genetics," *Modern Age*, Vol. 12, No. 2, 1968, p. 204.
④ Ibid., p. 205.
⑤ 〔美〕汤姆·L. 彼彻姆:《哲学的伦理学》,雷克勤、郭夏娟、李兰芬、沈钰译,北京:中国社会科学出版社1990年版,第306页。
⑥ 沈宗灵、黄楠森主编:《西方人权学说》(下卷),成都:四川人民出版社1994年版,第116页。参见王海明:《公正平等人道》,北京:北京大学出版社2000年版,第32页。
⑦ 〔美〕汤姆·L. 彼彻姆:《哲学的伦理学》,雷克勤、郭夏娟、李兰芬、沈钰译,北京:中国社会科学出版社1990年版,第320页。
⑧ Mortimer J. Adler, *Six Great Ideas*, NY: Touchstone Books, 1981, pp. 164-165.

部落(无论传统还是现代)"①。《世界人权宣言》指出,"人人有资格享有本宣言所载的一切权利和自由,不分种族、肤色、性别、语言、宗教、政治或其他见解、国籍或社会出身、财产、出生或其他身份等任何区别"②。

依据这样的划分,我们讲的是人道,而非狗道、牛道,我们讲人权,而非狗权、牛权。人类中心主义,认为人是最重要的,是万事万物的中心,人是最终目的,主要关心人类而不是非人类存在物的利益,并以人类的价值来解释世界。亚里士多德说:"植物的生存是为了动物……所有动物的生存是为了人,驯服的动物是为了供人役使和食用;至于野生动物,虽非都可以食用,但全有其他用途;衣服和工具就可以由它们而来。如果人们相信自然不会没有任何目的地造物,那么,它就一定是专门为了人才创造万物的。"阿奎那认为,"人们要驳斥那种认为人杀死牲畜是一种罪过的观点",因为"动物就是供人使用的"③。康德也认为,"动物没有自我意识,因此可以作为实现目标的一个手段。那个目标就是人"④。

非人类中心主义者以及动物权利论者虽然依照的是同样的形式原则,但显然遵循了另外的划分标准,他们会问:"猴子、黑貂等和人一样都会感到痛苦,那么,为什么杀害人有罪而杀戮动物无罪呢?""为什么他们不能拥有与人相等的权利?"⑤在动物保护主义者和动物权利论者看来,虽然人与动物的区别仍然存在,但这并不重要,重要的是牛、羊、黑貂等动物和人一样都有感觉,都能感受到痛苦,都有值得人类尊重的本性,在有感觉、能感知痛苦方面与人是相同的,因而不应该受到虐待。

平等的形式原则对于平等理论而言,是必要的,有助于避免自身逻辑上的矛盾。但这一原则却从来不是充分的、完备的,它只是要求所有平等理论遵守形式逻辑。没有一种平等理论可以把在第一条原则里相同性的

---

① 〔印度〕阿马蒂亚·森:《正义的理念》,王磊、李航译,北京:中国人民大学出版社2012年版,第131页。
② 冯林主编:《中国公民人权读本》,北京:经济日报社1998年版,第445页。
③ 转引自 Joseph R. Des Jardings, *Environmental Ethics: An Introduction to Environmental Philosophy*, CA: Wardsworth Publishing Company, 1993, p. 111. 参见王海明:《人性论》,北京:商务印书馆2006年版,第253页。
④ 参见王海明:《人性论》,北京:商务印书馆2006年版,第254页。
⑤ 〔美〕弗朗西斯·福山:《历史的终结及最后之人》,黄胜强、许铭原译,北京:中国社会科学出版社2003年版,第336页。

分类标准唯一地、客观地确定下来,可以把相同对待的内容一劳永逸地确定下来。从这个意义上说,平等这一概念没有一个稳定、坚硬的内核,如果说有的话,也只是形式的相同性分类标准。有学者说,平等作为一个概念,就像一个石榴,剥开外面的软皮之后,是由很多籽构成的,每个籽有自己的内核。① 作为平等来讲,没有一个经验范畴的内核为所有的平等观所接受。不同的平等观所共同拥有的只是一个形式内核,即支持平等的形式原则。没有"纯粹的平等"或者本体论意义上的"平等自身",人们所说的平等的实质或内核,最终只能还原到平等的形式逻辑。逻辑上,人们可以向平等的形式原则填充进不同的经验内涵,对应于每一种内涵,便成为一种平等观。可以说,历史上曾经提出过的平等观,数目是比一个石榴的籽还要多的。正因为如此,人们在谈论平等时,很可能指称不同的意涵,使人们日常谈论中的平等展现出特别的模糊性和复杂性,阻碍着人们对于各种不同的平等意涵形成清楚的和受到严格限定的认识。

也恰恰因为这一点,"平等能够证明适用于不同的利益",并且往往在服务于不同的利益时展现出不同的含义。② 平等的思想是如此的广泛和灵活,足以容纳各种各样的观点和解决方案。在人们追求平等的漫长的、时而和缓时而暴风骤雨式的历史过程中,平等呈现出多姿多彩、迥然不同的意涵。③ 平等的概念因其具有简单易懂的一面,并且利用其形式原则可以持续地服务于不同的利益,历久弥新,独具魅力,成为近代以来一个重要的价值取向,并已经成为各主要国家宪法中明确宣示的原则和权利之一。

本研究确认并阐述了平等的形式原则,但平等理论面临的真正挑战才刚刚开始。面对各种各样的平等诉求,形式原则却无能为力了。平等诉求的相互冲突和竞争是平等的形式原则自身带来的,无法通过自身解决,也不存在比"相同情况相同对待"更基本或更底层的原则以充当互竞的平等要求的裁判官。波尔清醒地认识到了这一点,他说,平等权利之间的冲突"无法通过诉诸基本原则或者任何自动的内部机制来解决,也似乎不能指望通过参照任何一个问题的解决来获取永久的和最终的解决办法"④。

---

① 感谢我的同事刘琳博士在此处进行的有益讨论和提示。
② 〔英〕J. R. 波尔:《美国平等的历程》,张聚国译,北京:商务印书馆2007年版,第2页。
③ 同上书,第434页。
④ 同上书,序,第5—6页。

"平等的原则是抽象的,而平等的要求则是历史的、具体的。"①平等的理论固然需要通则,但平等的实践却注定要面对纷繁复杂的具体诉求。康德意识到了这一点,他清楚形式原则和形式正义的应用毕竟还要面对各种各样的具体诉求,要对每一种类型做特殊的规定,而"这会构成一件广泛的工作",并因而将他那著名的《实践理性批判》称作这样一项工作的"预备性练习"②,因为它只讨论了这些问题的基本特征。康德在完成了其著名的"预备性练习"之后,把解决各种各样实际问题的、异常繁杂的工作交给了后人,而后面的工作却注定要面对经验性的对象,注定是具体、繁杂的,有时甚至是极其琐碎的。

实际上,繁杂和琐碎并不是主要的困难,因为繁杂和琐碎可以通过细致的工作解决。主要的和根本的困难在于,后面的工作是实践的,必定遭遇到在形式原则处所不曾遇到的属于实践过程的冲突,即由形式正义走向实质正义、由形式平等走向实质平等时会立即遭遇的不同的实质平等观之间的冲突以及不同的实质正义观之间的冲突。当代社会面临的问题往往"不再是在平等和不平等之间做出抉择,而更多的是在一种平等观念和另外一种平等观念之间做出抉择"③。

同样地,道格拉斯·雷也指出了抽象的平等观念在走向实践时会遇到的难题。他认为,"虽然平等是最简单和最抽象的观念,但实践却是不可救药地具体和复杂"。那么,这就自然地产生一个疑问:"平等的观念能否指导平等的实践?"他的回答是否定的,理由在于,"我们总是会遭遇平等的多种实践意义,而平等自身并不能提供一种从多种意义中选择其一的基础。'何种平等'的问题永远无法通过坚持平等就可解决"④。

德沃金也认识到,即使人们主张"平等的关切是政治社会至上的美德",但对于"平等的关切"具体是指什么,对"这个问题不存在一目了然没有异议的答案"⑤。

---

① 周仲秋:《平等观念的历程》,海口:海南出版社 2002 年版,第 292—293 页。
② 〔德〕康德:《实践理性批判》,邓晓芒译,北京:人民出版社 2003 年版,第 219 页。
③ 〔英〕J. R. 波尔:《美国平等的历程》,张聚国译,北京:商务印书馆 2007 年版,第 438—439 页。
④ Douglas Rae et al., *Equalities*, Cambridge, MA: Harvard University Press, 1981, p. 150.
⑤ 〔美〕罗纳德·德沃金:《至上的美德:平等的理论与实践》,冯克利译,南京:江苏人民出版社 2003 年版,导论。

人们虽然可能容易就平等的形式原则达成一致,认识到任何平等理论都离不开"相同的人相同对待"的形式原则所提供的形式逻辑的支持,但仅有形式原则还是远远不够的,因为形式原则和形式正义的所有兴趣毕竟在于经验对象。当将这个抽象的形式原则付诸实践,即赋予相同性的分类标准和在哪一方面相同对待以具体含义时,人们就会发现各自的要求可能各异其趣、大相径庭,甚至截然相反。人们必须清楚,"不存在从抽象原则中推导出具体含义的单一或简单的方式"①。正因为如此,波尔认为平等"不可能归结为一个单一的不可分解的概念,更不能把它归结为能够凝聚和引导整个国家的多方面因素的一个原则"②。

亚里士多德注意到平等的形式原则可能带来的一个困难,就是有些人仅凭自己在某一方面与人平等而要求一切平等,另一些人仅凭自己在某一方面有所优胜就要求一切优先。③ 他说,平民政体的建国观念认为,凡有一方面平等的就应该在各方面全都绝对平等;大家既同样而且平等地生为自由人,就要求一切都归于绝对的平等。相反地,寡头政体的建国观念则认为要是在某一方面不平等,就应该在任何方面都不平等;那些在财富方面优裕的便认为自己在一切方面都是绝对地优胜。从这些观念出发,平民们便以他们所有的平等地位为依据,进而要求平等地分享一切权利;寡头们便以他们所处的不平等地位,进而要求在其他事物方面也必须逾越他人。④

亚里士多德的这个担忧在法国大革命中的激进平等主义者中再次出现。勒鲁认为,只要是人,就有同样的资格享有同样的权利,因而他主张,"一个无可辩驳的、头等重要的、绝对正确的概念,即人人都享有一切权利"⑤。

从这些不同的观点可以看出,平等作为一种价值追求和价值判断,只依赖形式原则还不能在面对各种各样相互冲突的具体的平等要求时做出确定的解答。平等的形式原则在作为认识平等线索的同时,提示着平等问题的复杂性。在众多可供选择的分类标准中,平等的形式原则自身无法论证为什么人们人为地选择一个特定的标准,而不是其他标准。因为可供选

---

① 〔美〕乔万尼·萨托利:《民主新论》,冯克利、阎克文译,北京:东方出版社1998年版,第116页。
② 〔英〕J. R. 波尔:《美国平等的历程》,张聚国译,北京:商务印书馆2007年版,第2页。
③ 〔古希腊〕亚里士多德:《政治学》,吴寿彭译,北京:商务印书馆1965年版,第239页。
④ 同上书,第236页。
⑤ 〔法〕皮埃尔·勒鲁:《论平等》,王允道译,北京:商务印书馆1988年版,第265页。

择的标准五花八门,于是就可能形成千差万别的平等观。不同平等观产生分歧的原因,不在于支撑平等的形式原则,而在于选择什么样的分类标准。社会等级论者也可以根据这两条原则提出自己的等级主义观点。

依据同样的事实和相同性基础,可以建构出不同的平等观点,提出迥异的平等要求。而依据各种各样的事实,就可以建构出万千的平等观。这既是平等理论的奥秘所在,也是平等理论的困境所在。

不同平等观之间分歧的来源之一,是可作为平等的形式原则分类标准的多种可能选择之间的冲突。这一冲突是由支撑平等的形式原则所蕴含的身份困境传导过来的,是由分类引起的,而人类要思维,要对纷繁复杂的外部世界进行认识和梳理,就离不开分类,离不开概念,离不开归纳,因而这一分歧在形式逻辑上是无法克服的。

这是平等的奥秘所在,因为人们的平等观虽然各有不同,但其论证形式和论证逻辑却万变不离其宗,都依赖"相同情况相同对待"的原则,这就使得平等思想具有极强的生命力。虽然平等的理论在指导复杂的平等实践时无法提供清晰、简洁和完备的答案,但人们完全不必像道格拉斯·雷那样悲观,平等的抽象概念和形式原则在指导平等的实践时并非毫无功用。平等的形式原则的作用在于限制那些违反形式逻辑的观点和主张,使所有的主张都遵循"相同的人相同对待"的原则,保持平等诉求在形式逻辑上的一致性。

正因为各种平等主张都遵循相同的形式原则和形式逻辑,平等观念才能够以此作为中介,在人类历史的重大关头,为社会政治秩序的变迁提供理论武器。在人类政治思想史中,平等并非时时占据主导地位,但却根深蒂固地存在于人们的思想意识深处,作为意识的潜流时刻保持着活力,一俟时机到来,便准备突破社会政治秩序表面的平静。①

这也是人们理解平等的困境所在。因为依据一定的相同性基础,人们就可以建构出各种不同的平等观,如此说来,平等这个概念深陷困境,就不足为奇了。各种平等观的分歧无法依据平等理论自身得到化解。至于人们可能提出的形形色色的平等观中何者将为整个社会所选择,对这个问题的解答主要不在于平等理论自身,而在于社会政治过程。这个问题根本上

---

① 〔英〕J. R. 波尔:《美国平等的历程》,张聚国译,北京:商务印书馆2007年版,中文版序。

是实践的,不是天马行空地想象出来的,现实中被选择的平等观所依据的分类标准必须被认为是相关的、合理的和能够接受的,这样的分类标准方能被人们长久认可,从而为历史所选择,并积淀为长期稳定的社会政治传统。

在众多可能的分类标准中,人们究竟应该选择什么样的分类标准,整个社会最终又会选择什么样的标准?从历史上看,不同时代、不同文明、不同社会的分类标准不尽一致,某个时代某个社会特定的分类标准必然与那个时代占主导地位的或主流的正义观念相适应。历史上曾经出现过众多相同性的分类标准,幸运的是,许多标准或者因为自身的事实因素遭到证伪,或者因为原有的标准与相应的平等指向不太相关,建立在这些分类标准上的平等要求也因此被认为不再具有正当性和说服力,从而遭到淘汰。①

在分配政治职务上,历史记载有善跑者为王、体力强者为王、貌美者为王②以及身材胖者为王③的情况。胖者为王的观点,对今天大多数人来说,已经变得十分荒谬,因为身材胖,不仅没有任何神秘性,也不代表任何德性和身体优势,甚至还会成为累赘、危及健康。有些人尽管可以胖为美,因为每个人具有审美的自由,但以胖瘦为依据来分配政治权利已不再具有任何正当性。善跑者可以在运动赛场上得到奖赏,貌美者在审美的市场上进行竞争,但这些都不再被视为与行使政治权力的能力具有相关性而遭到淘汰。肤色和种族等,今天仍然是常用的划分人群的标准,但这些标准只是人的自然、血缘特征,已不再是确定身份权利的根据。

恩格斯说:"一切人——希腊人、罗马人和野蛮人,自由民和奴隶,本国人和外国人,公民和被保护民等等——的平等,在古希腊罗马人看来,不仅是发疯的,而且是犯罪的。"④而现代社会的正义观,已经禁止基于种族、肤色、性别、语言、宗教、政治信仰、社会出身、财产等原因享有特权或遭到歧

---

① 例如美国联邦宪法第十四修正案中的平等保护条款,主要目的在于消除法律和政策中存在的歧视,其发挥作用的主要途径就是通过审查人与人之间是否有不当区分以及在此基础上的歧视。

② 〔古希腊〕亚里士多德:《政治学》,吴寿彭译,北京:商务印书馆1965年版,第153页。参看柏拉图:《法律篇》696B、744B。大马士革人尼古拉在《残篇》138 中记有野蛮民族公举其奔跑最速者为王的事例。《希罗多德》亦记载埃塞俄比亚人公推身形最高大且体力最强者为国王。《雅典那娥》则记埃塞俄比亚以最美俊者为国王,貌美为王的事例亦见于《尼古拉残篇》142。

③ 据说汤加国推身材最胖者为王,尚待考证。

④ 《马克思恩格斯全集》第20卷,北京:人民出版社1971年版,第669页。

视,禁止将这些因素作为法律区别对待的分类标准。

当然,就某一具体平等主张也就是在某一特定方面相同对待而言,究竟哪一种特定的有关相同性的分类依据是"相关的、合理的和能够接受的",不存在"唯一正确的"答案。这意味着,同当代社会人们难以公度的、多元的善观念一样,人们的实质平等观之间往往也是难以公度的和多元的。① 在这种情况下,为特定社会政治系统在特定时期所选择的平等观,会持续不断地受到评判和质疑,并在人们的社会政治理想的引领下对现行的平等方案做出改进的尝试,在应然与实然的张力中取得新的平衡。平等和不平等所依据的正义原则不过是一种形式逻辑,正义也不是社会政治秩序中一成不变的东西,不能为社会政治秩序提供充分的和一劳永逸的答案。

正义的形式原则即"相同的人相同对待、不同的人不同对待"的原则,意味着正义是容纳了平等及其反题的复合理论。说到底,每个人得到的待遇无非两个方面:一是与其他人一样作为人、作为人类一员的权利;二是每个人作为与他人所不同的自己的权利。这一点,也可以从当代多位平等论者的结论那里得到印证。从这个意义上说,一个正义的社会不仅包括平等,也包括不平等,如果说平等是现代政治和伦理的基本原则,那么作为一个大背景,不平等也必然是现代政治和伦理的原则。关键的问题是在何种方面选择平等,在何种方面选择不平等而已。

至于正义理论中每个人都应得到的相同待遇是什么,不同待遇又是什么,则是在社会政治系统和社会政治秩序中得到解决的。当对平等的形式原则存在不同的解释和价值取向时,在采取何种政策的问题上往往不存在清晰一致的讲坛裁决。在传统社会,就会导致政治权威的介入,形成专断的政治裁决②;在当代自由民主社会,通常就会诉诸对政策后果的辩论,诉诸公民的选择和民意。③

历史提示人们,现实的解决方案是多种多样的。但无论如何,当明显

---

① 对于这一观点的详细论证,参见本书第五章。
② 对这一问题的更详尽的论述,参见王元亮:《论应然的基础》,《道德与文明》2011 年第 4 期;王元亮:《正义的论证路径考论》,《东岳论丛》2011 年第 4 期。
③ 〔英〕J. R. 波尔:《美国平等的历程》,张聚国译,北京:商务印书馆 2007 年版,第 214—217、220—221 页。

的不平等存在时,就诉诸人道主义,强调"所有的人一视同仁",即强调每个人作为人类一员的相同性和扩大由此而来的每个人所应享有的相同的基本权利。"所有的人一视同仁"这一规则有一种特别的功能,就是可以防止立法者滥用立法权,以避免其制定有利于自己而不利于其他人的法律,从而排除了一大批潜在的坏规则[①],保证立法者"己所不欲,勿施于人"。

一种平等观是不是正义的?对于这个问题,人们依据平等的形式原则,并不能够做出彻底的回答,而只能够做出某种"形式"的回答。更具体地说,人们依据平等的形式原则,能够说明一种平等观是不是符合形式正义,从而排除那些不符合形式正义的平等观点。比如,某些自由主义学派认为,"人们追求平等是因为人们确有差异",这样的观点就连平等的形式原则都不能符合。这样的观点,要么混淆了人们有关平等论辩的逻辑基础,使平等的论辩陷入一片混乱;要么不承认人们认识平等需要以相同性为基础的最基本的规则,使人们在认识平等时丧失所有合乎逻辑的线索,导致平等论证的虚无主义。

本书对平等的形式原则的阐述,有助于澄清当代社会在平等问题上面临的抉择的性质。由于平等的形式原则只能解决一种平等观的"形式"问题,即一种平等观是否合乎形式正义的问题,所保障的是"形式平等",而不是"实质平等",即在哪些具体方面相同对待的问题,因而学界常常有形式平等不能保证实质平等的论说。

二、平等的现实指向

一种平等观的提出,要符合平等的形式原则,但仅有形式原则而不赋予形式原则以具体内容,平等观就仍然停留在形式和抽象的层面,无法与社会政治现实产生勾连,难以付诸社会实践。因而,一切平等主张,为了实践的目的,都必须从形式原则出发,过渡到具体的平等诉求上,变为实质平等的要求。这一过渡,是对形式原则的具体化,具体来说就是对形式原则

[①] 萨托利举了一个例子,比如"砍掉所有人的头"这条"所有的人一视同仁"的规则就不太可能由立法者制定出来,因为这样的规则也会使立法者自己的脑袋搬家。参见〔美〕乔万尼·萨托利:《民主新论》,冯克利、阎克文译,上海:上海人民出版社2009年版,第382—383页。

的两个方面在实践中进行确认:一是具体的诉求物,即在哪一具体方面相同对待,也就是平等要求的现实指向;二是划分人群的相同性标准,即平等对待的依据,主要是指分配正义的平等尺度。将这两个方面都确认完毕之后,就可以将待分配物与分配依据匹配起来,也就完成了"对哪一方面相同的人,在什么方面相同对待"的说明和论证,从而构成了具体的、实质的平等主张和平等诉求。

"平等是什么"的问题在某种意义上主要取决于平等的形式原则在应用于实践时所必须回答的上述两个问题,即平等的具体诉求物和分配正义的平等尺度。

一种平等观的诉求物究竟包括哪些具体内容呢? 一般来说,它与人类的需要和欲望有关,是人们的某些需要和欲望。人类的需要和欲望很多,但并不是所有的需要和欲望都成为具体的平等观的诉求物,只有那些使得人们的需要和欲望可能产生竞争和冲突的稀缺资源,才是平等要求感兴趣的,也是需要平等观来协调人们之间有关这些资源的竞争和冲突的。也就是说,平等要求的诉求物往往与能够满足人们需要和欲望的稀缺资源有关。有些资源,比如空气,虽然人们须臾不可或缺,但由于这种资源的供应十分充裕,人们之间对该资源的需要不会造成冲突,因而就不需要一种特定的平等观和正义观来规范该资源的分配。这一点,也许从淡水资源的例子能够看得更清楚一些。淡水资源在有些地方供应充足,比如大江、大河以及大湖流域,人们可以随便取用而不影响他人,在这些地方也就不太可能产生对淡水资源要求的竞争和冲突,从而不需要某种特定的规则来规范淡水资源的分配。然而,在有些地方淡水资源是稀缺资源,它不能满足所有人的所有需要,人们对淡水资源的需要也就产生了竞争和冲突,也就需要一种特定的有关淡水资源的分配的平等观和正义观来确定一种特定的对淡水资源的分配秩序。[①] 正如休谟(Hume)指出的,如果"自然的恩赐增加到足够的程度",将会"使正义归于无用",因为"如果自然大量供应我们

[①] 有资料报道说,在山西省某山区有一条小溪,在其上游、中游和下游分别有几个村子的人依靠这条小溪吃水和灌溉,很久以来,因为水量不大,村落间经常因用水问题发生集体械斗,最终经过艰苦的谈判,达成了一个在上、中、下游之间分配水量的协议,并设置了核查机制,长期的械斗方告结束。

的一切需要和欲望,那么作为正义的前提的利益计较便不能存在了"①。

人们大多数的需要和欲望之间会产生竞争和冲突,这与人的现实需要和欲望有关,也与人类面临的外部资源稀缺有关。而米勒(Miller)指出,资源的稀缺意味着人们常常面对着相互冲突的要求。②

马斯洛的人类需求层次理论揭示出,人的需要和欲望即使不是无限的,至少也是极难得到彻底满足的,因而人必然会寻求尽可能多的资源以满足自己尚未满足的欲望和需要。人的欲望、需要可以分为多个层次,但人很少在即使是单个层次的欲望上获得完全的满足。③ 亚里士多德认为人类的欲望是无止境的,许多人终生营营,其目的正是力求填充自己的欲壑④,而"名利两者恰正是人人的大欲"⑤。康德认为,人的爱好是变易的,它会随着人们让其受到的宠幸而增长,"并且永远还留下一个比我们已想到去填满的要更大的壑洞"⑥。

本研究无意探究人的需要和欲望的根源,但意识到人的需要和欲望的现实特征对于深刻理解人们平等诉求的竞争和可能的冲突是有益的和必要的,人们在平等的观念和价值取向方面冲突的背后是环境的约束和人类欲望的无限性。⑦

人的自身利益,从人类需要的角度讲,就是能满足人的各个层次需要的东西,既包括能满足人物质需要的东西,也包括能满足人精神需要的东西。其中,物质方面的需要包括能满足人的吃、穿、住、用、行等方面需要的东西,精神方面的需要包括政治身份、公共职位、社会地位以及其他各种社会认可和荣誉等能够满足人心理和精神需要的东西。沃尔泽认为,需要由

---

① 〔英〕休谟:《人性论》,关文运译,北京:商务印书馆 2005 年版,第 535 页。
② 〔美〕戴维·米勒:《社会正义原则》,应奇译,南京:江苏人民出版社 2001 年版,第 38 页。
③ A. H. Maslow, "A Theory of Human Motivation," *Psychological Review*, Vol. 50, July 1943, pp. 370−396.
④ 〔古希腊〕亚里士多德:《政治学》,吴寿彭译,北京:商务印书馆 1965 年版,第 74 页。
⑤ 同上书,第 286 页。
⑥ 〔德〕康德:《实践理性批判》,邓晓芒译,北京:人民出版社 2003 年版,第 162 页。
⑦ 就像一个经济学家无法对"效用"和"价值"本身做出确切和能被广泛认可的定义,而宁愿接受以价格来表示它的市场价值一样,本研究也不试图对人的需要、欲望、利益等概念做出某种标准的或者准确的定义,因为就本研究的分析而言,我们需要的不是对个人的需要、欲望和利益的确切定义,而是要认知到,本书的分析依赖的是体现人的需要、欲望和利益的个人的行为选择,即体现为在面临选择的可能性时个人所做出的决策及其决策依据。

平等和分配正义来调整的人类需要,"包括成员资格、权力、荣誉、宗教权威、神恩、亲属关系与爱、知识、财富、身体安全、工作与休闲、奖励与惩罚以及一些更狭义和更实际的物品——食物、住所、衣服、交通、医疗、各种商品,还有人们收集的所有稀奇古怪的东西"①。

人的需要和欲望的满足离不开资源尤其是稀缺资源的供应,这决定了人对稀缺资源的追求是不可避免的,在这个意义上稀缺资源构成了人的利益。人所欲求的东西,都能满足人的某种需要和欲望,都因此具有价值。个人的需要和欲望可能涵盖的内容相当广泛,从能够满足人们生理需要的物质资源,到能够满足人们尊严需要的社会认可和荣誉,到个人自我实现的满足感,甚至也可以包括个人的审美价值。用沃尔泽的话说,一个成熟社会中分配正义的指向具有多样性,并且"不存在可想象的跨越全部精神和物质世界的唯一一组首要的或基本的物品"②。

虽然人的欲求物包括物质利益和精神利益,但毋庸置疑的是,物质利益是其中最重要的部分,不仅因为人离开起码的物质条件就不能生存,还因为人们有时候能从物质利益那里获得精神享受。一个人精神领域满足的情况千差万别,弹性相对较大,但物质利益的满足则受到人类生产能力和外部自然资源稀缺性约束的影响。人的物质方面需要的满足方式相对简单,一个人饿了,一顿饭即可使其获得满足。但精神领域的满足,包括自尊、他人认可以及自我实现的成就感等,则要微妙得多,不仅与个人的价值观以及人们对自身的定位和期望密切相关,也不是外部能够直接给予的,而是在个人与社会互动中通过自身的努力完成的。

亚里士多德特别强调荣誉、社会认可对个人的重要性。福山对人类社会最终历史形态论证的主要依据就是获得他人认可的努力。本书认为,某类人可能特别注重荣誉和社会认可以及公共职位等,但就人类需要的整体来讲,荣誉和社会认可主要涉及人类对尊严(包括自尊和来自他人的尊重)需要以及对自我实现等高层次的需要。这类层次的需要对人类行为支配作用的发挥有一个前提条件,就是人的基本生理、安全等需要已经获得满足。可以想象,对于一些温饱还没有解决的人来讲,荣誉和获得他人认可

---

① 〔美〕迈克尔·沃尔泽:《正义诸领域:为多元主义与平等一辩》,褚松燕译,南京:译林出版社2002年版,第1—2页。

② 同上书,第7页。

的激励作用会大打折扣。①

　　人的需要是无限的,但能满足人类需要的资源却是有限的,可利用资源的有限性构成了对人的需要和欲望满足的现实的资源约束。古语云:天育物有时,地生财有限,而人之欲无极。休谟指出,"自然赋予人类以无数的欲望和需要,而对于缓和这些需要,却给了他以薄弱的手段"②。同样地,韦伯认为,"我们的肉体存在犹如我们最理想的要求的满足,到处遇到其所必需的外部手段的量的限制和质的欠缺"③。

　　人类生存空间的有限性、可利用的自然资源的有限性,以及人类生产能力的有限性,决定了能够满足人类需要的各种资源是有限的。虽然人类的生产能力在近代已经获得了很大增长,并且仍然在继续增长,但在可预见的将来,相对于人们的欲求来讲仍将是有限的。

　　不仅能够满足人的需要和欲望的自然资源、物质资源是有限的,能够满足人的需要和欲望的精神方面的资源也是有限的。比如荣誉,往往是有限的,体育比赛的荣誉主要奖给前几位优胜者,如果颁发的荣誉太多,荣誉也就不再是荣誉,荣誉也就失去了其作为本质特征的稀缺性,因而会失去其原来的吸引力。比如政治职位,尤其是高级政治职位,也注定是稀缺的。当然,荣誉和政治职位等社会认可往往伴随着物质利益,如果将其中包含的或连带的物质利益与荣誉和政治职位等脱钩,那么它们的吸引力对许多人来讲也将会大打折扣。

　　人类需要的总和超过了人类能使用的各种资源,包括自然资源、产成品以及人类自己创造的荣誉和社会认可等精神资源。不仅一个人的需要和欲望难以得到彻底满足,就人类总体而言,其欲望的总和也是无限的,也无法得到彻底满足。正是因为这一点,波尔指出,满足人的全部需要的问题,在严肃的政治理论中从未得到过认真的考察。④

　　因此,一种切合实际的道德伦理论证有必要以人的现实需求和对这种需求的现实满足条件为基础。人的行为动机来源于人的需要和欲望的满

---

① 从这一点上说,福山对人类社会演进的论据过于单薄。参见〔美〕弗朗西斯·福山:《历史的终结及最后之人》,黄胜强、许铭原译,北京:中国社会科学出版社2003年版。
② 〔英〕休谟:《人性论》,关文运译,北京:商务印书馆2005年版,第525页。
③ 〔德〕马克斯·韦伯:《社会科学方法论》,韩水法、莫茜译,北京:中央编译出版社2008年版,第14页。
④ 〔英〕J. R. 波尔:《美国平等的历程》,张聚国译,北京:商务印书馆2007年版,序。

足,人的行为选择也会受到人所面临的外部资源稀缺性对人们行为选择的约束。不管是否情愿,人们是必须认真对待现实约束的。既然大自然给人类施加了这样一个无法摆脱的魔咒和枷锁,给人们的理性施加了一个无法突破的困境,人们就只有承认这个现实的困境,并从这个困境出发,建构平等理论和分配正义理论。休谟很早就认识到了这一点,他说:"正义只是起源于人的自私和有限的慷慨,以及自然为满足人类需要所准备的稀少的供应。"① 彼彻姆认为,正义规则的作用"在于力图平衡相互冲突的利益,以及社会上不断发生的相互冲突的要求"②。

对于大多数人来说,获得和支配更多更好的资源总是可欲的,这常常表现为人的行为的利己性。休谟认为,"由于我们的所有物比起我们的需要来显得稀少,这才刺激起自私"③。认识到这一点,对于本书的论证是极为重要的,因为经验现实对理论建构具有终极性的影响。人类生存空间的有限性以及可利用资源有限性的现实约束,与人类社会面临的许多道德伦理困境有密切关联。只要人们的需要和欲望的无限性与可利用资源的有限性之间的矛盾仍然存在,那么人们对有限资源的竞争就是一种常态,追求自我利益就是人类行为的基本特征,而对道德伦理和社会政治秩序的建构就必须以此为基础。有一些道德伦理和社会政治秩序理论无视这一矛盾以及人类行为的利己特征,提出的解决方案要么远离现实,要么无法切中要害,流于空泛。平等问题,不仅表现为原则的冲突,更表现为利益的冲突。有些表面上看似抽象原则的冲突,其实质却是利益的冲突。

马克思主义所描绘的共产主义宏伟蓝图,设想了一个物质资料极大丰富的社会,以至于人们可以各取所需;共产主义社会是马克思主义的理想和未来目标,是历史尽头的一个没有政治的、完美的共同体,实现了"人和自然界之间、人和人之间的矛盾的真正解决"④。恩格斯认为,到了共产主义社会,因为物质资料的极大丰富,指导稀缺资源分配的正义和平等观念

---

① [英]休谟:《人性论》,关文运译,北京:商务印书馆2005年版,第536页。
② [美]汤姆·L.彼彻姆:《哲学的伦理学》,雷克勤、郭夏娟、李兰芬、沈钰译,北京:中国社会科学出版社1990年版,第329页。
③ [英]休谟:《人性论》,关文运译,北京:商务印书馆2005年版,第534—535页。
④ 《马克思恩格斯全集》第42卷,北京:人民出版社1979年版,第120页。

就没有存在的必要了,而只能在"历史回忆的废物库里"才能找到。他甚至不无幽默地说:"谁如果坚持要人丝毫不差地给他平等的、公正的一份产品,别人就会给他两份以资嘲笑。"①

这样的社会如果存在,当然美好。然而当前人类面临的主要问题仍然是,有限的资源和有限的生产能力,相对于人类的整体需求来讲是稀缺的。即使对于严肃的共产主义信仰者,也必须承认马克思所描绘的共产主义宏伟蓝图与目前的人类社会生产力和资源稀缺的现状相去甚远。人的需要和欲望固然不是一成不变的,但只要人的需要和欲望的无限性以及人类可利用资源的有限性、生存空间的有限性和人类生产能力的有限性没有根本改变,就注定了人类需求与可利用资源约束之间的矛盾是人类社会面临的基本矛盾,注定了人类个体之间、群体之间以及个体与群体之间对资源的竞争是一种常态。正因为如此,柯恩指出,马克思对于未来人类社会物质资料极大丰富的预言是失败的,因而社会主义者也必须在稀缺性前提下思考平等和正义问题②。

只有从人性的现实出发,从能满足人们需要的外部资源和条件出发,才能深刻洞悉不同的实质平等观之间相互冲突的关键所在,理解不同的实质正义观之间相互冲突的根深蒂固的背景条件和现实约束,也才能提出化解不同实质平等观之间相互冲突的具有针对性的思路和策略。停留在口头上的、只供嘴上说说的平等似乎容易实现,难于落实的是现实利益方面的平等。比如人人价值平等、人格平等和尊重的平等,如果不具体化为现实利益或可操作的实质内容,就容易流于虚化和空泛。

只有从人的现实需要和欲望出发,从可利用资源的有限性出发,才能深刻认识人的需求无限性和可利用资源有限性之间的矛盾,认识人类平等要求冲突的实质,提出符合人性现实的、符合历史和当下的平等理论和分配正义理论。只有正视人类需求无限性与资源有限性约束之间的持久张力,才能深刻理解平等和分配正义作为人类社会道德伦理秩序工具性手段的功能。平等和分配正义并不是多么神圣的东西,它们是为解决这一不可避免的冲突,通过有效降低这一冲突的程度和缩减其规模,降低这种冲突

---

① 《马克思恩格斯全集》第 20 卷,北京:人民出版社 1971 年版,第 670 页。

② Cohen, "Equality as Fact and as Norm: Reflections on the (partial) Demise of Marxism," Theoria, Vol. 83, 1994, p. 1.

带给人的苦难而彰显其意义的。正如彼彻姆所说,"分配正义正发生在分配不足利益的地方,因为仅仅在这些地方才会出现对不足利益的竞争","正义规则的作用在于力图平衡相互冲突的利益,以及社会上不断发生的相互冲突的要求"①。

动物群落之间和群落内部对有限资源的竞争也造成类似的冲突,它们解决冲突的路径往往是通过你死我活的丛林法则,生活在常常是"充满了敌意的世界"②。而人之所以高贵,不在于没有欲望、竞争和冲突,而在于人力图运用自己有限和并不完善的理性能力,寻找解决这种冲突的文明法则。人们努力寻找一种规则和秩序化的解决办法,以调节这种冲突,限制冲突的规模和程度,控制冲突带来的损害。

人们希望找到一个和平的解决办法,一种能为社会普遍认可因而人们能够自觉遵守的办法,这样的解决办法往往被冠以分配正义的名称。正义可以带来普遍认可和正当性,带来自觉遵守,最终实现良好的社会政治秩序。③ 当然,人们对于分配正义的全体一致认可是完美的理想状态,现实可能性很小,现实社会中的分配正义如果能够得到大多数人的认可和接受,就能带来广泛的认可和正当性,带来社会政治稳定。

平等的现实指向是多种多样的,这是由人们所追求的价值和目的的多样性决定的。④ 正如前文已经指出的,平等诉求既有物质方面的也有精神方面的,而对应于每一种不同的平等诉求,则往往需要与之相关和匹配的平等尺度,这就决定了一个社会所追求的平等,是由多种多样的平等尺度构成的。从分配正义的角度讲,分配指向的多样性"就要求有反映社会物

---

① 〔美〕汤姆·L.彼彻姆:《哲学的伦理学》,雷克勤、郭夏娟、李兰芬、沈钰译,北京:中国社会科学出版社1990年版,第329—330页。
② 波尔的这个说法,参见〔英〕J.R.波尔:《美国平等的历程》,张聚国译,北京:商务印书馆2007年版,第1页。
③ 契约论是其中之一,追求一个人人都认可的契约解决办法。但人的需要和追求各不相同,除非对个人的本性施加压制,否则追求全体一致同意就像在解一道无解的方程,这就是卢梭等契约论者苦苦追求某种形式的全体一致同意而不得的原因。既要尊重人、尊重个体、尊重个体相互冲突的需要,又要找到全体一致同意,构成了契约论者难以突破的困境。
④ 阿玛蒂亚·森在论及平等诉求的评价域的多样性时,表达了类似的观点。参见〔印度〕阿玛蒂亚·森:《论经济不平等/不平等之再考察》,王利文、于占杰译,北京:社会科学文献出版社2006年版,第244页。

品多样性的各种分配标准"①,因为"从来不存在一个适用于所有分配的单一标准或一套相互联系的标准",而且这些多样性的标准往往并"不那么和谐地共存"②。

以往的平等理论没有对平等现实指向的多样性给予足够的关注。因为平等指向的多样性没有得到应有的阐述,一个社会需要的平等尺度的多样性也未被深刻认识到。在多种多样的平等尺度中,有一些得到了社会的广泛认可,形成了普遍共识;有一些则依然歧见纷呈,莫衷一是。

对于某种特定的平等诉求,究竟哪一种平等尺度是与之相关的和匹配的,往往与特定平等诉求的应得相关,是一个复杂且难以有标准答案的问题。比如财富和收入是平等诉求的一个十分重要的标的,但财富和收入往往不是凭空形成的,需要多种生产要素的投入。但每一种生产要素对于财富和收入的贡献是多少,是一个十分复杂而且难以准确回答的问题。也就是说,社会价值的形成往往无法按照各种应得标准进行穷尽且互斥的归因,由于各种生产要素过于紧密地纠缠在一起,无法做出适用于解决伦理决策的切割,平等指向与平等尺度的相关和匹配问题注定是富于争议的。

在当代所有的平等诉求中,财富和收入分配成为社会关注的一大焦点,因为当代社会的消费主义特征,财富和收入成为社会结构的支配性要素。对于分配正义中的平等尺度涉及的一些复杂理论问题,本书将单设一章进行阐述。

三、形式平等 ③

在人类思想史上,平等是一个富于争议的概念。人们试图找到这一概念的硬核,但却发现并没有"纯粹的平等"或者本体论意义上的"平等自身"

---

① 〔美〕迈克尔·沃尔泽:《正义诸领域:为多元主义与平等一辩》,褚松燕译,南京:译林出版社2002年版,第18页。
② 同上书,第2—3页。
③ 本节和下一节的部分观点已经公开发表。参阅王元亮:《论形式平等与实质平等》,《科学社会主义》2013年第2期。

这种东西。① 如果一定要给平等下定义或一定要找到平等概念,那么最终得到的只能是"在某方面相同对待"的纯粹形式的定义。②

人们在寻找平等的根据时发现,没有一个经验范畴的内核为所有的平等观所共有。不同的平等观所共同拥有的,只是一个形式内核,即支持平等的形式原则。各种各样的平等观都依赖于"相同的人相同对待"的形式原则,这一形式原则可以将万千的平等观提领起来,平等的逻辑最终只能还原到平等的这一形式逻辑和形式原则。③

平等的形式定义,即"在某方面相同对待"。这一定义在平等要求的具体内容(在哪一方面相同对待)上是完全开放的。这一形式定义,因为没有指定"在哪一具体而特定的方面"的相同对待,就仍然没有赋予平等要求以具体内容。在这样抽象的、形式的意义上使用的平等概念,只是平等的形式概念,即形式平等。韦斯坦认为平等只具有躯壳而没有它自己的实质内容④的说法,就是这个意思,作为躯壳的平等,只是平等的纯形式。

因为形式平等自身是"无内容的",正是在这样的意义上,形式平等常常被误认为是虚假的平等,是伪平等。⑤ 正如萨托利曾经指出的,"形式上的"意指"虚假的",是对"形式"这一术语的极不恰当的误用。"形式"是与"实质"相对立的哲学范畴,而"虚假的"与"形式上的"并不是一回事,"虚假的"是指"不存在的",是"虽有许诺但未得到的",但"形式上的"仅仅是与"实质上的"相对而言的。⑥

作为规范性概念的平等要求和平等主张,首先是一种形式平等,体现形式正义,其具体内容即"在哪一具体方面的"相同对待,需要人们赋予它具体含义,做出明确指称。当人们赋予这个概念不同的内容和含义的时候,其所指也就完全不同。一旦人们赋予平等概念以具体内容,平等也就

---

① Louis Pojman, "Theories of Equality: A Critical Analysis," *Behavior and Philosophy*, Vol. 23, No. 2, 1995, p. 1.
② Sanford Lakoff, *Equality in Political Philosophy*, Boston, Ma: Beacon Press, 1968, p. 5.
③ Louis Pojman, "Theories of Equality: A Critical Analysis," *Behavior and Philosophy*, Vol. 23, No. 2, 1995, p. 1.
④ Peter Westen, "The Empty Idea of Equality," *Harvard Law Review*, Vol. 95, 1982, p. 596.
⑤ Louis Pojman, "Theories of Equality: A Critical Analysis," *Behavior and Philosophy*, Vol. 23, No. 2, 1995, p. 4.
⑥ 〔美〕乔万尼·萨托利:《民主新论》,冯克利、阎克文译,上海:上海人民出版社2009年版,第427页。

由抽象概念过渡到具体概念，由形式概念过渡为实质概念，由形式平等变为实质平等。实质平等就是列宁要人们特别关注的"到底是哪一方面的平等"①的意思。

因为形式平等的概念可以很容易地转换成实质平等的概念，而且由于不同的人对于实质平等的具体内容（在哪一具体方面相同对待）会有各种各样的观点，因而就会出现千差万别甚至大相径庭的实质平等观。当人们在表达平等诉求时，可能所指完全不同。在这种情况下，为了避免概念的模糊和混淆，人们在使用平等一词时，要确有所指，因为对于平等这样一个"大词"，仅仅做出宽泛的指称而不说明其具体内容，就很容易造成概念的模糊和混淆。

比如法律面前人人平等，不同的人可能有不同的解释。笔者认为它的字面意义道出了它的基本内涵，即人们面对的是同一部法律，因而意味着人们受同一部法律的管辖，要遵守同样的既定规则，丝毫不意味着该既定规则的公平、正义，也不意味着该规则（实质上，或者在所有方面）对所有人一视同仁。法律面前人人平等指人们都受同样一部法律的管辖，没有人凌驾于该法律之上，也就是没有人享有超越该法律的特权，它反对法外特权，但丝毫不意味着该法律本身不承认和保护特权。

法律面前人人平等这一源自古罗马的观念，主要强调法律适用的平等，并不是指所谓的立法平等或法律中的平等。近代以前的法律中，包含着对特权和等级制的保护，最高掌权者往往作为立法者享有不受法律约束的例外资格。"君臣上下贵贱皆从法"②就很好地道出了"法律面前人人平等"与尊卑贵贱之分的亲和性。法律面前人人平等的确切含义是指人们遵守同样的法律，包括享有该法律规定的一切权利，当然也包括该法律所规定的一切特权，只是人们依法不享有该法律所规定的特权之外的其他特权。比如在英国普通法中，法律面前的平等并未包含英国的国王与臣民之间在身份地位方面的平等，并未消除王室特权，君主与贵族在政治上的特权通过法律和惯例得以保留。

有观点认为，英语中的"特权"本是"一个中性词语"，"如果为法律所

---

① 《列宁全集》第39卷，北京：人民出版社1986年版，第424页。
② 《管子》，房玄龄注，上海：上海古籍出版社2015年版，第314页。

确认并且在目的上服务于公益,则这种特权为正当性特权"①。朱福惠认为,"无论是从法治的角度还是从自由的角度来论证平等权,实质上都没有否定特权,因为近代宪法学说所提倡的平等主要是适用法律的平等以及法律的平等保护,只要是在法律上所作之分类没危及适用法律的平等,就不会明显构成歧视"②。即使是激烈反对等级特权的西耶斯(Sieyes)也对特权问题有所保留:"我们决不能把仅仅意味着统治者与被统治者的那种法律上的优越地位,与荒谬空幻的、由特权所造成的优越地位混为一谈。法律上的优越地位是真实的,是必要的。"③西耶斯此处所讲的"法律上的优越地位"实际上就是法律所承认的特权。

法律面前的平等并不是严格的排斥特权,它所排斥的只是法外特权。④特权,严格说来,与法治并不相悖。近代以前的法律本身保护封闭世袭的身份特权;近代以来,随着人们正义观的转变,某些基于道德上偶然因素的封闭特权被认为是不正义的和专断的,不再受到保护。今天的宪法仍然保护特权,不同国家的宪法对此也有不同的规定。其实公民身份本身也是一种特权,"公民"一词自其诞生的时候起,本身就包含着特权的含义,并未与居民相对应。在古希腊雅典城邦,有资格称为公民的人只占城邦居民中的很少一部分,大约十分之一左右。正如波尔所言,公民总是被界定为拥有某些特权的人。⑤ 只是现代公民身份所附带的特权在一个政治共同体内很少是封闭的、世袭的专制特权。

《美国宪法》(第十四修正案第一款)规定:无论何州均不得制定或实施任何剥夺合众国公民的特权或豁免的法律,隐含地承认了"合众国公民的特权"。《中华人民共和国刑法》(第一编第一章第四条)规定,对任何人犯罪,在适用法律上一律平等。不允许任何人有超越法律的特权。其所排除

---

① 参见易卫中:《议会特权研究》,厦门大学博士学位论文,2011 年。转引自朱福惠、胡婧:《现代宪法对法律特权的限制——反优越地位条款之适用》,《第四届海峡两岸公法学论坛论文集》,2013 年,第 81 页。

② 朱福惠、胡婧:《现代宪法对法律特权的限制——反优越地位条款之适用》,《第四届海峡两岸公法学论坛论文集》,2013 年,第 82 页。

③ 〔法〕西耶斯:《论特权·第三等级是什么?》,冯棠译,北京:商务印书馆 1990 年版,第 9 页。

④ 比如写于 643 年的日耳曼成文法《罗撒里敕令》中规定,一个非自由人谋杀一个自由人,要处以死刑,而一个自由人处死一个家仆则仅需赔偿 50 先令,处死一个奴隶只需赔偿 20 先令。

⑤ 〔英〕J. R. 波尔:《美国平等的历程》,张聚国译,北京:商务印书馆 2007 年版,第 41 页。

的,也只是"超越法律的特权"。

可以看出,法律面前人人平等的原则在各个文明形态中都有出现,但它所保障的充其量不过是形式正义。仅仅这一原则本身并不能自动保证每个人的基本权利,只有以某种不可剥夺的权利为背景,法律面前人人平等的原则对人的保护才具有更加可靠的基础。法国作家弗朗斯(France)在谈到那种没有以人人享有的、不可剥夺的权利为基础和保障的法律面前人人平等时讽刺道:"这种法律赋予富者和贫者以平等待遇,竟然一视同仁地禁止他们栖宿于桥梁之下、沿街乞讨并偷窃面包。"①

但人们是否就此可以认定,法律面前人人平等所保障的形式正义毫无实际意义,或者毫无"实质"内容?这是大有疑问的。正如韦伯所指出的,"如果认为像康德伦理学那样的'形式'命题不包含任何实质的指示,这便是一个严重(自然是广泛流布的)误解"②。尽管形式平等无法从自身就其实践中众多可能的具体内涵给出明确指示,但这丝毫不能否认其本身同样具有某种实质内涵。恰如韦伯所言,"法律面前人人平等"所反对的主要是统治者在运用权力时无视规则或不遵从任何规则的任意专断,它与"古老家产制支配所'恩赐'的个人酌处权是格格不入的"③。也就是说,法律面前人人平等至少意味着需要遵守一些"作为规则的法律"。在这个意义上,它限制了任意的"个人酌处权"以及不遵守任何规则的专断。

资产阶级革命后,一些基本的人权被纳入法律体系,使得法律面前人人平等具有了更多的实质内涵。那种认为资本家对于其所雇用的工人的支配关系与奴隶主对于其奴隶或农奴的支配关系之间,或者与地主和农民的支配关系之间没有实质差别的观点,是根本错误的。资本主义社会的支配关系中对于人身的约束或专制色彩要弱得多。类似地,哈耶克指出,"正是在形式法律意义上的法治,也就是不存在当局指定的某些特定人物的法

---

① 转引自〔英〕弗里德利希·冯·哈耶克:《自由秩序原理》(上),邓正来译,北京:生活·读书·新知三联书店 1997 年版,第 296 页。
② 〔德〕马克斯·韦伯:《社会科学方法论》,韩水法、莫茜译,北京:中央编译出版社 2008 年版,第 150 页。
③ 〔德〕马克斯·韦伯:《经济与社会》第 2 卷,阎克文译,上海:上海人民出版社 2010 年版,第 1119 页。

律上的特权,才能保障在法律面前的平等,才是专制政治的对立物"①。也正是在这样的意义上,马克思说:"法典就是人民自由的圣经。"②

形式平等和形式正义,其实质是按规则办。一个不按照规则治理的社会要么是一个极度混乱的社会,要么是"丛林规则"当道的"强权即真理"的社会,但毫无疑问,必定是一个充满了任意、专断和暴力的社会。按明确的规则来治理,是人类理性的要求,主要体现的是形式正义。从某种意义上讲,任何规则都好于无规则,规则的作用在于防止对同一规则在面临不同对象时任意的和专断的解释,而只能做出符合规则的解释。如果人们认为现行规则不符合正义,那么人们可以尝试修改规则,而不是不要规则和处于毫无规则的混乱中。

形式平等在人类追求平等的历史进程中一直都发挥着十分重要的作用。法律面前人人平等,通常被认为是最典型的形式平等和形式正义,它在人类追求文明、法治和正义的进程中发挥了、发挥着,并将继续发挥巨大的作用。比如汉穆拉比法典,它虽然明确承认并保护奴隶主的权利,但在当时的社会条件下,相对于不按照规则,而由任意和专断统治的社会来讲,无疑是一个重大的进步,明确的规则好于无规则。法律面前人人平等在人类历史进步中的作用主要在于提示人们要遵守明确的(通常应该广而告之的)规则。这样的做法有利于人类理性在实践中的扩展。

比如佃农与地主的契约,从很多方面讲都很难说是平等的。虽然佃农与地主在社会支配结构中的地位不平等,但作为契约的签约方,存在着确实的责任义务关系。在这种情况下,如果出现纠纷,那么法庭按契约处理,就存在法律面前的平等。这种"法律面前的平等"无从保证佃农与地主在社会地位或生存机会方面的平等,实际上,也不能指望"法律面前的平等"承担这样的功能。如果要追求平等的社会地位或者平等的生活机会,人们应该考虑的是修改法律的内容,而这已经超出"法律面前人人平等"的范畴了。

如果要指一部法律的内容本身是平等的,比如它不承认封建等级和特权,则用"平等的法律"或"法律之中人人平等"这样的提法更为妥当。梭伦

---

① 〔英〕哈耶克:《通往奴役之路》,王明毅等译,北京:中国社会科学出版社1997年版,第79页。

② 〔德〕《马克思恩格斯全集》第1卷,北京:人民出版社1956年版,第71页。

在其《政治诗篇》中所说的"我制订法律,无贵无贱,一视同仁,直道而行,人人各得其所",以及中国南宋时期钟相、杨么起义提出的"法分贵贱,非善法;我行法,当等贵贱,均贫富"等,都是强调法律内容本身的平等,使法律的具体内容或者法律本身不分贵贱,也就是中国古代法家所谓的"法不阿贵"①。当代社会追求的平等,除了法律规定的特权之外,通常要求法律的内容本身也要受到平等的制约,要求人与人之间不论阶级、种族、肤色、民族等均适用相同的法律程序,法律的实质内容也不因上述因素的差别而改变,而是同样地适用于每一个人。正像波尔认为的那样,"平等的法律保护终有一天将意味着法律自身必须是平等的法律"②。

单纯形式上的平等并不能确保实质上的平等,这是平等的形式逻辑和形式原则决定的。通常情况下,形式正义和形式原则中并不包含特定价值,而是为不同价值主张的辩论和竞争提供一个共同的言说框架。平等的形式原则只能解决一种平等观的"形式"问题,即一种平等观是否合乎形式逻辑和形式正义的问题,所保障的是"形式平等",而不是"实质平等",即在哪些具体方面相同对待的问题,在这样的意义上,人们完全可以说"形式平等不能保证实质平等"③。

就法律面前人人平等而言,它主要强调法律适用的平等,强调同案同判,强调同样地遵循既定法律,仍然不能保证法律的所有实质内容对每个人都给予平等的对待,仍然做不到完全的实质平等。而要追求实质平等,即法律内容不因道德上偶然和任意的因素而歧视每个人,那么,就要修改那些自身内容并不平等的法律,实行平等的法律,追求法律中的平等。比如清朝的《大清刑律》中,原来有满汉不平等,也保留着奴婢制度。满人犯罪应判处充军、流刑的,可免发遣而改处枷号。在清末修律时,沈家本建议满人汉人实行同罪同罚。《大清刑律》中,官员打死奴婢仅处罚俸,旗人故杀奴婢仅予枷号,沈家本提出了《禁革买卖人口变通旧例议》和《删除奴婢律例议》。在1911年颁布的《钦定大清刑律》中,基本取消了因"官秩""良

---

① 陈奇猷校注:《韩非子新校注》,上海:上海古籍出版社2000年版,第111页。
② 〔英〕J. R. 波尔:《美国平等的历程》,张聚国译,北京:商务印书馆2007年版,第158页。
③ 类似地,罗尔斯谈到了形式正义不能保证实质正义的问题,"鉴于所有人类政治程序的不完善性,不可能存在任何相对于政治正义的程序,也没有任何程序能够决定其实质性的内容,因而我们永远都依赖于我们的实质性正义判断"。参见约翰·罗尔斯:《政治自由主义》,万俊人译,南京:译林出版社2011年版,第397—398页。

贱"等因素而在定罪量刑上的差别。①

虽然形式平等并不能确保实质平等,但如果没有形式上的平等,实质上的平等便无从谈起。形式平等在人类追求平等的进程中发挥着独到的作用,任何忽视形式平等功能和作用的观点,也无法对实质平等的功能和作用做出恰当的评价。任何认为形式平等完全没有实际作用的观点,都是片面的、短视的和缺乏洞见的,不符合人类平等历程的历史和现实。

比如,资产阶级革命宣扬的人人平等,因为不能确保人们在消费资料、社会地位等方面的平等,常常被视为一种掩盖实质不平等的虚假的形式平等。但它相对于近代以前的等级制,无疑是一个巨大的进步。资产阶级的平等废除了封建身份世袭和等级特权,并将其写入宪法,就是以明确的规则否定和消除了长久以来在人类各个主要文明形态中存在的世袭身份特权等级制,它绝不是一种毫无意义的、纯粹虚假的形式平等,而是人类追求平等进程中的一个重要里程碑。一旦将废除世袭的、专横的特权和人人平等的竞争公职的权利写进宪法并付诸实施,它就不再是形式平等,而是转变为固化在法律制度中的实质平等。从这样的意义上讲,近代以来的天赋人权、人人平等、公民平等,并不是没有实质内容的和虚假的形式平等,而是富有重要内涵的实质平等。正如列宁所指出的,"资产阶级的共和制、议会和普选制,所有这一切,从全世界社会发展来看,是一大进步"②。

形式平等虽然有着十分重要的功能,但除非形式平等转变为实质平等,除非在"哪一方面"相同对待上赋予具体内容,否则无法对具体的实践和行动提供确定的指导。③ 一种平等观的提出,要符合平等的形式原则,但仅有形式原则,而不赋予形式原则以具体内容,平等观就无法实施。因而,一切平等主张,为了实践的目的,都必须从形式原则出发,过渡到具体的平等诉求上。这一过渡,是对形式原则的具体化,就是对形式原则的两个方面在实践中进行确认,一是具体的诉求物,二是相对于该诉求物的相同性

---

① 参见柴荣、柴英:《从等级身份到法律平等——以辛亥革命为中心的考察》,《法学研究》2011年第5期。

② 《列宁全集》第37卷,北京:人民出版社1986年版,第74页。其实,对于许多后发现代化国家而言,在由传统社会向现代社会转型和变迁的过程中,确立并完善法治这一初看起来似乎仅是形式平等但实则也包括重要的实质内容的复杂的平等的任务仍然是十分艰巨的,是需要长期艰苦努力才能稳固确立的。

③ H. L. A. Hart, *The Concept of Law*, Oxford: Oxford University Press, 1961, p. 155f.

标准或者说平等尺度。将这两个方面都确认完毕之后,就完成了"对哪一方面相同的人,在什么方面相同对待"的说明和论证,就构成了具体、实质的平等主张和平等诉求。

在对平等形式原则进行具体化时,遇到的一个最大难题就是:对某种特定的平等诉求而言,什么是相对于该项平等诉求的相关和匹配的平等尺度?这是各种实质平等观之间分歧的根本问题,而对于这一问题,形式原则是无能为力的。正如波季曼所言,平等理论的很多困境都与从形式平等到实质平等的过渡有关。[1]

人们在观察和描述平等时,需要注意平等在观念史、制度史和社会史方面的区别。一个社会中的人在特定时代的平等观念与制度中的平等,尤其是写在宪法和法律里的平等,以及一个社会实际的平等状况,是完全不同的概念,不可混淆。一个社会的现代化转型需要时间,无法一蹴而就。现代平等观念要深入人心,并逐渐转化为社会生活方式的一部分,也不是一日之功。比如在 20 世纪初期广袤的中国农村,由于教育不普及以及社会发展极不平衡,最高掌权者虽然由皇帝变成总统,臣民也成为公民,但这并没有给农民的实际生活带来多大变化,在许多地方,传统的宗法制度依然盛行。一个社会中写在宪法和法律里的平等,未必能够完全转化为社会政治经济生活中的活生生的平等,比如种姓制度在印度法律中已经不再被认可,但某些印度农村的社会生活实际上依然由种姓支配。在这种情况下,写在宪法和法律里的平等,会被认为仅仅是"纸面上的平等"[2],而不是实质的平等。

此外,有一种观点在学界仍然颇有市场,这种观点认为形式平等仅仅是一种没有实质内容的形式,是掩盖了实质不平等的"虚假平等"或"伪平等"。恩格斯的著述中也出现过类似的观点,认为"真正的自由和真正的平等只有在共产主义制度下才可能实现"[3]。但"真正的平等"究竟是什么,是从来也没有论述清楚的。然而,平等是一个大词,在人们通常的使用中

---

[1] Louis Pojman, "Theories of Equality: A Critical Analysis," *Behavior and Philosophy*, Vol. 23, No. 2, 1995, p. 2.

[2] 高瑞泉:《论"新青年版"派的"平等"观念》,《华东师范大学学报》(哲学社会科学版) 2005 年第 37 卷第 3 期。

[3] 《马克思恩格斯全集》第 1 卷,北京:人民出版社 1956 年版,第 582 页。

往往是一个集合概念,这一集合概念统摄着多种多样具体的平等的概念。这些具体而多样的平等都是"真正的"而非"虚假的"平等,而且这些平等之间有些是相容的和相互促进的,有些却是相互抵牾的。不存在唯一的"真正的平等",除非意指"在某一方面的相同对待"这一形式概念,否则也不存在本体论意义上的"平等自身"。人类在平等的历程中取得的每一项进展,包括法律面前的平等和公民身份的平等等,都是真正的和实实在在的平等。

四、实质平等

任何平等要求和平等主张都需要"相同的人相同对待"的形式原则提供逻辑上的支撑,从这个意义上来讲,形式平等在人们对平等的理解和伸张中是不可或缺的。但形式平等的不可或缺丝毫不意味着它是充分的和具体的,任何平等观只有走向现实生活并与具体的社会政治诉求结合起来,才能摆脱"空洞的抽象",才能具有实践价值。因此在现实中,人们感兴趣的和追求的平等却往往是具体的和具有实质内容的平等。①

人类在追求平等方面所获得的实质进展往往是通过固化在宪法和法律制度中的权利来实现的。宪法中的平等条款通常以两种情形存在:一是平等原则,二是具体的、明示的平等权。因为不平等的大背景,因而平等原则的实施受到很大的限制,当然,对于这一点人们不经深入思考难以获得清楚的认识。宪法在保障平等权的同时,无法也不可能否认不平等权,虽

---

① 需要指出的一点是,有一种观点认为,当代政治哲学中通常所说的实质平等,是与纯然的"机会平等"相对的那种确保结果的平等。这种对"实质平等"的理解和使用,在学理上是不恰当的,其原因有三:第一,"机会平等"本身也可以算作一个大词,可以指称多种意涵,除非人们在使用该词时明确其所指,否则,究竟什么是"机会平等",从一开始就是悬而未决的。第二,机会平等的多种意涵之中,往往包含了实质平等。比如公共职位向才能开放的主张,相对于曾经的职位世袭,或者用人中的裙带主义,本身就是一种具有实质意义的在平等方向上的进步,可以被理解为一种"实质平等",尽管结果可能仍然是不平等的,因为人们的才能或禀赋不同。第三,在确立分配正义时,如果要去除那些道德上任意的和偶然的因素的影响,人们会发现,与所谓"纯然的机会平等"相对应的"纯然的自我"空空如也,在分析的意义上,不再有任何构成性要素,纯然的机会平等因此只能沦为一种虚幻的假设。与此相联系,任何与所谓的纯然的"机会平等"相对的那种确保结果的平等,都至少在某种程度上是道德上任意的或偶然的,也就是说,现实社会政治生活中可落实的机会平等,都必然是与实质结果相关的,而与所谓的纯然的机会无关。

然不平等权作为思考和确立平等权的背景往往被人忽视。

平等关切、平等对待的观念,首先体现为形而上学的理想,抽象而不具体。而在不平等的大背景下,平等只有细化和具体化之后才能成为具体的、能够落实的平等,也就是实质的平等。否则,平等就只能体现为原则,摆脱不了空洞、抽象和泛化。可以说,平等权能够具体和细化到什么程度,决定着人们对实质平等的理解和实践的程度。

早期的平等理论主要关注抽象的和形式的平等,比如法律面前人人平等。近代以来的平等要求和平等主张逐步走向具体化和实质化。人们的法律平等地位,通过宪法中公民享有的具体权利保障而得到巩固和加强。比如美国宪法修正案保护公民免受无理的搜查,任何人在刑事案件中不得被迫自证其罪,不经正当程序任何人的生命、自由和财产权利不得被剥夺。[1]

除了在宪法上确立了平等的公民身份,很多西方国家还逐步实现了没有财产等资格限制的政治选举权和被选举权,并进而取消了由性别、种族等以自然血缘特征为基础的歧视,确立了男女平等、种族平等,等等。所有这些,都极大地丰富了平等的内涵,巩固和扩大了实质平等的社会和政治基础。

在当代,人们的平等要求和平等主张进一步深化和多样化,机会平等、教育平等、社会基本保障的平等等具体的平等要求,逐步得到广泛认可并成为社会政治生活的主要议题之一。这在美国第二次世界大战以来历次大选有关减税还是增税、减少还是扩大社会福利开支的激烈辩论中,在欧洲主要国家有关福利政策的辩论中,在其他国家包括中国有关收入分配和公平正义的关注和辩论中,都有广泛的体现。这些广泛而激烈的辩论,使人们对平等的认识更为多样、丰富和具体。

人们的平等观念不是静止不变的,不存在适用于一个简单而静态的社会的永恒的平等观念,人们平等诉求的具体内容往往随着社会政治经济生活的变化而不断发展变化。波尔指出,"平等的观念曾被一再重新解释以满足许多不同的需要和偶然情况",而至于何种具体的平等观念能够胜出,取决于各方对平等的理解和博弈。"在特定的情况下得到赞同的那种平等,总是社会选择的结果"[2]。

---

[1] 〔英〕J. R. 波尔:《美国平等的历程》,张聚国译,北京:商务印书馆2007年版,第60页。
[2] 同上书,第435页。

不论是"法律面前的平等",还是"法律的平等保护",其含义向来都是模糊的,其所可能涉及的平等的实质内容,都有待具体的界定,而类似的界定通常反映的是民意的变化、时代精神和政治决断。

比如在 1896 年的"普莱西诉弗格森案"(Plessy v. Ferguson)中,美国最高法院裁决认为,"隔离但平等"只是对白人和黑人之间的肤色做出区分,并不构成不平等,也不构成对黑人的歧视,并不违反宪法第十三和第十四修正案,由此确认了种族隔离政策的合法性。① 然而,到了 1954 年,在"布朗诉托皮卡教育委员会案"(Brown v. Board of Education of Topeka)中,美国最高法院判决隔离教育违反了第十四修正案的"同等保护权",是违宪的,因为"隔离的教育设施从本质上说是不平等的"。自此,"隔离但平等"的法律原则不再适用。②

不同实质平等观之间的激烈辩论,使人们清晰地认识到,实质平等的伸张有它的局限,不太可能存在令所有人都满意的平等方案。为此,人们对实质平等的要求应该有所节制。

首先,平等的形式逻辑已经表明,任何的实质平等要求都可能被提出,每一种平等要求都极易被伸张到极致。而且平等观念的形式要素使得作为规范性概念的平等具有内在的、强烈的价值普遍主义冲动,具有与生俱来的扩张性。萨托利不无担忧地告诫人们,"其他种种努力都可能达到一个饱和点,但是追求平等的历程似乎没有终点","如果说存在着一个使人踏上无尽历程的理想,那就是平等"。而且一种平等实现了,原先处于潜伏状态的或休眠状态的其他平等诉求就会苏醒,进入平等主义者的视野,成为新的具有社会变革意义的抗议性诉求。③

其次,当平等被用来作为社会政治秩序的理想蓝图和作为现实政治的行动纲领时,不同的平等要求往往会陷入相互冲突,变得错综复杂,如果人们相互间不节制自己的平等要求,不照顾彼此的关切,并意识到不同且相互抵牾的平等诉求之间最终需要达成政治妥协,就容易导致社会冲突和不

---

① 转引自〔英〕J. R. 波尔:《美国平等的历程》,张聚国译,北京:商务印书馆 2007 年版,第 227 页。
② 转引自上书,第 300—301 页。
③ 〔美〕乔万尼·萨托利:《民主新论》,冯克利、阎克文译,上海:上海人民出版社 2009 年版,第 370—371 页。

稳定。在这个意义上,任何将平等许诺为人类理想境界的人,不仅是幼稚的,而且是危险的。

最后,正义的形式原则即"相同的人相同对待、不同的人不同对待"的原则,意味着正义是既包含平等也包含不平等的复合理论,正义既包括相同对待,也包括不同对待。卢梭早就意识到了这一点,他认为,一种最高的智慧,就是"把一个国家里的平等和不平等以最接近自然法则并最有利于社会的方式加以适当的调和,从而既能维护公共秩序又能保障个人幸福"①。由于平等与不平等处于一个充满内在张力的反题结构中,任何将平等价值绝对化的做法都是行不通的。平等与不平等之间以及不同的平等之间的妥协是必要的,真正有意义的平等论辩,无不涉及平等与不平等之间、不同的平等诉求之间以及平等与其他价值之间的审慎权衡。

实质平等,不可能是完全的平等或彻底的平等。中国古代思想家早就清楚地阐述了这样的观点。"惟齐非齐,有伦有要"②,就是说,实质平等只能是在某一方面的"齐",也必然意味着在另外一些方面的"不齐",不可能在所有方面都"齐"。

在现实社会中,每个人都有自己朴素的或直觉的实质平等观,并据此提出自己具体的平等主张和平等要求。其中,有些平等主张和平等要求,要么因为其前提假设不为人接受,要么因为其论证不合逻辑,要么因为其要求不具有现实性,不具有真正的说服力。这样的平等观,即使未被淘汰掉,也不会成为平等论辩的核心与焦点。即使如此,仍然不乏这样的一些实质平等观,它们能够自圆其说,不仅前提假设大致可以接受,而且论证符合形式正义原则,其具体的诉求也能够在某些特定的人群中产生共鸣和影响力。

能够自圆其说的实质平等观多种多样,而且常常相互抵牾,它们内含的平等要求也往往相互冲突。这些不同的实质平等观之间的冲突和抵牾,无法在理论层面获得清晰一致的学术裁决。对于这种情况,学界能够提供的,不外乎对这些实质平等观进行可能的经验性阐述,比较和说明不同观点及其相应政策可能的长处和短处、可能带来的益处以及可能存在的弊

---

① 〔法〕卢梭:《论人类不平等的起源和基础》,李常山译,北京:商务印书馆1962年版,第50页。

② 《尚书·吕刑》。参见顾迁注译:《尚书》,郑州:中州古籍出版社2010年版,第287页。

端，然后交由社会公众，在自己的良知或利益指导下进行价值判断，或交由决策者做出最终决策并承担决策责任。

对于有关平等的不同政策之间的分歧，一个诚实和具有学术素养的学者所能够做的大概也就只能如此了；一旦超出这一步，他便是在表明自己对于不同政策选项的个人偏好和价值判断，而这已经与学者的本分无关了。如果他竟然跨出这一步，并宣称自己有关平等政策的选择偏好是唯一正确的，那么这种做法，就像韦伯所认为的：要么是出于学术的浅薄，在有意无意地充当冒牌的先知；要么是道德上不够诚实，意图扮演有别于学者身份的煽动家的角色。对于僭越自己学术本分的学者及其做法，人们或出于自己特殊的政策偏好，或出于特定的激情和利益，或出于对于学者的轻信，往往不够警惕。

五、法律与平等

平等思想的一个重要来源和参考即是法学，尤其是同案同判。法学理论的核心是规则及其适用问题，因而在探讨平等时，考察法学界关于平等原则和平等权利的争论，是一个极好的视角，也是一个极好的补充，对于说明平等概念极有助益。

法律不仅和平等密切关联，与不平等也不可分割，这可以从三个方面做出解释。

第一，所有平等观念中最持久、最深入人心的力量，体现在以"同案同判"为主要内涵的"法律面前人人平等"的理念中，法律面前的平等被认为是诸多平等中最基本的和最重要的平等。同案同判，被认为是法律的基本原则，也是审判正义的基本原则，而"同案同判"与"法律面前的平等"内涵十分接近。

第二，"法律面前的平等"意味着"同案同判"这一点，是显而易见的；但"法律面前的平等"必然同时意味着"不同案，不同判"，对于这一点，人们往往没有清楚地意识到。法律通常被认为是管理正义的，而正义不仅意味着平等，也意味着不平等，正义是平等与不平等的复合。人们一想到正义，往往首先会与平等联系起来，似乎平等是正义的唯一真谛，尤其是在惩罚正义方面,正义被认为是罪与罚的相称或平等,这一点往往由正义女神手中的天平来象征。但不应忘记,惩罚正义不仅意味着"同罪同罚",也必然意味着"异罪异罚"。在分配正义方面,正义是平等对待与差别对待的审慎权衡。

第三,一个社会在追求平等的历程中所取得的进步,往往需要通过固化在宪法和法律中的权利来体现。博登海默(Bodenheimer)说,"自有文字记载的历史以来,所有重大的社会斗争和改革运动都是高举正义大旗反对实在法中某些被认为需要纠正的不平等规定的"[1]。但也要同时看到,法律学说和法律条款倾向于维护现状,当然也就会维护既定现状中的不平等。[2]

法治是一个社会现代化转型的重要目标,人们对社会政治事务的管理越来越依赖于以法律为代表的明确的制度和规则,这一点已经成为普遍共识。但诸如平等在宪法和法律制度中究竟发挥什么作用,平等究竟是法律原则还是法律权利等问题,则存在诸多争议。前文对平等的价值定位以及正义与平等、不平等的关系所做的阐明,为平息这些争议做了必要的准备。

(一)平等原则

平等能否作为法律的原则,这是一个颇具争议的问题。

平等不是法律的普遍原则。如果说法律是维护和管理正义的,那么平等只是法律原则的一部分或者只是法律这枚硬币的一面,因为法律在保障某些平等的同时,也会同时保障某些不平等。审判正义的形式原则就是"同案同判,不同案不同判",或者"相同情况相同对待,不同情况不同对待"。也就是说,正义在要求相同对待即平等的同时,也要求差别对待即不平等。德尚认为,相较于过于简化的和模糊的平等而言,"不平等构成了法律的更坚实的和合理的基础"[3]。公平正义的内涵总的来说必然包括两部分,一部分是人与人之间平等对待,另一部分是人们之间的差别对待。这一点,罗尔斯的正义论可以算是一个佐证。

---

[1] 〔美〕E.博登海默:《法理学:法律哲学与法律方法》,邓正来译,北京:中国政法大学出版社2004年版,第316页。

[2] John Baker, et al, *Equality: From Theory to Action*, NY: Palgrave Macmillan, 2004, pp. 121-122.

[3] Desan, "Inequality as Basis of Equality in the Making of Law," *Philosophy Today*, Fall 1976, p. 227.

而如果平等原则是法律的"原则",不平等原则同时也是法律的"原则",那么这样的"原则"还配得上原则的称号吗?如果人们认为原则具有普遍的约束力,不能有例外,那么在这个意义上,平等原则不能作为法律的"普遍"原则。如果人们认为适用于某一部分情况的规则,也可以称为原则,适用于其对立部分的规则同样可以称为原则,那么在后面这种意义上使用的原则一词就不再意味着普遍的约束力,而只有部分的约束力,只能是一种被降格了的原则。

也就是说,如果平等只是正义的一个方面,只具有部分的适用性,而不是全部的适用性,那么平等很难称得上是法律的普遍原则。如果说平等是法律的原则,那么这一原则是以不平等的差别原则作为背景或基础来表达的。也就是说,平等不是法律的普遍原则,而是法律的原则之一;而不平等或差别对待,也是法律或默认或明示的原则之一。如果法律中只有平等,法律也将不成其为法律。一部法律要足够有效,必须针对足够多的情形做出规定,针对不同情况,适用不同的条款,这就必然要求区分对待,虽然区分对待本身极易被不当区分所利用。

法律在追求平等对待的同时,没有也不可能否定不平等的广泛存在。这一点,那些坚持"法律的原则即平等"的人并没有清楚地认识到。正如李念祖指出的,汉语中的"平等"一词,虽可解作"属于同一等第"之意,但并不意味着"毫无等第之分",反而隐含了"等第区别确实存在"的意思。而且法律的基本功能就是建立在区别基础上的人际权利义务关系,可以说,"建立不平等的规则,以区别为能事",是法律所不可避免的。① 但正是这一点,让一些平等主义者颇感失望,"法庭上的不偏不倚和独立掩盖了如下事实:它们不断从事的是政治的而不是技术的判断。它们的统治一般是维持不平等"②。

如果认识不到这一点,就会把平等当作自身即是可欲的价值,认识不到法律所管理的正义不仅承认平等,而且承认不平等即差别对待,有些不平等是正义的和可欲的。这样,在论述平等时就会出现难以自圆其说的逻

---

① 李念祖:《平等条款入宪史谈片》,《第四届海峡两岸公法学论坛论文集》,2013年,第170—179页。

② 〔爱尔兰〕凯瑟琳·林奇:《平等:一个理论与行动框架》,张言亮译,《马克思主义与现实》2011年第4期。

辑矛盾。比如,朱应平虽然富有洞见地认识到了法律的核心原则是"同样情况相同对待和不同情况差别对待",认识到了"平等服从于更高的价值——法律的最终价值——正义",但却没有认识到"同样情况相同对待和不同情况差别对待"是正义的形式原则,正义因此能够统摄平等和不平等,没有认识到正义既认可平等对待,也认可差别对待。他没有认识到"同样情况相同对待"是平等的形式原则,而"不同情况差别对待"则是指平等的反题,即不平等的形式原则。这样就导致他在论述平等权时,出现"平等的一个含义是允许合理差别待遇"以及"实质平等表现为宪法赋予差别待遇以合法地位,允许在某些方面采取不同待遇"等逻辑上违反同一律的情形。他意图用"平等权的相对性"来消除这一前后矛盾,认为"一定条件下"的差别对待是"平等权的相对性"。① 但这一意图是徒劳的,因为将一个概念相对化到能够容纳其反题的程度,那么这个概念将不再具有明确内涵,并丧失其分析功能。

同样地,都玉霞认为"合理的差别对待"是"达致实质平等的一个极其重要的手段",认为"没有合理的差别对待,实质意义上的平等就不可能实现"②。这样的观点显然没有认识到实质平等并不是一个分析上单义的概念,而是一个波普尔所说的"大词",是一个抽象的集合概念,可以被赋予多种多样的内涵。也就是说,存在着多种多样的实质平等,也存在着多种多样的实质不平等,而其中有些实质不平等是正义的和可欲的。所谓"合理的差别对待",也是一种不平等,并不是有些学者所言的"实质意义上的平等",把"合理的差别对待"说成是平等,无异于把不平等说成平等,违反了形式逻辑的同一律和矛盾律。

法国宪法委员会的观点也存在类似的自相矛盾:"一部法律针对不同的情况采取不同的措施处理案件,或者为了公共政策的原因而偏离平等原则,这种做法并不违反平等规则。"③法国宪法委员会显然认识到了"不同情况不同对待"的原则"偏离了平等原则",这是没有问题的。但紧接着又声称"这种做法并不违反平等规则",则大谬不然,这样的观点如果不是不诚

---

① 朱应平:《论平等权的宪法保护》,北京:北京大学出版社2004年版,第12、33—39、78页。
② 都玉霞:《平等权的法律保护研究》,济南:山东大学出版社2011年版,第129页。
③ 转引自朱应平:《论平等权的宪法保护》,北京:北京大学出版社2004年版,第143页。

实的,就是自以为深刻的肤浅,企图通过用另外一个大致相同的词汇做障眼法来逃避形式逻辑同一律的审查,最终只能是徒劳的。

平等不能在严格的意义上作为法律原则,还有一个原因,那就是平等不是终极价值,平等原则也不是终极原则,因为平等与不平等处于一个充满内在张力的反题结构中,如何权衡平等与不平等,不是平等自身能够解决的,而是需要一个在价值序列上更高的价值作为其上诉法庭。而认识不到这一点,就可能把平等的地位片面地拔高,将平等作为"元权利"或"元法律"。比如,朱应平把勒鲁的极端偏执的观点①称为"对平等作为最高法律源泉的深刻揭示",认为"作为元法律的平等高于和先于宪法","平等理想作为元权利高于宪法"②。

虽然平等作为正义的一部分,只适用于部分情况或某些方面,而不是普遍适用的原则,但平等的原则,不论是"同案同判""同罪同判",还是"同样情况同样对待",仍然是高度抽象的,仍然存在着如何在实践中针对具体情况的适用问题。

不为具体权利所支撑的平等,其效力往往十分有限。比如"同案同判"的平等原则,即使在近代以前的罗马法中也是得到认可的。但"罗马人和希腊人的法律观念中并不包含个人权利的意识"③,强调的只是同案同判原则,只保障形式正义、形式平等。前现代社会由于缺乏具体的个人权利的保障,仍然是一种梅因所说的"身份"社会。在这样的社会中,正如韦伯所言,法律所保护的"权利"都是凭借个人在排他性的某个群体中的成员身份而获得的,与此相适应,还存在着保护某些特权的"特别法庭和特别诉讼程序"④。

在这种情况下,"同案同判"甚至"同罪同判"都只具有类似"罪行法定"等非常有限的含义。罪行法定,主要作用是防止定罪和量刑时的擅权和专断。若无罪行法定,就只能接受统治者或法官对于罪行的个人酌处

---

① 即勒鲁的下述观点:"平等是一种神圣的法律,一种先于所有法律的法律,一种派生出各种法律的法律",参见〔法〕皮埃尔·勒鲁:《论平等》,王允道译,北京:商务印书馆1988年版,第21页。本书已经在前文中对勒鲁的这些观点进行了批驳。

② 朱应平:《论平等权的宪法保护》,北京:北京大学出版社2004年版,第117页。

③ Isaiah Berlin, *Four Essays on Liberty*, Oxford: Oxford University Press, 1969, p. 29.

④ 〔德〕马克斯·韦伯:《经济与社会》第2卷,阎克文译,上海:上海人民出版社2010年版,第1017页。

权,而这就难免统治者或法官的任性裁决。也就是说,罪行法定就是用特定的规则,取代司法的任意。

"同案同判""同罪同判"甚至"罪行法定",都不能保证法律本身的平等。比如在近代以前的欧洲社会,同样是杀人,但一个贵族杀死一个奴仆,与一个奴仆杀死一个贵族或一个平民杀死另一个平民,不会被视为同样的罪行,也不会被视为同样的案件。而不论犯法者的等级,相同的犯罪予以相同的刑罚,则是在表达法律本身的平等。考虑到近代以前的法律往往是承认和保护封闭世袭的身份等级特权的,要追求法律本身的平等,就意味着需要修改过去法律中的不公正区分,而使法律本身更趋平等。1795年法国宪法明确规定:"法律对一切人都一视同仁,不管是保护还是惩罚。"这就是在表述法律本身的平等,用"一切人"来排除最高权力者或者封闭的贵族世袭身份等不受法律约束的例外情形。

也就是说,仅仅有平等原则是远远不够的,抽象的平等原则往往华而不实,平等原则只有与具体的内容,也就是可以具体落实的权利结合起来,才会名副其实。正如阿玛蒂亚·森指出的,只有平等的内容得以确定,平等才会成为一种真正有力量的要求。①

(二) 平等权

法律中的平等是不是一种权利,这是一个比较难以回答的问题。泛泛而谈的平等权,与抽象的人权含义接近,如果不落实到具体的权利上,就是空洞的和缺乏实际内涵的。因为平等的形式原则"同案同判""相同情况相同对待"或者"相同的人相同对待"以"相同性"为基础,抽象程度非常高且高度形式化,因而也就比较空洞,远远不是具体的可操作、可落实的权利。只有将平等原则具体化,即明确"在哪一方面相同的人在哪一方面相同对待"时,平等原则才能落实为具体的权利。也就是说,不存在独立的或本体论意义上的"平等权",只有具体化的平等权利。或者说,平等权是一种需要具体落实才能成为权利的权利;抽象地谈论平等权,缺乏实际意义。

宪法中对于平等的抽象表述,在具体解释上总是引起各种各样的争议,这从涉及美国宪法第十四修正案中有关平等保护条款的众多争议案件

---

① 〔印度〕阿玛蒂亚·森:《论经济不平等/不平等之再考察》,王利文、于占杰译,北京:社会科学文献出版社2006年版,第244页。

中,可见一斑。正如有学者指出的,"平等的性质具有依附性,在没有其他权利作为对象的情况下,根本无法独立地主张平等权",历史上有关"平等权"的称谓,已逐步为"人权"所取代。①

平等的形式原则如果不具体适用,就仍然停留在抽象的层面,徒具形式而没有实质内容,仍然停留在一般性的、概括性的权利上。而法律的一般条款中所规定的往往是抽象、含糊和空洞的权利。抽象的"平等权"只有具体化,只有落实为具体的某种权利,才变为实质的法律权利。比如美国宪法第十四修正案规定,"不经正当法律程序,不得剥夺任何人的生命、自由或财产;对于在其管辖下的任何人,亦不得拒绝给予平等法律保护"。这一条款常常被作为对于全体公民的"平等保护"条款,但在具体执行中,会遇到很多争议。援引这一条款的很多案例最终只好一路打到美国联邦最高法院,而且最高法院在面对涉及第十四修正案的具体案件时,往往面临深刻分歧,从而常常出现微弱多数的裁决。比如,美国最高法院 2015 年支持同性婚姻的裁决是以 5∶4 的微弱多数通过的。

如果人们把平等看作法律权利,那么就必须认识到,不平等是虽未明言却同等重要的权利。而且平等只有作为被具体明示的权利,才有意义;在没有明示的地方,不平等的权利就是得到认可的。比如在雇佣制度中,虽然对性别、相貌等的资格要求往往被视为就业方面的歧视而被禁止,但对学历和专业资格等方面的要求基本都是认可的。

如果人们只是抽象地言说法律上的平等权,则不仅容易导致歧义,而且在逻辑上是矛盾的,因为不平等往往是虽未明示但作为大背景有效的权利。虽然大多数国家的宪法并没有将不平等(差别对待)的权利进行明示,但也有个别宪法明确提及了这一点,比如爱尔兰宪法第 40 条第 1 款在规定"全体公民作为人在法律面前一律平等"的同时,明确指出:"这并不意味着,国家在其法律规章中对能力、身体、品德以及社会职能的差别不予适当考虑。"从法律管理正义的角度来说,正义本身就要求"相同情况相同对待,不同情况不同对待",本身就要求不平等,世界上没有任何一个国家的法律是只承认平等权利而拒绝不平等权利的。正如有学者指出的,"法律本身

---

① 赖早兴:《论平等在刑法中的地位》,《法制与社会发展》2006 年第 2 期。参见焦洪昌:《关于"公民在法律面前一律平等"的再认识》,《中国法学》2002 年第 6 期。

就可能'不平等',因为绝大多数法律都涉及'立法归类'"①,并因而要求同类情况相同对待、不同类别的情况差别对待。

比如,平等的受教育权常常被认为是一种平等权。但教育是政府应该提供的公共物品或福利吗?更多更好的教育对每一个人而言都是可欲的吗?这一问题不仅涉及每个人对待学习的态度和学习积极性,还涉及因材施教以及优质教育资源的稀缺等问题,相当复杂。正如本书已经谈到的,过多的教育对一个儿童或家庭而言,未必可欲,而且现代社会高度专业化的分工需要人们进行差别化的教育,所以平等的受教育权不是指为所有人提供同样的教育。②正如斯坎伦指出的,政府所能做的至多不过是提供一个人愿意且有资格受到的教育。③

---

① 焦洪昌:《关于"公民在法律面前一律平等"的再认识》,《中国法学》2002 年第 6 期。
② 参考本书第一章第四节有关"平等的受教育权"的论述。
③ 〔美〕托马斯·斯坎伦:《平等何时变得重要?》,陈真译,《学术月刊》2006 年第 1 期。

第五章　分配正义的平等尺度

人类需求无限性与资源有限性约束之间的矛盾以及由这种矛盾带来的人类个体与群体之间对稀缺资源的竞争，对理解平等和正义理论所侧重的分配问题是十分重要的。从这一矛盾以及由这一矛盾所带来的竞争出发，方能更好地理解为什么罗尔斯的正义理论所阐述的其实就是分配正义。因为如果把人的权利和义务也理解为待分配的对象，那么权利和义务就可以纳入分配范畴，分配正义也就成了与正义本身等价的概念。

彼彻姆将平等和分配正义的核心问题表述为"正义的现实原则"[①]问题，就是确定分配正义的平等尺度，以便稀缺的资源和有限的社会价值在社会成员间做出分配。人们有关平等和分配正义的争论大都可以转换为有关分配正义中平等尺度的争论。

作为规范性主张的平等，其具体诉求是多种多样的。平等诉求既有物质方面的，也有精神方面的，而对应于每一种不同的平等诉求，则往往需要不同的平等尺度与之匹配。恰如米勒认为的，"平等社会必须是这样的社会，它承认许多不同的好处——金钱、权力、地位、教育，等等——它确保这些好处的每一种都要根据自身恰当的标准来分配"[②]。

平等诉求的多样性往往意味着平等尺度的多样性，因为不同的平等诉求需要由不同的平等尺度来裁定。[③] 这里包含了三个可能的疑难问题：第

[①] 〔美〕汤姆·L. 彼彻姆：《哲学的伦理学》，雷克勤、郭夏娟、李兰芬、沈钰译，北京：中国社会科学出版社1990年版，第340页。

[②] David Miller, "Complex Equality," in David Miller and Michael Walzer eds., *Pluralism, Justice, and Equality*, Oxford: Oxford Univesity Press, 1995, p. 203.

[③] 类似地，奥斯特罗姆（Ostrom）通过对三个日本村庄公共事务决策权的研究发现，政治权利的基础是多种多样的。"政治权利的基础在各个村庄各不相同。有的基于土地耕作权，有的基于付税义务，有的基于土地所有权。"而"在有些村庄，几乎所有家庭都享有政治权利和使用公地的权利。"也就是说，即使是对于同样的政治权利，分配尺度也没有一定之规。参见〔美〕埃莉诺·奥斯特罗姆：《公共事务的治理之道：集体行动制度的演进》，余逊达、陈旭东译，上海：上海译文出版社2012年版，第78页。

一,对于某种特定的平等诉求,究竟哪一种平等尺度是与之相关的和匹配的?第二,对于特定的平等诉求,是否存在单一的、充分的和完备的平等尺度?第三,对于某种特定的平等诉求,如果不存在单一的同时又是充分的和完备的平等尺度,就可能存在数个不同的平等尺度,这时,一个社会应该如何协调不同的平等尺度或找到综合的评价尺度?这些问题涉及平等的形式原则在实践中的应用,是平等理论中最棘手的问题。

究竟哪一种平等尺度是与特定的平等诉求相关的和匹配的呢?这是平等和分配正义理论的一个难点。威廉姆斯认为,相关和匹配的尺度是特定物品的"本质",而对于什么是特定物品的本质,注定是歧见纷呈的。有的观点认为,相关和匹配的尺度是特定物品的"社会意义",但对于特定物品的社会意义不仅存在着不同的理解,往往也是变动不居的。正如沃尔泽指出的,"分配体系的社会意义"具有"多重性和真正的复杂性"[①]。

现代社会人们的平等诉求多种多样,有纯粹荣誉感的,比如体育比赛优胜奖、道德模范荣誉称号、终身职业成就等;有涉及社会包容和相互尊重的,比如不进行性别、种族、肤色、年龄、地域、性取向、特定的服装或饮食习惯等方面歧视;有涉及教育成长和职业前景的,比如享受优质教育资源的机会、获取公共职位的机会;有涉及人的基本社会保障的,比如基本的医疗、养老保障和失业救济等;当然,人们关注最多的,还是物质财富和收入分配。

对于上述各种各样的诉求的平等尺度,有一些得到了社会的广泛认可,形成了普遍共识,有一些则依然歧见纷呈,莫衷一是。对于体育方面的荣誉应该授予何人和如何授予,人们有普遍认可的各种各样的比赛和颁奖规则可供遵循。在人们对于不同生活方式的社会尊重方面,现代社会正变得越来越包容,公开的歧视性对待越来越少。在立宪民主制度中,最重要政治职位的获取是候选人通过选举过程赢得选民支持的结果,选民则主要关注候选人的施政方针、施政能力、德行等。对于教育成长和职业前景问题,现代社会的人们基本上接受了优胜劣汰、择优录取、不任人唯亲等原则。但对于什么可以作为财富和收入的平等尺度,则存在深刻分歧。

在当代社会所有的平等诉求中,物质财富和收入分配成为社会关注的

[①] 〔美〕迈克尔·沃尔泽:《正义诸领域:为多元主义与平等一辩》,褚松燕译,南京:译林出版社2002年版,第14页。

一大焦点,因为在现代社会,财富和收入是当今社会的支配性力量,财富和收入的分配关系到每一个人的切身利益。什么应该作为物质财富和收入分配的平等尺度,是分配正义的核心问题。

分配正义中的平等尺度与应得问题高度相关,尤其是就财富和收入的分配而言,因为财富和收入往往不是凭空形成的,需要多种生产要素的投入,尤其是劳动者辛勤的体力和脑力付出。也就是说,与财富和收入分配相关和匹配的平等尺度,通常指某一种要素在社会财富和社会价值的形成过程中发挥了作用,做出了贡献,从而构成了对该社会价值提出诉求的应得基础。这也就意味着,就财富和收入分配来说,"在哪一方面相同的人"这一形式原则中的分类标准问题,就转换成了对社会价值进行分配的平等尺度或应得基础问题。但每一种生产要素对于财富和收入的贡献究竟是多少,是一个十分复杂而且没有标准答案的问题,因为社会价值的形成往往无法按照各种要素的贡献进行穷尽且互斥的归因,何者可以作为财富和收入分配的平等尺度或应得基础,注定是富于争议的。应得、道德应得、社会资格权利等作为分配正义中平等尺度的观点都曾被伸张,但却没有一种观点能够彻底化解分配正义尺度的分歧。

一、应　得

最早提出"应得"观念的是亚里士多德,他认为,"分配的公正要基于某种配得"①。他将"应得"或"配得"作为分配正义的尺度,认为"正义的分配"就是将"恰当价值的事物授予相应收受的人"②。将社会价值按应得或配得分配给每个人,在亚里士多德看来就是正义的和公正的,否则就是不公正的。

他在提出将应得作为分配正义尺度的同时,认识到不同的人对于何者构成应得,看法并不一致。即使人们都认可将应得或配得作为分配正义的尺度,这也丝毫不意味着每个人关于应得的看法是一致的,这只是把分配正义尺度的问题转换成了何者可以作为应得的问题。他以政治权利的分

---

① 〔古希腊〕亚里士多德:《政治学》,吴寿彭译,北京:商务印书馆1965年版,第135页。
② 同上书,第139页。

配为例,认为有些人捷足,另一些人滞缓,这不能成为增减政治权利的理由,因为"捷足这一优点应当在运动比赛中领取他的奖赏",而政治权利的分配必须以政治权利的配得,即对于构成城邦各要素的贡献的大小为依据。①

在这里,他认为,对于政治权利的分配而言,"构成城邦各要素的贡献"能够作为应得。但什么是构成城邦的各要素呢?他认为,门望、自由身份、财富、正义的品德和军人的勇毅等对于构成城邦来讲是不可或缺的,是构成城邦的要素,因此可以作为分配职司的依据。但他同时认识到构成城邦的要素不止一种,而各人根据各自的贡献,都可能提出自己在政治上的要求,比如富人依据他们拥有的较大的土地,贵族依据门望,而有品德的人依据自己的品德,或者多数依据他们的多数地位,都可能提出自己的要求,那么治权如何分配的问题就还是一个争执不已的问题。②

要解决这一问题,需要将各种可能的作为分配正义尺度的应得综合起来,形成一种综合的分配尺度。在将各种不同的应得进行综合时,必然面临一个难题,即这些不同的应得之间往往是异质性的和不可公度的。以亚里士多德谈到的城邦构成要素为例,门望、自由身份、财富、正义的品德和军人的勇毅等都是构成城邦的要素,那么如何将这些要素综合成一种分配尺度呢?

可以确知的是,这些要素各不相同且难以公度,而阿罗(Arrow)不可能性定理已经表明,即使在民主制度下,对于众多社会成员的各不相同的偏好,也不可能选出令所有人都满意的结果。"如果我们排除了人际效用的可比性,而且在一个相当广的范围内对任何个人偏好排序集合都有定义,那么把个人偏好总和为社会偏好的最理想的方法,要么是强加的,要么是独裁的。"③如何把各种异质性的和不可公度的标准或尺度综合起来,边沁式"最大多数人的最大幸福"之类的功利主义立法企图也毫无用处,因为其前提是每个人的幸福、快乐、痛苦等都可以化约为可公度的"效用"(utility)。

就一个社会分配正义的平等尺度而言,人们出于各自不同的偏好以及

---

① 〔古希腊〕亚里士多德:《政治学》,吴寿彭译,北京:商务印书馆1965年版,第154页。
② 同上书,第154—155页。
③ K. J. Arrow, *Social Choice and Individual Values*, CT: Yale University Press, 1963, p. 59.

相互冲突的利益,不可能达成满足所有人要求的选择。不论做出何种选择,都难免主观和独断,都难免对于一部分人而言的强制。

亚里士多德大概是有意无意地认识到了这一疑难,提出了方法论意义上的本质主义目的论解决思路。他观察到,民主制依据的是自由身份或人身平等,寡头制依据的是财富(有时也依据高贵的出身),而贵族制依据德性。[①] 他认为各方的观点都失之偏颇,因为"各人各照自己的利益进行论断",而"疏忽了真正的要点",即"城邦所由存在的目的"[②],也就是善业、善德以及优良的生活。[③]

循着这样的理路,他把分配正义尺度的问题转换成了城邦和共同体的"目的"问题,形成了他的"目的论"论证。

亚里士多德把分配正义尺度的问题转换成城邦或共同体的目的问题,并没有因此化解人们之间关于分配正义中平等尺度的分歧,因为"目的"本身是形而上的,而不同的人对于"共同体的目的究竟是什么"这样的问题,有不同的解答,存在着分歧。这样的分歧是关于"目的"的分歧,对于这样的分歧,没有客观、独立的标准据以裁决真伪、优劣,必然陷入本质主义的"诸神之争"。

将应得作为分配正义的平等尺度是古已有之且至今不衰的观念,比如古罗马法学家乌尔比安(Ulpianus)认为,"正义是给予每个人应得的部分的这种坚定而恒久的愿望"[④],19世纪英国思想家穆勒认为,"人们公认每个人得到他应得的东西为公道,也公认每个人得到他不应得的福利或遭受他不应得的祸害为不公道"[⑤],"坚持给予每个人应得之物的原则……不但是我们业已界定的正义理念中不可分割的一部分,而且是正义感指向的正确

---

① 〔古希腊〕亚里士多德:《尼各马可伦理学》,廖申白译注,北京:商务印书馆2003年版,第135页。
② 〔古希腊〕亚里士多德:《政治学》,吴寿彭译,北京:商务印书馆1965年版,第140—141页。
③ 同上书,第3、133、140—144页。
④ 〔古罗马〕查士丁尼:《法学总论——法学阶梯》,张企泰译,北京:商务印书馆1984年版,第73页。
⑤ 〔英〕约翰·穆勒:《功用主义》,唐钺译,北京:商务印书馆1957年版,第48页。对穆勒的另一种常见的译法是"密尔",对功用主义(utilitarianism)的另一个常见译法是"功利主义",也有人建议译为"效用主义",因为经济学上对utility的最常见的译法是"效用"。

目标"①。当代美国法学家博登海默认为,正义是"一种习惯,依据这种习惯,一个人以一种永恒不变的意愿使每个人获得其应得的东西"②。麦金太尔(Macintyre)亦如是说,"正义是给每个人——包括给予者本人——应得的本分"③。

上述这些观点无一不把分配正义与应得联系起来,说明了应得观念的持久生命力,在某种意义上,应得就是分配正义领域的应然。问题在于,即使人们都同意将应得作为分配正义的平等尺度,这对化解分配正义尺度方面的分歧并没有带来多大助益,因为这只是将分配正义平等尺度的分歧转化成了关于"什么是应得"的分歧。而关于什么构成了应得的问题,也是一个长期以来一直存在深刻分歧的问题。应得不是一个易于在实践中操作化的观念。正如沃尔泽清楚地认识到的,虽然"应得是一个强有力的主张",但"只有在非常特殊的条件下,它才能产生具体明确的分配"④。

二、道德应得

"道德应得"(moral desert)的观念可以追溯到康德,他将传统中的应得观念与他关于道德主体的自由意志、自主选择以及相应责任等联系起来,提出了"道德应得"的观念。

康德的道德应得观念的魅力,甚至其整个道德伦理学的魅力,与近代以来伦理学的人本主义尤其是个体主义转向有重大关联。近代以来,随着自然科学的兴起,宗教神学的基础受到削弱,伦理学的神学根茎日渐枯萎,代之以人的意志与自主选择。人们在论证应然时,不再诉诸神启或神决,而是诉诸人的自主选择及其相应的伦理责任。反映在人们伦理态度的嬗

---

① 〔英〕约翰·斯图亚特·穆勒:《功利主义》,叶建新译,北京:九州出版社2007年版,第141页。
② 〔美〕E.博登海默:《法理学:法律哲学与法律方法》,邓正来译,北京:华夏出版社1987年版,第253页。
③ 〔美〕阿拉斯戴尔·麦金太尔:《谁之正义?何种合理性?》,万俊人、吴海针、王今一译,北京:当代中国出版社1996年版,第56页。
④ 〔美〕迈克尔·沃尔泽:《正义诸领域:为多元主义与平等一辩》,褚松燕译,南京:译林出版社2002年版,第30页。

变上,正如科林斯(Collins)指出的,虽然中世纪的人们认为"只有继承来的地位才是体面的",但遵奉新教伦理的美国清教徒看重的却是"自我奋斗的成就"①。"无论属于哪个教派,为人父母者都会向自己的孩子灌输追求成就的意识,要他们勤奋工作以获取体面的地位。"②

罗尔斯发展了康德有关道德应得的理念,他认为,将康德的道德应得观念应用于分配正义领域,就是在确定分配正义的依据时排除那些道德上偶然的和任意的因素的影响,从而将社会价值按道德应得进行分配。这个主张是非常诱人的,如果成功,将能使分配完全按照道德应得进行,使分配的结果完全彻底地反映行为主体的道德责任。

在分配正义中贯彻道德应得观念的想法是极具诱惑力的,面对相互冲突的分配正义要求,如果能找到一个理想的分配正义的平等尺度,将分配结果与个人的抉择及其相应的道德伦理后果匹配起来,从而对互竞的分配要求做出清晰、一致的裁决,当然是理想的,但理想不等于现实,这样的尺度并不存在。在现实生活中,当人们试图在分配正义领域贯彻道德应得观念时,却发现迄今为止任何单一的备选尺度,要么因为不符合道德应得的要求,要么因为在实践中无法进行准确的测量,并且不够充分和完备,均不能够在实践中得到清晰、一致的贯彻。

就什么可以充当符合道德应得要求的分配正义的平等尺度问题,学者们进行了广泛的思考和探究,能力、贡献、努力、劳动等作为平等尺度的观点,都曾经被提出。

(一) 能力

能力作为稀缺职位和荣誉的胜任资格条件从而充当分配尺度的主张和做法,由来已久。

柏拉图最早提出将天赋能力作为应得尺度的观点。他以政治职位的分配为例,主张"每个人必须在国家里执行一种最适合他天性的职务"③,"全体公民无例外地,每个人天赋适合做什么,应派给他什么任务,以便大

---

① 〔德〕马克斯·韦伯:《新教伦理与资本主义精神》,阎克文译,上海:上海人民出版社2010年版,第65、336页。
② 同上书,第150页。
③ 〔古希腊〕柏拉图:《理想国》,郭斌和、张竹明译,北京:商务印书馆1986年版,第154页。

家各就各业"①。但天赋自身不符合道德应得的要求,因为人们无法选择自己的天赋,而且一个人的天赋是不是恰好为一个社会所需要和看重,在很大程度上并不是这个人所能左右的,超出了其所能选择和控制的范围,拥有特殊天赋的人不能对此宣称有功,天赋因而不能充当道德应得的尺度。

恩格斯也对道德应得做过论述,他认为才能不该给以报酬,因为才能是"先天的优越条件"②。但一个问题是,才能是否都是"纯粹先天的",而与后天的努力完全无关?纯粹"先天的优越条件"与道德应得无关,个人能力中与天赋有关的部分不属于道德应得,不能作为道德应得的尺度。个人能力中只有与天赋无关而纯粹由个人努力发展起来的部分才是符合道德应得的。人的能力中哪些与天赋有关,哪些与后天的家庭教养有关,哪些纯粹是自身后天努力的结果,恐怕是没法分得清的。

即使人们能够将个人能力中的天赋部分、家庭教养与自身后天发展的部分截然分开,将能力作为道德应得尺度的观点,还会遇到另一种强有力的反驳。这种反对意见认为,人只有能力还不够,还要有主观上努力做好工作的意愿,方能真正胜任所分配的职司,并真正做出成绩,从而为社会谋得福祉。因为社会价值不是无源之水,无本之木,不能凭空而来,要靠人克服自己的惰性,要靠努力劳动来创造。也就是说,仅有能力是不够的,还要通过努力做出实际的成就,即形成贡献,才能确保形成现实的社会价值。看来,将工作业绩,即实际贡献,作为道德应得的尺度有一定的说服力。米勒因此指出,分配依据在相关的意义上是应得者能够充分控制的业绩和贡献。③

(二) 贡献

贡献比能力更适合作为分配正义的道德应得尺度,因为仅仅能力还不能确保社会价值的最后形成,而贡献意味着社会价值已经形成。也就是说,只有那些对于形成社会价值确实发挥了作用的要素,才有理由充当分配社会价值的尺度。按对社会价值的贡献来分配社会价值似乎是正义的。

卢梭在康德之前就已经隐含地表达了将贡献作为分配正义的平等尺

---

① 〔古希腊〕柏拉图:《理想国》,郭斌和、张竹明译,北京:商务印书馆1986年版,第138页。
② 《马克思恩格斯全集》第1卷,北京:人民出版社1956年版,第577页。
③ 〔美〕戴维·米勒:《社会正义原则》,应奇译,南京:江苏人民出版社2001年版,第150页。

度的观点。他在《科西嘉制宪拟议》中主张,"我们制度的根本大法应该是平等","国家除了功勋、德行和对祖国的贡献而外,不应该再容许有别的区分";"而这些区分也不应该再是继承制的,除非人们真能具备为它所作为依据的那些品质",并且"每个人都能比例于自己的贡献而享有公共财富中他自己的那一部分"[1]。卢梭所建议的每个人根据"自己的贡献"按"比例"享有公共财富中自己的那一部分,正是把贡献当作分配正义的平等尺度。

把贡献作为分配正义中道德应得的尺度,是自由市场论者的主要观点。经济学上的表述方式是所谓的边际生产率理论,即你所取得的就是你所投入的,劳动和资本的成果最终转化成货币,并返还给提供者,一个竞争的市场将按照对产出的贡献付给工人和投资者价值。这种分配理论一度被自由主义思想家视为对自由竞争市场分配功能公正性的神的启示。

然而自由竞争资本主义导致的社会贫富悬殊的残酷现实击碎了这种分配理论所宣称的公正性。首先,经济学的生产率边际理论是在假设其他生产要素不变的情况下,再增加一个单位的资源投入有什么样的结果,而其他既定条件本身不是一个人能够控制和选择的,因而边际生产率本身也受制于道德上的偶然和任意因素。也就是说,在市场经济条件下,一个人对边际生产率的贡献也决定于市场供求等偶然因素,不能完全构成道德应得。[2] 其次,边际回报率的公平性是有条件的,在完全竞争市场条件下,或许可以认为边际回报率是公平的,否则,其公平性会受到扭曲。斯蒂格利茨(Stiglitz)批判了所谓的边际回报率的公正性,他说,"右翼人士脑子里有一种完全竞争的经济,其中个人收益等于社会回报;而我们看到的经济则以寻租及其他各种扭曲为特征",在这种情况下,"上层群体的个人收益远远超过了他们的边际社会贡献"[3]。

人们逐渐认识到貌似公正的自由市场竞争存在对分配正义的干扰因素。第一,财富的起始分配对收入的市场分配有着直接、巨大的影响。不管财富的原始积累是否正当,这种影响都存在,因为资本作为主要的生产

---

[1] 《科西嘉制宪拟议》。参见〔法〕卢梭:《社会契约论》,何兆武译,北京:商务印书馆2003年版,第66页。

[2] John Rawls, *A Theory of Justice*, Cambridge, MA: Belknap Press of Harvard University Press, 1971, p. 311.

[3] 〔美〕约瑟夫·E. 斯蒂格利茨:《不平等的代价》,张子源译,北京:机械工业出版社2013年版,第96页。

要素之一参与结果分配,而一个人的初始财富不属于一个人的道德应得。第二,人们面临的市场环境很少是完全竞争性的,从而必然是在极大的不确定性条件下进行选择。就投资而言,人们难以断定一桩成功的投资是慎重预见的结果或者仅仅是一种巨大的冒险。① 就职业选择而言,一个人一旦有幸选中一个增长的行业或者不幸选中一个衰退的行业,往往很难自由地和无代价地改变其既有的行业选择。这样,他的初始的掷色子似的偶然选择,在市场经济条件下对他未来的收入和财富状况的影响将极为不同。② 第三,自由市场的分配结果还受到其他偶然的、不可预见的因素的影响,比如一场自然灾害的发生、国家政策的重大调整或者社会需求的突然改变等,都会直接影响实际的收入分配。第四,如果要在现实生活中真正实行贡献原则,需要满足一个前提,即每个人对产出的贡献能够有办法分得清或者测量清楚。在传统农业社会,对于贡献的测量也许无关紧要,因为在自给自足的自然经济中,生产是相对孤立的、分离的,因而贡献也是孤立的、分离的。但在当今的社会化大生产条件下,几乎所有人都被卷入社会化大生产的链条中,无法准确地区分每个人的贡献并将贡献准确地归功于个人。在一个一体化的生产体系下,要确定到底"谁生产了产品的哪些部分"并不容易,要区分谁创造了多少附加值也不容易,对这个问题的任何解答都难免是主观的、任意的和独断的。正如安德森(Anderson)所言,"将特定的结果归功于特定投入和特定个人的这种企图,代表了对每个人的生产贡献事实上都依赖于其他人所做事情的因果网的任意切割"③。第五,形成贡献的过程离不开人的天赋、能力等因素,而如前面已经论证的,这些因素本身不完全是道德应得。

在一个有充分选择自由的社会中,将贡献作为道德应得的尺度,其作用是让提供同样结果的人,得到同样的报酬,而不论这些人所付出的努力是否相同。因为结果受到很多偶然因素的影响,业绩和贡献并不是人们能够完全控制的,因而业绩和贡献并不是道德应得的充分的尺度。

---

① 〔美〕戴维·米勒:《社会正义原则》,应奇译,南京:江苏人民出版社2001年版,第203页。

② 〔美〕詹姆斯·M. 布坎南:《自由、市场与国家——80年代的政治经济学》,平新乔、莫扶民译,上海:生活·读书·新知三联书店上海分店1989年版,第185页。

③ Elizabeth Anderson, "What's the Point of Equality?" *Ethics*, Vol. 109, Issue 2, Jan. 1999, pp. 287-337.

看来,贡献不仅不能完全归为道德应得,不是道德应得的充分的尺度,而且也不是一个容易操作的尺度。

(三) 努力

在这种情况下,个人努力成为道德应得的一个备选项。因为个人努力与否是人们主观上可以施加很大程度的控制的,相较于表现为结果的实际贡献,个人努力与道德责任具有更强的关联,因而个人努力成为道德应得尺度的一个重要选项。罗尔斯认为,在直觉上,最接近道德应得的分配尺度是努力。①

随着个人努力的差异而来的收入差异,一般被认为是公平的。② 布坎南认为:"在一个人的所有权份额是源于他自己努力的范围内,无论以公平准则还是其他准则衡量,都会普遍赞同他的所有权是'公平'的。"③

虽然"在直觉上最接近道德应得的准则是'努力',尤其是'尽责的努力'",但对将个人努力作为道德应得尺度的观点,也存在反对意见。

第一种反对意见认为,个人努力虽然与个人的自主选择有关,但仍然不能完全归于道德应得。说到底,甚至一个人良好的工作伦理本身也与良好的出身和家庭教养有某种关联。也就是说,个人努力本身不是个人能够施加全部影响的。影响和决定一个人的抱负和职业伦理的因素中,有些属于自然天赋,有些是成长过程中的家庭教养和社会熏陶,这些都是道德上偶然和任意的因素,这些因素破坏了"努力"在道德应得上的纯洁性。而且正如柯恩所言,对于那些付出很多努力而工作的人,究竟他们的努力中有多少可以归功于个体的自主性,有多少可以归功于好运气,比如良好的家庭教养,是没有办法来确定的。④ 一个出身于良好家庭并经双亲精心照料的孩子,在走入社会竞争之前可能比其他的孩子已经具有领先地位,而这

---

① John Rawls, *A Theory of Justice*, Cambridge, MA: Belknap Press of Harvard University Press, 1971, p. 312.

② 中国古代的韩非子就持有这种观点,认为"侈而惰者贫,而力而俭者富",贫穷是懒惰和奢侈的结果,而富裕则是由努力和节俭得来,他反对政府对穷人的救济政策,认为这样做实际上是奖励奢侈和懒惰,不只无法调动民众的生产积极性,而且是不公道的,是"无功者得赏",参见《韩非子·显学》。

③ 〔美〕詹姆斯·M. 布坎南:《自由、市场与国家——80年代的政治经济学》,平新乔、莫扶民译,上海:生活·读书·新知三联书店上海分店1989年版,第186页。

④ Gerald Cohen, "On the Currency of Egalitarian Justice," *Ethics*, Vol. 99, 1989. pp. 906-944.

种领先地位是道德上偶然的和任意的,不完全属于道德应得,因而个人努力同样不能作为道德应得的充分的尺度。

第二种反对意见认为,同样的努力很难保证同样的结果,将努力作为道德应得的尺度和将实际贡献作为道德应得的尺度存在着某种冲突。桑德尔曾经举了两个建筑工人的例子以说明这一点。一个搬运工身体强壮而另一个身体虚弱,在同样的时间内,前者即使付出很少的努力也会比后者付出很大的努力能搬运更多的建筑材料,如果仅仅将个人努力作为道德应得的平等尺度在直觉上就是荒唐的,分配正义的依据必然与个人努力所形成的结果具有某种关联。

第三种反对意见认为,一个人愿意做出的努力不仅受到他的天赋才能和技艺的影响,也受到特定情境下他所面临的可能选择的影响。①

第四种反对意见认为,准确地衡量个人努力其实是很困难的。劳动时间是比较好衡量的,但同样劳动时间内真正的付出则很难衡量。这就像小学生在课堂里学习,人在那里,有些人可能很专心地在学,也有一些人可能完全心不在焉。有些重复性的、机械性的工作其努力程度比较好衡量,但有些工作,比如研发工作等,其脑力劳动的努力程度,则较难衡量。

个人努力虽然不是道德应得的充分和完善的尺度,但社会价值的创造毕竟基本上归功于每个人的努力。一个人如果不努力,即使再有能力、再有天赋,也是不会有成果的。而且一个人的素质和能力,虽然有先天的因素,但并不是完全天生的,有很多是后天努力发展而来,与后天努力分不开。因而有学者主张,努力虽然不是充分的,但却应当是应得的主要决定因素。②

(四) 劳动

生活资料的获得往往需要人的辛勤劳动,因而劳动作为应得基础的观点是极其朴素的,而且古已有之。比如中国古代《诗经》中的伐木者发出了

---

① John Rawls, *A Theory of Justice*, Cambridge, MA: Belknap Press of Harvard University Press, 1971, p. 312.

② Robert Young, "Egalitarianism and Personal Desert," *Ethics*, Vol. 12, No. 2, Jan, 1992, pp. 319–341.

如下疑问:"不稼不穑,胡取禾三百廛兮?不狩不猎,胡瞻尔庭有县貆兮?"①这种发问体现了平民对贵族不劳而获的控诉。

但将劳动明确地作为平等尺度的观点,却是马克思提出并着重阐述的。马克思提出,"按劳分配"是社会主义国家的主要分配原则,即"生产者的权利是和他们提供的劳动成比例的"②。劳动被当作共产主义第一阶段(社会主义阶段)的分配尺度。

马克思经济理论的核心在于劳动价值论,认为价值的创造离不开劳动,资本主义社会的不公平在于资本家剥削了工人的剩余劳动,提出在生产力还不够发达、物质产品不够丰富的社会主义阶段对消费品的分配实行"按劳分配"的原则。他认为,在社会主义阶段,"平等就在于以同一的尺度——劳动——来计量"③。马克思假定,在"自由人联合体"中,"每个生产者在生活资料中得到的份额是由他的劳动时间决定的",因为"劳动时间……是计量生产者个人在共同劳动中所占份额的尺度,因而也是计量生产者个人在共同产品的个人消费部分中所占份额的尺度"。④

同个人努力不是道德应得的充分的尺度一样,劳动也不是道德应得的充分和完善的尺度。马克思在提出按劳分配时就认识到了这一点,他指出,"按劳分配"虽然将劳动作为尺度,用劳动来计量,但"一个人在体力或智力上胜过另一个人,因此在同一时间内提供较多的劳动,或者能够劳动较长的时间",这就等于默认了劳动者的"不同等的个人天赋"和"不同等的工作能力",默认了劳动者的不同等的"天然特权"。⑤ 而"天然特权"与道德应得是相对立的。

同"个人努力"不能很准确地测量一样,作为分配尺度的劳动,也是很难准确测量的。"按劳分配就是按劳动的数量和质量进行分配",⑥这句话讲起来是容易的,但操作起来就是另一回事了。劳动时间本身固然比较容易测量,但同一劳动时间内劳动的强度和劳动的质量并不容易测量。"按

---

① 《诗经·魏风·伐檀》。参见雒江生编著:《诗经通诂》,西安:三秦出版社2000年版,第276页。
② 《马克思恩格斯全集》第19卷,北京:人民出版社1972年版,第21页。
③ 同上。
④ 《马克思恩格斯全集》第23卷,北京:人民出版社1972年版,第95—96页。
⑤ 《马克思恩格斯全集》第19卷,北京:人民出版社1972年版,第22页。
⑥ 《邓小平文选》第2卷,北京:人民出版社1994年版,第101页。

劳分配"原则在社会主义国家的实际执行中,对劳动的测量往往是大而化之的,采用将劳动类别与劳动时间混合起来的简单而粗疏的标准。① 对劳动的数量和质量没办法进行很准确的测量,因而"按劳分配"原则在具体执行中往往出现偏差,甚至导致低效率,其表现之一就是这一原则在具体的实践中经常导致"磨洋工"的现象。

通过以上分析可以看出,道德应得是分配正义的理想依据,但道德应得的观念在实践中找不到一个纯化的可靠载体。人们找不到道德应得在实践中容易操作的可靠尺度,找不到一个可以充当道德应得的充分和完备的尺度。② 有些尺度在实践中难以操作;有些虽然比较容易操作,但并不能很好地符合道德应得的标准,比如劳动时间本身。

道德应得观念在实践中的贯彻还面临一个悖论,即个体主义与集体主义的张力结构。与传统社会过度关注集体和共同体的倾向不同,现代社会的伦理观更注重个人选择以及相应的道德责任。道德应得往往将独立、自主的个人视为价值的最终来源和归宿,在方法论上是个体主义的。但现代社会中人们仍然珍视一些具有社群主义的或集体主义的历史传统,比如家庭、社群等与自然血缘有密切关联的社会结构,尤其是与血缘有关的,这给道德应得观念的落实施加了很大限制,因为自然血缘、家庭出身等被认为是道德上偶然的和任意的因素。比如父母对子代的精心照料和培养对于一个人良好性格的形成和职业前景的影响,是道德上偶然的和任意的,不属于道德应得,但家庭观念和对后代养育的辛勤付出几乎为所有主流文化所珍视,是一个社会文明教化的重要依托和积极向上的重要保证。更显而易见的是,代际遗赠完全无关子代的道德应得,但某种程度的遗产继承也是所有主要文明仍然珍视的历史传统。而现代社会仍然珍视的这些传统通常会导致和强化与道德应得相背离的不平等。③

---

① 韩水法:《平等的概念》,《文史哲》2006年第4期。
② 道德应得存在一个完备性问题,即社会价值不纯粹是自由意志或纯粹个人努力的结果,有些就是纯粹自然的、天生的和道德上偶然的,比如土地、矿产等能够构成社会价值的自然资源,比如一个人的美貌等。从这意义上说,道德应得不能构成社会价值的完备的根据。
③ Robert Nisbet, "The Pursuit of Equality," *Public Interest*, Vol. 35, 1974, pp. 119-120. 同样地,罗尔斯认为,"只要家庭这种制度还存在,机会公平原则就只能得到不完善地实施"。参见 John Rawls, *A Theory of Justice*, Cambridge, MA: Belknap Press of Harvard University Press, 1971, p. 74。而且,在思考应得时,与家庭观念和代际遗赠有关的问题非常难以处理,因为其中涉及代际的个人选择自由。

在分配正义领域贯彻道德应得所面临的困境,还与实践中控制性责任不能准确归因有关。康德曾无奈地说:"行动的真正的道德性(功与过),哪怕我们自己的行为的道德性,对我们都仍然是隐藏着的。我们的责分只能够与经验性的品格相关。但其中有多少是自由的纯粹作用,有多少应归因于单纯的自然和气质上的无辜的缺陷或是幸运的性状,这是永远不可探究的,因此也不能按照完全的公正来加以校准。"①

道德应得所面临困境的根源在哲学层面与康德的道德主体观念密不可分。他的道德主体是纯粹自由意志,是完全自主的和自律的,是一个人类行为者的极端稀薄的自我观念,因为只有对纯粹的自由意志论者而言,道德应得的观念才能得到彻底的贯彻,道德应得才能成为分配正义的充分的和完备的根据。

个人是什么?自我的构成要素是什么?康德的作为主体性人格的自我观念中有无道德应得的基础?正如桑德尔所追问并指出的,如果要严格地贯彻道德应得观念,去掉一切自我观念中的道德上任意的和偶然的因素,那么这个自我观念也就近乎空空如也,不再包含有任何属于个体自我的构成性要素。这时,除了空洞的道德人格外,没有人能够宣称自己拥有什么,也就因而失去了任何道德应得的基础。而要应用道德应得的观念,却要求作为道德主体的自我必须首先拥有一个道德应得的基础,而这一基础本身却注定是道德上任意的和偶然的了。②

康德的道德应得观念遇到了自身不能解决的难题。因为完全自我规定的、完全地自在和自为的人格空空如也。其实说到底,一个人的存在本身是不是属于道德应得,也是大有疑问的。正如诺齐克指出的,特定个体在母体的受孕本身其实是完全偶然的。③ 说到底,就像谢尔(Sher)在附和罗茨(Rhodes)的观点时表明的,我们中的任何人都没有做任何事情以至于

---

① 〔德〕康德:《纯粹理性批判》,邓晓芒译,北京:人民出版社 2004 年版,第 445 页。

② Michael Sandel, *Liberalism and the Limits of Justice*, Cambridge: Cambridge University Press, 1998, p. 92.

③ 诺齐克则对道德应得提出了另一种反驳,他认为,严格说来,每一个现存的人本身,都是一个随机过程的运气的产物,不具有道德应得意义上的重要性。用诺齐克的话说,亿万精子中一个特定精子的成功受孕,从道德上看,很难说是应得的。见〔美〕罗伯特·诺齐克:《无政府、国家和乌托邦》,姚大志译,北京:中国社会科学出版社 2008 年版,第 271 页。

我们"应得活下来，或应得生活在一个可维持生命的环境中"①。甚至可以说，没有人从生命开始时就应得自己的生命。

对于一个自我而言，不仅出身、美貌、体质、肤色、性别等因素因为是自然天赋，个人不能宣称有功和应得，而且个性、抱负、进取心等与个人前景有关的因素因为与后天的家庭培养有很大关联，也不能说是在道德上完全有功的或应得的。而且，把自我中能够应得某种分配物的并非道德上偶然或任意的构成性要素，与其他因素分离和提纯，在分析上是困难的，甚至是不可能的。要确认个性、抱负、进取心等与个人前景有关的因素中何种成分或比例是道德上应得的，哪些成分或者何种比例在道德上是偶然的和任意的，有着极其可怕的困难，或者说根本就是无法回答的形上学的问题。如果非要这样做，或者说在个性、抱负、进取心等与个人前景有关的因素中赋予道德上应得或道德上的偶然各占一定比例，那么，这样的结论也必定是独断的。

有一种观点认为，如果说一个人应得 Y，那么，在这个人的自我中就必须存在能够应得 Y 的并非道德上偶然或任意的构成性要素 X 作为根据，而这样的构成性要素 X 是否存在，或者是否在分析上是可能的，都是大有疑问的。如果说为了应得某物 Y 人们必须应得对于那个事物的应得基础 X；以此类推，为了应得 X 人们必须应得对于 X 的应得基础 Z……这将导致对于应得基础的无穷追溯，许多人将这样的追溯看成是对应得基础的归谬论证，从而不得不放弃应得概念。②

然而，柴特奇克(Zaitchik)认为，这样的对于应得基础的无穷追溯，其论证"抛锚于流沙之上"，不能构成对于应得基础或应得概念的"一锤定音的"否定。同样地，罗伯特·杨(Robert Young)认为，对于应得基础的无穷追溯，是一种"恶性回归"，是错误的。而如果人们希望允许应得在分配正义框架中占有有限地位，而不是完全的支配，人们完全可以抛弃对于应得的无穷追溯，所要求的只是"在某个恰当的层次有应得的基础，要求者对这个基础具有控制，或者它可以恰当地归因于这个要求者"。他认为，"在个人

---

① George Sher, "Effort, Ability, and Personal Desert," *Philosophy and Public Affairs*, Vol. 8, No. 4, Summer, 1979, pp. 361–376.
② Alan Zaitchik, "On Deserving to Deserve," *Philosophy and Public Affairs*, Vol. 6, No. 4, Summer, 1977, pp. 370–388.

展示了对于其他设定的应得基础(如努力或贡献)具有恰当的控制时,他们的个人应得要求是可以得到辩护的"①。而如果没有面临选择时个人能够施加的某种自主性控制,任何道德应得也就没有了可能。②

在认识到道德应得并不是分配正义的容易操作的尺度,也不是充分的或完备的尺度,那么,究竟如何对待道德应得呢?

如果因为自我观念中对于那些道德上并非偶然或任意的因素在分析上的困难,而将道德应得观念完全否定,不仅是"近乎愚蠢的"和不可取的,而且是"反直观的"。③ 因为人类的很多欲求物和待分配物,往往通过人们艰苦的努力和劳动才能获得。不容否认的是,在其他条件近乎相同的情况下,人们在勤奋和努力上是存在差别的,有些人勤奋和努力工作,有些人懒惰和不求上进,这是一个社会现实。尽管勤奋和努力并不总是比懒惰和不求上进带来更好的生活前景,但通常情况下,它们是高度相关的。一个人完全可以选择懒惰而贫穷,也可以选择努力工作而生活富足。

也就是说,如果人们选择了努力工作并因此取得了成就之后,尽管这些成就中有多少可以归功于道德应得,有多少与道德上任意或偶然的因素有关,是无法"科学地"或者"唯一地"确定的,但否认甚至取消个人在选择努力工作并取得成就中的主体地位和自主性,并因而具有一定比例甚至是大部分的道德应得,则更加荒唐。在分配正义中完全抛弃应得的做法,与人们的直观感觉相违背。

罗尔斯认识到,按照道德应得的原则看待分配正义,那么,个人的出身、天赋、才能等在自然彩票中所处的地位是道德上偶然的和任意的,因此应该从分配正义中去除。"很清楚的是,自然天赋的最初资质以及这些资质在早期发展和教养的偶然条件在道德上是任意的。"④他假想的无知之幕下的原初状态,就是一个人们在思考正义原则时可以屏蔽掉道德上任意和

---

① Robert Young, "Egalitarianism and Personal Desert," *Ethics*, Vol. 12, No. 2, 1992, pp. 319-341.

② 类似地,康德认为,"没有这种惟一是先天实践性的(在最后这种真正意义上的)自由,任何道德律、任何根据道德律的责任追究都是不可能的"。参见[德]康德:《实践理性批判》,邓晓芒译,北京:人民出版社2003年版,第132页。

③ Alan Zaitchik, "On Deserving to Deserve," *Philosophy and Public Affairs*, Vol. 6, No. 4, Summer, 1977, pp. 370-388.

④ John Rawls, *A Theory of Justice*, Cambridge, MA: Belknap Press of Harvard University Press, 1971, pp. 311-312.

偶然因素的思维场境，在这样的思维场境中，因为人们都不知道自己在自然彩票中的结局，因而在思考分配正义原则时，无法将这些道德上任意和偶然因素纳入分配正义的考虑，从而可以避免由此导致的就道德应得意义上的不公平的结局。

他认为，人们在原初状态中达成的分配正义原则，与道德价值无关，与德性无关。① 他意识到，道德应得虽然与个人有意识的努力是相关的，但个人努力本身不全然就是道德应得的，一个人能否选择做出个人努力也是受到他的天赋才能、技艺和面临的选择机会影响的。② 究竟一个人在面临不同的选项时，决定他做出某种特定选项而不是其他选项的因素中，哪些是能够构成道德应得的，哪些在道德上是纯粹的偶然的和任意的，这个问题无疑是困难的和复杂的，是令人生畏的。对于这个问题，罗尔斯没有做出哪怕是些许的分析和说明，他彻底回避了这一问题，他似乎认为，只要将眼光从这个令人生畏的问题上移开，这个问题就不存在了。他没有意识到，这个问题在思考分配正义时是无法绕开的。

但罗尔斯是谨慎的，他从没有敢于跨出下面这一步，即否认在面临选择的情形下个人选择了努力而不是懒惰时，究竟能不能够构成道德应得。他回避了道德应得，但并没有走向反应得论。他非常清楚地意识到，"常识倾向于认为，收入和财富，以及更一般地讲，生活中的美好事物，应该根据道德应得来分配……尽管这个理想可能永远无法完全地实现，但却是分配正义的恰当观念"，因而"一旦环境允许，一个社会就应该尽力实现它"③。

因为道德应得原则在分配正义安排中无法得到清晰一致的贯彻，因为找不到道德应得的充分和完备的尺度，就完全撤开道德应得观念的做法，是简单化的和过头了的。因为如果彻底撤开由自我选择而来的道德应得，那么也就舍弃了道德义务论自身所看重并大力提倡的自主选择、个人自律以及由自主选择而来的道德责任。④ 道德应得在分配正义中并不是毫无作为，人们在思考分配正义时完全不必像罗尔斯所做的那样，彻底绕开道德

---

① John Rawls, *A Theory of Justice*, Cambridge, MA: Belknap Press of Harvard University Press, 1971, pp. 310–315.
② Ibid., p. 312.
③ Ibid., p. 310.
④ Robert Nozick, *Anarchy, State, and Utopia*, New York: Basic Books, 1974, p. 214.

应得原则,重起炉灶。

道德应得虽然只是在现代社会人的道德主体地位确立之后,在彰显人的尊严、人的自律和自主选择以及相应的道德责任时,才出现的原则。它虽然不能作为分配正义的充分的和完备的基础,但毕竟相对传统社会中以出身、继承权和封闭的封建特权作为分配的依据是一个明显的进步。

一个人的道德应得不应取决于其生命中的偶然因素的观点,因为强调个人作为道德主体的道德责任,凸显着人的自主、自律和道德人格的尊贵,在人本主义,尤其是个体主义色彩更加明显的人本主义后期,具有极强的说服力,也符合人们的某些道德经验和道德直觉,曾经极大地推动了以反对各种歧视性对待为基本要素的平等方面的进展。① 那种"没有人应得任何东西的"彻底的反应得论证,没有认识到个人在面临可以选择努力或懒惰的很多情形下,能够经由有意识地选择努力而不是懒惰,可以确立某种虽不是完全的但毕竟无从彻底抹杀的道德应得。

三、社会资格权利

罗尔斯在寻找并论证分配正义的原则时发现,现实世界中的契约往往难以全面贯彻道德应得观念。他观察到,当代资本主义社会虽然早已废除了身份世袭等级制,公民拥有平等的竞争政治职位的权利和平等地在市场上进行交换的权利,但却仍然存在巨大的贫富差距,存在巨大的经济不平等,究其原因就在于当代资本主义社会盛行的精英制。这一制度虽然不承认公民身份的等级差别,但却承认"天然的贵族"②,容忍自然的、社会的任意和偶然因素对人们生活期望的影响。比如,这一制度承认自然天赋在人

---

① 比如,美国民众在争取黑人的普选权时,参见〔英〕J. R. 波尔:《美国平等的历程》,张聚国译,北京:商务印书馆2007年版,第191页。
② "天然的贵族"系乔纳森·杰克逊语,转引自〔英〕J. R. 波尔:《美国平等的历程》,张聚国译,北京:商务印书馆2007年版,第40页。世袭的贵族制为人们所痛根,因为它所体现的是社会分层的封闭、世袭、任意和专断。但贵族本身并不必然与世袭贵族制的这些令人厌恶的弊端相联系,也经常与一些异于常人的优秀品质相联系。比如杰克逊认为,"天然的贵族"是具有"经验和理解力"的人;同样地,杰弗逊则提到"具有美德和天才的贵族"。对于那些与异于常人的优秀品质相联系的所谓"天然贵族"的推崇,是英国保守主义传统中一个值得称道的特点。

们之间不平均分配对人们生活前景的影响。而按照道德应得的观念,自然天赋的不平均分配、运气、良好的出身等因素,是道德上任意的和偶然的,个人对此不能宣称有功,因而不能归于道德应得,正义的分配不应受到这些因素的影响。甚至一个人的那种让他能够努力培养自己能力的优秀品格,也大部分决定于幸福的家庭和社会环境,对此他自己决不能声称完全的功劳。①

罗尔斯认为,正义不产生于任何现实的契约,因为现实契约的两大要素互惠性和自愿同意都可能受到现实的和经验因素的影响,受到人们自身各不相同的利益、目标、议价能力以及知识与信息的掌握与否等因素的影响,在这些道德上任意、偶然的因素影响下达成的现实契约无法保证契约的公平性和正义性。美国的宪法本身就是一个极好的例证,美国的开国元勋们所制订的宪法允许奴隶制的存在。

既然现实世界中的人们在达成契约时,由于受到自身所处的地位、天赋能力、立场和利益等因素的影响,往往难以贯彻道德应得的标准。在这种情况下,罗尔斯断定,在分配正义中贯彻道德应得是不可行的。他认为分配正义是制度安排的结果,与先于和独立于社会制度的道德应得无关。

尽管罗尔斯回避了道德应得,但他仍然力图在分配正义中贯彻去偶然性、去任意性的思路。他退而求其次,追求一种"对基本权利和义务的分配没有在个人之间做出任何任意的区分"的制度,认为这样一种社会制度是"正义的"。② 最终,为了坚持在思考分配正义时去除道德上任意和偶然因素的影响,他像康德所启示的那样,不再依赖现实世界的契约,而是借助于理知世界的契约。③

为此,他创造了"无知之幕"这一理论工具,以帮助在自由、理性、平等的人们中间就社会体制的主要安排达成一项初始的、正义的协议,使人们在理知世界和道德王国中达成道德、正义的契约。④ 无知之幕,可以屏蔽掉

---

① John Rawls, *A Theory of Justice*, Cambridge, MA: Belknap Press of Harvard University Press, 1971, pp. 103-104.

② 〔美〕约翰·罗尔斯:《正义论》,何怀宏、何包钢、廖申白译,北京:中国社会科学出版社1988年版,第3页.

③ 〔德〕康德:《实践理性批判》,邓晓芒译,北京:人民出版社2003年版,第21—25页.

④ John Rawls, *A Theory of Justice*, Cambridge, MA: Belknap Press of Harvard University Press, 1971, p. 11.

人们有关自身的道德上任意的、偶然的因素①,比如出身、社会地位、自然天赋等,保证人们在理性能力、知识、信息、社会地位等的平等地位,既然人人都处于同样的状态,任何人都不可能设计出有利于自己特殊情况的原则,于是公平协议或交易的结果就是正义的原则。②

在无知之幕遮盖下的原初状态,是一种纯粹假设的思维场境,是为了得到某种正义观而设计出来的。在原初状态中的人是具有某种正义感的、有理性的道德主体,他们只知道人类社会的一般事实,而不知道自己的阶级出身、社会地位、自然天赋、才智、能力以及善的观念和特殊心理倾向,也不知道自身所处的世代和所处社会的政治、经济和文化状况。③

罗尔斯认为,在原初状态这一假设的思维场境中,自由而平等的人们所一致同意的正义原则就是一种自愿安排,所承担的义务就是自我施加的,体现了人的自律而不是他律。④ 用罗尔斯自己的话说,"原初状态可以被看成是对康德的自律和绝对命令观念的一个程序性解释"⑤。

原初状态的设计不仅是为了满足康德道德律令的基本法则,即"依照一个可以同时被承认为普遍法则的准则行事"⑥;也是为了满足康德道德律令的第二个公式,即永远把人当作目的而不仅仅是手段来对待。"正义原则通过社会基本结构表明了人们希望相互不把对方作为手段,而只是作为自在的目的来对待的意愿。"⑦

罗尔斯看到不同的人们自出生伊始就对未来的生活有不同的期望值。影响期望值的因素不仅包括个人的努力和工作态度,还包括自然天赋的不平均分配。特定的社会制度安排,比如立宪民主政体下的自由市场制度,承认自然天赋的不平均分配对人的生活期望值的影响。因此,某些社会制

---

① John Rawls, *A Theory of Justice*, Cambridge, MA: Belknap Press of Harvard University Press, 1971, p. 15.

② Ibid, p. 12.

③ Ibid, pp. 12, 137.

④ Ibid, p. 13.

⑤ [美]约翰·罗尔斯:《正义论》,何怀宏、何包钢、廖申白译,北京:中国社会科学出版社1988年版,第247页。

⑥ [德]康德:《法的形而上学原理:权利的科学》,沈叔平译,北京:商务印书馆1991年版,第32页。同时参阅[德]康德:《实践理性批判》,邓晓芒译,北京:人民出版社2003年版,第39页。

⑦ [美]约翰·罗尔斯:《正义论》,何怀宏、何包钢、廖申白译,北京:中国社会科学出版社1988年版,第172页。

度安排就对处于某些起点的人有利,而对处于另一些起点的人不利,这是特别深刻的不平等,这种不平等不仅是无处不在的,而且影响着人们生活的最初机会。① 这些不平等不能用个人努力和功过这类概念来证明其为正当。自然天赋的不平等的初始分配,不是个人做出的选择,让个人承担由此带来的不平等,理由并不充分。②

罗尔斯的正义理论所要解决的正是这些从人出生伊始即带有的严重不平等的后果,尽量消除道德上的任意和偶然因素对人们生活期望值的影响,使得具有相同才能和抱负的人具有同等的生活期望和成功前景,而不管他们出生于什么等级,不管他们在社会制度中的初始地位如何。③ 他认为人们在社会中的初始地位是一种事实,无所谓正义与不正义,决定正义或不正义的是人们如何对待这种不同的初始地位。既然"出身和天赋的不平等是不应得的,这些不平等就多少应给予某种补偿"。他提出了补偿原则:"为了平等地对待所有人,提供真正的同等的机会,社会必须更多地注意那些天赋较低和出生于较不利的社会地位的人们,这个观点就是要按平等的方向补偿由偶然因素造成的倾斜。"④

当然,这种补偿与试图拉平人际间自然差异的做法毫无共同之处。人与人之间的自然差异是自在的和广泛的,试图拉平人际间自然差异的做法并不明智,也未必会产生合意的效果。人与人之间的自然差异以及由此造成的不平等,可能是一种遗憾,但无所谓正义或者不正义。

罗尔斯认为,道德应得观念是先于和独立于社会制度安排的,不依赖于社会制度而仅仅依赖道德应得原则自身难以达成分配正义。要矫正不同的人们自出生伊始就对未来生活的不同期望值,需要社会制度发挥作用,或者说利用社会制度安排来矫正自然天赋在人们之间不平均的分配在自由市场制度下可能带来的严重不平等的后果,因而分配正义是社会制度安排的结果,主要体现的是社会资格权利。⑤

他意图将社会中一个人对成功前景的合法期望作为一种社会资格权

---

① John Rawls, *A Theory of Justice*, Cambridge, MA: Belknap Press of Harvard University Press, 1971, p. 96.
② Ibid., pp. 73-74.
③ Ibid., 1971, p. 3.
④ Ibid., pp. 100-101.
⑤ 即"entitlements to legitimate expectations"。

利以保障社会上最不利者,并矫正由于人们初始地位的不同所可能带来的过大的贫富差距。他认为一个人拥有良好的禀赋并不是个人的功劳或过错,他可以很好地利用自己的禀赋,发挥自己的聪明才智,但这不意味着他有权拥有他施展自己才能并通过特定社会体制安排(比如市场体制)所获得的全部成果。而社会中拥有自然天赋较少的人,虽然不是道德上应得,但却有资格获得来自于拥有较多自然天赋的人施展其才能所取得的更多收益的一部分,以补救自然天赋的分配不均对最终分配造成的影响。这样一种资格,是达成协议的结果,是人们在无知之幕下允许自然天赋较多的人从发挥自身天赋中得到部分酬劳的前提。也就是说,人们允许、鼓励拥有较多自然天赋的人施展其才能,并对其进行相应的酬劳,使其所得高于平均值,但拥有较多自然天赋的人施展其才能所多产出的利益,不能由拥有较多自然天赋的人独吞,也要有利于自然天赋最不利者。当社会和经济不平等不能再为自然天赋最不利者带来利益时,进一步的不平等将不被允许。

罗尔斯提出的社会资格权利就是将社会中一个人对成功前景的合法期望作为一种社会权利或资格用以保障社会上最不利者。但他对社会资格权利的论证有很大的局限性,这一局限性来自于罗尔斯正义原则的论证逻辑。

第一,罗尔斯正义原则的推导依赖一种假想的而不是现实的契约,[1]依赖的是无知之幕下的"反思平衡",这虽然不是完全地但却在根本上是反经验的。他认为人们在无知之幕下的原初状态中所确定的正义原则是绝对的和永久有效的,是无条件地实践的。人们不禁要问,这样的主张是道德的吗?因为德性意味着选择或以选择的可能为条件,而新的需要、新的资源、新的知识和信息以及新的偏好,都会影响人们选择的现实可能和对可能选择的态度。只有使人们在新的条件下,持续地具有道德选择的机会,才符合自由和自主的本意,也才符合现实。

罗尔斯为了在分配正义中贯彻去偶然性、去任意性的逻辑,特意设计了无知之幕。在无知之幕后面的原初状态中,人们对分配正义的思考不再受到有关自身信息的影响,因而做出的有关分配正义的原则安排将摆脱道

---

[1] John Rawls, *A Theory of Justice*, Cambridge, MA: Belknap Press of Harvard University Press, 1971, p. 12.

德上偶然和任意因素的影响。在这一方面,罗尔斯也许是成功的,但他在设法避免道德上偶然和任意因素影响的同时却切断了同道德应得的一切联系,这种做法就如同那句有名的比喻所说的:因为要倒掉洗澡水,却连洗澡盆中的婴儿一块儿倒掉了。他抛弃了人的道德主体地位确立以来现代社会所一直珍视的责任义务观念。

此外,罗尔斯从道德内在价值视角对于形成社会价值和创造社会所需要的产品的天赋、才能等因素的解读过于片面。虽然一个社会是否碰巧需要或欣赏某种特定才能,比如说打篮球的技巧,是道德上偶然的和任意的,由此导致的某些具有篮球天赋的运动员所获得的高收入因而也不免带有道德上偶然和任意的成分。虽然有些自然天赋因素比如身高等,在决定一个人是否有机会进入篮球职业联赛上发挥了重要作用,但人们同时也必须看到,即使是个子高且体能不错的具有篮球天赋的运动员,不经过艰苦努力的训练,也很难在职业联赛中出类拔萃。

第二,罗尔斯提出的差别原则是很难具体操作的。这条原则说,对人们之间的差别的检验标准是符合"地位最不利的人的最大利益"。首先,社会上地位最不利的人(the least advantaged)究竟是指哪一群人呢?他认为可选择某一特定社会地位的人作为"地位最不利的人",比如非熟练工人;也可以用将达不到中等收入水平的一半作为标准来确定"地位最不利的人"。[1] 但是不论选用哪一个作为确定"地位最不利的人"的标准,都无法排除决策的主观任意性。再者,即便人们确定了"地位最不利的人"的标准,他们的最大利益又是指的什么呢?即使利益的内涵有明确所指,要计算最大利益,要将所有利益相加,他也会遇到功利主义者所通常面临的对利益或功利进行同一度量的无解的千古难题。因此罗尔斯提出的这一检验标准看上去似乎还不错,但却很难具体操作。

第三,当无知之幕揭开之后,有什么措施确保人们即使违背自己的真实利益也遵守在无知之幕下选择的分配原则呢?对此,罗尔斯的正义理论就无能为力了。

准确地说,他无奈地回避了以道德应得作为直接根据来确定分配正义原则的做法,而是通过间接的途径,即通过排除人们在思考正义时道德上

---

[1] John Rawls, *A Theory of Justice*, Cambridge, MA: Belknap Press of Harvard University Press, 1971, pp. 97—98.

偶然和任意因素的影响,来间接地体现道德应得。因为在现实场境下考虑分配正义时,构成道德应得的因素与从道德应得的角度看是偶然和任意的因素紧密纠缠在一起,无法彻底扯得清、掰得开,因而依据现实场境思考分配正义,是无法彻底地贯彻道德应得原则的,分配正义必定受到道德上偶然和任意因素的污染,无法做到正义原则的澄明。而为了追求理论的优雅和原则的澄明,他只得逃离现实生活的纷繁复杂,遁入纯粹假想的理性空灵。

罗尔斯设置了无知之幕下的原初状态,以便在思考分配正义时来贯彻去除道德上偶然性和任意性因素的影响。毫无疑问,罗尔斯的思想试验是极具启示意义的,但却抛弃了常识的指引,脱离了现实生活。因为在现实场境中思考和达成分配正义安排无法彻底地贯彻道德应得原则,他便利用假想的原初状态,得出了分配正义的社会资格观念。

但如此得出的社会资格观念与道德应得究竟存在多少关联呢?这恐怕又是一个永远也不存在清晰结论的问题。但无论如何,有一点却是清楚的,一个不管个人是否努力,不管个人是否为社会价值的形成做出了切实贡献,而仅仅以社会一员的身份就享有的资格和权利与道德应得的关联必然会大打折扣。

四、平等尺度的复合

作为分配正义依据的道德应得在现实中没有充分、完备的单一尺度,但这丝毫不意味着道德应得彻底失去了其在分配正义中的作用。道德应得虽然不是分配正义的充分和完备的依据,也不是分配正义的唯一依据,但却成为越来越重要的依据。

历史上,道德应得的观念对于批判靠继承得到地位和特权的传统观念,是一种有力的武器,发挥了重要作用。在今天,虽然人们不能指望发现"丝毫没有被偶然因素触动过的应得基础",但人们仍然需要行为者的观念和业绩的观念。业绩和贡献是由行为者有意地做出并可以施加某种程度的控制的,尽管在这一过程中行为者也利用其无法完全归属道德应得的天赋和能力。①

　　道德应得的作用在于重视和鼓励人的自主选择和主观努力在形成社会价值中的作用。人虽然不能完全控制自己的行为,但通常情况下,大多数人毕竟可以在很大程度上控制自己的行为,体现自己作为道德选择主体的尊贵。比如,在同样的条件下,同一环境中,有人好吃懒做,甚至可能犯罪;也有人可能加倍努力,竭尽所能去做那些对自己、他人和社会有益的事情。如果承认人们的努力、意志力有差异,并在创造社会价值中发挥了或大或小的作用,那么,分配中体现其应得就仍然具有说服力和根据,尽管不是全部的根据。尽管人在创造社会价值时所运用的个人天赋、能力以及所做出的选择,不能全部归功于个人,但全盘否定就更错误,就失去了到今天为止所有传统观念(主要是精英制传统)的支持。如果一个人的坚韧、努力等性格特征不再被认为是个人应得的,那么,很多伦理基础便坍塌了。如果取消对个人努力的认可和应得的奖赏,就不仅否定了缘自个人努力在性格、抱负、敬业方面的个人责任,还会大大影响社会价值的创造和形成。

　　对道德应得的批判并没有为分配正义提供其他更充分的、完备的尺度以供备选,人们依然对把应得作为分配正义的主要依据持有较强的信念。尽管道德应得不是分配正义的唯一依据,但在人们的常识中,分配正义与应得是高度相关的。虽然麦金太尔坚持认为,"在市场社会中不再存在以应得为基础的真正的分配"②。但他的这一论断既不符合分配正义的现实,也与社会大众与分配正义依据的看法相左。米勒通过对经验证据的考察,认为"得到彻底考察的证据显著地说明大众倾向于把应得作为收入分配的主要标准"③。

　　现实中的人不是完全自主的,也不是完全自律的。纯粹自由意志是一个纯哲学的产物,在现实界没有对应物。正如谢尔指出的,人们需要具有构成性的偏好和能力的自我观念,因为"没有一种不具有与其偏好、价值、技能、天赋和能力的某种合适的关系的存在物能够在完整的意义上选择和行动"④。那么,对于这样的存在物,道德应得何以可能?

---

① 〔美〕戴维·米勒:《社会正义原则》,应奇译,南京:江苏人民出版社2001年版,第164页。
② 同上书,第139页。
③ 同上书,第89页。
④ George Sher, *Desert*, Princeton: Princeton University Press, 1987, p. 159.

现实生活中，很难按照道德应得进行分配，因为无法将道德应得的根据与道德上偶然和任意因素的影响分开，实际的分配是与应得有关，但又不完全是按照应得的，甚至在个案中，或者在有的时候，运气等偶然因素还发挥决定性影响。比如，在私有领域，主要按市场机制分配；在公共领域，主要按功绩制分配。

虽然这样的分配，从道德应得的意义上看，很难说是公平的，但完全取消这些分配机制，似乎更不可取。尽管"应得理论并不是充分的正义理论"，但它至少"对于这种理论具有关键的实质性含义"[1]，因而社会公众并不支持彻底将应得逐出分配正义基础的结论。

德沃金在回应对"平等的关切"[2]时，也力图运用道德应得的观念。他的资源平等论依据两条原则，一是公民的命运不应受其经济背景、性别、种族、特殊技能或不利条件的影响，二是努力使公民的命运同他们自己做出的选择密切相关。[3]

当然，因为道德应得不是分配正义的唯一依据，人们在确定分配正义的现实依据时，会将其他的分配正义依据同时纳入进去，形成以应得为基础的综合依据。在这种情况下，应得会与其他的分配正义依据（譬如需要）相冲突，这就要求人们在各种不同的依据和标准之间进行综合和权衡[4]，寻求一个包括两种或更多的依据的妥协性方案或综合性方案。[5] 米勒因此认为，任何可行的社会制度安排所反映的必定是各种分配正义依据的一种调和。[6]

有关社会大众对于正义看法的经验性研究表明，公众的正义观是多元主义的，没有一种独一无二的依据能够囊括人们在分配正义领域所做出的判断。人们主要有两方面的关切，一是要确保没有人生活在贫穷之中，二是保证有才能的和艰苦的工作有得到高额报酬的机会。[7] 跨越不同国家和

---

[1] Peter Steinberger, "Desert and Justice in Rawls," *The Journal of Politics*, Vol. 44, No. 4, Nov., 1982, pp. 983–995.

[2] 〔美〕罗纳德·德沃金：《至上的美德：平等的理论与实践》，冯克利译，南京：江苏人民出版社 2003 年版，导论，第 1 页。

[3] 同上书，导论，第 7—8 页。

[4] 〔美〕戴维·米勒：《社会正义原则》，应奇译，南京：江苏人民出版社 2001 年版，第 146 页。

[5] 同上书，第 99 页。

[6] 同上书，第 201 页。

[7] 同上书，第 86—87 页。

文化传统的绝大多数人对来自于技能和训练的奖赏以及激励造成的经济不平等持一种赞成的态度①,而且绝大多数(约75%)低收入受访者仍然信奉如"具有更强能力的人应当得到更高的薪水"的观点。只有极少数的人(4%)将罗尔斯的差别原则(最低收入最大化)作为第一选择,而压倒性的大众倾向于平均收入最大化并受到一种最低限度的约束。这说明人们倾向于根据贡献进行酬劳,但要以某种程度的平等主义作为补偿。②

当然,不同国家的人对于收入差距的态度殊为不同。比如,就一个行业的薪金水平而言,最高工资与最低工资之间何种程度的差距是可以接受的,不同国家之间对这一问题的回答有很大差异。③

除了应得之外,"需要"也是一个非常重要的分配正义的依据,它主要体现为对人的基本生存需要的保障以及人道主义关怀。中国古代的观念,"鳏寡孤独废疾者,皆有所养"④,体现的就是根据需要进行的保障、救济和关怀。亚里士多德记载了两千多年前的雅典城邦对弱者的基本保障,"法律规定凡是拥有不足3米那的人和身体残疾因而没有能力从事任何劳作的人均由议事会查管,从公库中给他们每人每天发放2个奥布洛斯的膳食费"⑤。此外,在关系密切的小群体比如家庭中,需要而不是应得往往会成为最重要的分配依据。正如梅因(Maine)所言,古代宗法制度中的家族是"一个共产体"⑥。即便在今天,核心家庭也往往被视为一个以需要为分配原则的共产单位。

当然,现代政治共同体毕竟不是古代的宗法社会,更不是核心家庭,对政治共同体成员基本需要的保障有赖于共同体内部达成共识。正如米勒所言,"对目前的讨论来说,让我们注意,为了使'各取所需'成为一个可行的正义原则,我们要求的只是希望实行这种原则的社群内部关于需要的共识"。什么构成了共同体对其成员所保障的需要?米勒认为包括两个部分,其一是"需要"的生物学内核,也就是基本生存所需,其二是由共同体所

---

① 〔美〕戴维·米勒:《社会正义原则》,应奇译,南京:江苏人民出版社2001年版,第74页。
② 同上书,第71—75页。
③ John Baker, et al, *Equality: From Theory to Action*, NY: Palgrave, 2004, p. 94.
④ 《礼记·礼运》。参见陈澔注:《礼记集说》,上海:上海古籍出版社1987年版,第120页。
⑤ 苗力田主编:《亚里士多德全集》第10卷,北京:中国人民大学出版社1997年版,第52页。
⑥ 〔英〕梅因:《古代法》,沈景一译,北京:商务印书馆1959年版,第99页。

理解的"一种最低限度的体面生活"①。米勒认为,"要实现社会正义,根据得到整个社会承认并适用于整个社会的一种共同的需要标准(充分地或按比例地)满足每个人的需要是必不可少的"②。

现实社会中的分配依据是以应得为基础,兼顾人们基本需要的各方利益的综合博弈结果,它往往包含两个方面:一是承认以应得为主要基础和依据的分配,诸如自然禀赋、能力、努力、业绩、贡献、运气等,都在其中发挥作用;二是承认对过度差别的分配结果以及特殊困难群体的补救,以满足人们的基本需要,保障人之为人的基本尊严。③ 正如怀特(White)所言,有关经济领域的平等的讨论,最终会达到一个"相当凌乱的地方",它为辨识对所有人都公平的经济安排提供了一个思维框架,其中强烈的功绩制、运气均等主义、实力政治、合理的激励以及一个对弱势群体的某种优先考量都会在其中发挥作用。④

在当代社会,对分配结果补救的主要体现是社会保障,比如基本生活保障、养老保障、医疗保障、义务教育等。具体的补救措施和保障水平因时、因地而宜,不同的国家在不同的经济发展阶段会给出不同的答案,不同的文化传统也对社会保障政策和保障水平产生重大影响。在立宪民主政体下,涉及社会保障的重大政策往往包含在各个政党的政策纲领中。各个政党在定期选举过程中,通过引导和迎合选民,不断调整自己的政策纲领,以追寻社会公众对这些政策的多数决定意义上的对分配正义的定义。

相较于非市场制度,自由市场制度给予社会公众更多的自由选择权,这包括在消费什么和生产什么方面更多的选择机会,自由选择机会的增多意味着个人被赋予更多的自主选择的责任,并因而承担自主选择的后果。相较于非市场制度,自由市场制度给了道德应得更多地发挥作用的机会。正如伯尔曼所说,"勤勉和辛劳的确在决定人们成功与否方面起着重要的作用"。

---

① 〔美〕戴维·米勒:《社会正义原则》,应奇译,南京:江苏人民出版社2001年版,第237页。
② 同上书,第276页。
③ 以个人的基本需要为基础对分配结果进行补救的观点即使无法用道德应得来做辩护,也可以用特定分配秩序的正当性和社会政治系统的稳定性来做辩护。
④ Stuart White, *Equality*, Malden: Polity Press, 2007, pp. 118-119.

但是，人们应该清楚地认识到，市场并不总是承认应得，"首创精神、进取心、创新、努力工作、讨价还价、不计后果的赌博"等等，"所有这些有时会得到回报，有时却不会"①。市场制度下的分配结果，除去勤勉和辛劳之外的"其他不在我们掌控范围之内的因素也在起着一定的作用"。一桩成功的投资是慎重的预见的结果或者仅仅是一种巨大的冒险，往往难以断定。②否认市场和环境中偶然性因素的影响是愚蠢的。③

也就是说，市场经济条件下，一个人的报酬往往是个人的天赋、进取心、审慎的判断和偶然的运气等因素综合影响的结果，动机、努力、才能等因素的作用通常是紧密复合在一起的，任何准确拆分的尝试都难免主观武断。而这也就意味着，人们从市场获得的回报无法完全归因于"应得"，某种程度的再分配势所必然。④尤其是在自由市场制度导致了贫富差距悬殊的情况下，保障弱势群体的基本生存需要成为一个十分强烈的人道主义理由，因为过大的贫富悬殊使得弱势群体的行动选择受到很大限制，严重影响了自由市场制度的倡导者所珍视的行动自由。

任何可行的社会制度安排所反映的必定是"应得"以及其他原则的调和。⑤需要与应得的复合是现代社会分配正义平等尺度的基本特征。不论在计划经济条件下，还是市场经济条件下，人们的获得并不完全是应得的，因而对收入和财富进行适当的调节是必要的。在分配正义中，应得的要求从来不是完备的，存在不同于应得的分配基础，因而在分配正义中，有必要纳入其他的分配原则，比如需要的原则。⑥

当然，人们在思考分配正义的时候把"需要"纳入考虑的范围，可能是基于自身有关正义的理由，也可能是基于慷慨或人道主义的理由，这里存在着一种"含混性"，它主要是受到人们多元正义观念的影响，无法通过平等或正义的学理得到澄明。正如坎贝尔所说，"这种含混性已经在政治哲

---

① 〔美〕迈克尔·沃尔泽：《正义诸领域：为多元主义与平等一辩》，褚松燕译，南京：译林出版社2002年版，第123页。
② 〔美〕戴维·米勒：《社会正义原则》，应奇译，南京：江苏人民出版社2001年版，第203页。
③ 〔英〕米利班德：《不平等为何重要？》，邢立军编译，《马克思主义与现实》2007年第4期。
④ 同上。
⑤ 〔美〕戴维·米勒：《社会正义原则》，应奇译，南京：江苏人民出版社2001年版，第201页。
⑥ Robert Young, "Egalitarianism and Personal Desert," *Ethics*, Vol. 12, No. 2, Jan, 1992, pp. 319-341.

学的文献中得到了反映,有些人坚持认为需要的要求是人性或仁爱的要求而不是正义的要求;其他人则采取相反的观点"①。我们帮助那些由于自己的鲁莽行为而无家可归的人,这只是基于人道主义的理由还是一种正义的要求?② 多数人的意见认为并不属于应得,而是一种人道关怀。

不论采取何种理解,现实生活中分配正义的尺度注定是多样化的,正如沃尔泽所说,应得、需要以及自由交换等因素,都有"真正的力量",而且没有一种力量能够跨越所有分配领域,它们都只构成分配故事的一部分,而不是全部。③

更宽泛地讲,正如沃尔泽所言,"从来不存在一个适用于所有分配的单一标准或一套相互联系的标准。功绩、资格、出身和血统、友谊、需求、自由交换、政治忠诚、民主决策等等,每一个都有它的位置,都与许多别的标准不那么和谐地共存,并被竞争集团所利用,彼此混淆在一起"④。

总之,面对相互冲突的分配正义要求,不存在唯一充分的和完备的平等尺度,以对互竞的分配正义要求做出清晰、一致的裁决。现实社会中分配正义的尺度往往是一种以应得为基础、辅之以其他尺度的混合尺度,是多种尺度的混杂和复合,兼顾人们基本需要的各方利益的综合博弈结果,"为文化多样性和政治选择留有空间"。不存在唯一正确的分配标准或分配原则,也不存在唯一正确的分配体系。

人们在进行道德伦理选择时,常常面临着数个原则或理想。如果这些原则或理想之间可以公度或者能够进行"普遍转换"⑤,那么,就可以用功利主义的方法达成一致。但这些原则或理想通常是不可公度的,也无法"普遍转换",在这种情况下,正如柏林所言,就不存在完备通彻的解决方案,唯一可行的是对各种基本原则进行综合和调和。⑥

---

① 参见 T. Campbell, "Humanity before Justice," *British Journal of Political Science*, Vol. 4, 1974, pp. 1—16。
② 〔美〕戴维·米勒:《社会正义原则》,应奇译,南京:江苏人民出版社 2001 年版,第 255 页。
③ 〔美〕迈克尔·沃尔泽:《正义诸领域:为多元主义与平等一辩》,褚松燕译,南京:译林出版社 2002 年版,第 23 页。
④ 同上书,第 27 页。
⑤ "普遍转换"一词引自沃尔泽的说法,参见〔美〕迈克尔·沃尔泽:《正义诸领域:为多元主义与平等一辩》,褚松燕译,南京:译林出版社 2002 年版,第 18 页。
⑥ Isaiah Berlin, "Equality as an Ideal," in Fredrick Olafson, ed., *Justice and Social Policy*, NJ: Eaglewood Cliffs, 1961, p. 130.

这意味着,人们的实质平等观是综合的、混杂的和异质性的,是不可公度和多元的。人们实质平等观的不可公度性和多元性,同时意味着人们的正义观和善观念的不可公度性和多元性,也同时阐明了当代社会道德领域多元论的基础和实质。在这个意义上,以康德为代表的善德一元论和道德一元论观点可以寿终正寝了。[①]

[①] 康德持有一种坚定的道德一元论,认为"道德家说得很正确,只有一种善德以及只有一种善德的理论,那就是只有一个体系,它通过一条原则把所有善德义务都概括进来了"。更宽泛地讲,康德的宇宙论也是一元的,他的时空观是以爱因斯坦相对论和相对时空观出现以前的牛顿力学及其经典时空观为基础的,"从客观的角度看,既然只有一种人类的理性,就不会有多种的哲学"。参见〔德〕康德:《法的形而上学原理:权利的科学》,沈叔平译,北京:商务印书馆1991年版,第5页。

第六章 平等要求互竞的政治裁决

平等理论,既具有很强的学术性,也有很强的实践性,如果各种平等观在理论上的分歧无法在学术层面得到解决,最终往往导致政治权威的介入,形成政治裁决。正如艾德勒所言,与平等相关的正义理论及其诉求,跟政治组织、政治过程和政治系统有着极为密切的联系。[①]

一、平等要求的互竞需要政治裁决

每个人都有自己朴素或直觉的平等观,并据此提出自己的平等要求。对于各种各样的平等要求,人们可以通过检查其论证前提的真实性,排除那些其前提的真实性被证伪因而不再具有正当性的平等要求;还可以进一步核查其所运用的原则,看看其是否符合平等的形式原则,从而可以排除那些不符合平等形式原则因而不符合平等的形式逻辑的平等要求。一项平等要求,如果既满足"相同的人相同对待"的原则,其相同性基础又是真实的、正确的,那么它就可以通过这两项核查。

但能够通过这两项核查的平等要求非常多,对于通过了前面两项核查的平等要求,人们可以进一步考察其是否与其平等尺度相关和匹配。就财富和收入的分配而言,对于一种特定的平等要求是否与其平等尺度相关和匹配的问题,往往不存在单一地充分的和完备的尺度,因而在社会实践中所采取的往往是一种融合了应得和需要的综合尺度。各种尺度如何综合,比如如何对不同的尺度赋予权重,却注定包含价值抉择,而对于不同的价值选择,学术上无法提供唯一的解决方案。

---

① Mortimer J. Adler, *Six Great Ideas*, NY: Touchstone Books, 1981, p. 23.

不同的人依据各自的观念和利益所提出的平等要求往往相互竞争和冲突,而资源的稀缺意味着没有一种平等的实践方案会同时满足所有人以平等名义提出的所有要求。在这种情况下,满足哪一部分人的要求、满足哪一些要求,成为平等理论最现实和最核心的问题。

平等要求的相互冲突,其实质是分配正义的冲突,因为平等和不平等依赖于"相同的人相同对待,不同的人不同对待"的正义的形式原则提供支撑。前文已经论述,面对各种各样的利益要求所引发的冲突,正义被人们寄予调解个体之间、个体与社会之间相互冲突的厚望,作为调解人们相互冲突要求的裁决依据。然而,人们对正义的这一厚望却注定会带来失望,因为当把正义的形式原则运用于实践,用来裁决形形色色的利益诉求时,往往难以获得客观、独立、清晰、一致的裁决,缺乏具有终审意义的学术裁决。对于实质正义观点的冲突,如果不存在对各方都有说服力的讲坛裁决(通常情况下几乎总是如此),最终往往诉诸实践层面的政治过程,导致政治权威的介入,形成政治裁决。政治过程发挥着裁决不同的平等要求之间冲突的功能。

为了减轻不同实质平等和实质正义要求的相互竞争可能带来的冲突和破坏,尽可能避免采取直接、极端的对抗形式,理性的人们选择了拥有最高裁决权的政治共同体(政治系统)的生存方式,以确立某种权威性的分配秩序,维持社会政治稳定。在人类历史上,当需要在稳定的政治系统和无政府状态之间做出选择时,人们均选择了前者,因为正如诺思(North)所言,"几乎任何一套规则都好于无规则"[1]。政治系统作为解决冲突的工具而存在,并没有什么神秘可言,其核心功能是对共同体成员之间以及成员和共同体之间相互冲突的要求做出最终裁决。政治共同体,这个被亚里士多德称为"最高且最广的社会团体"和"拥有最大的善业"的团体,其实质首先就是一种拥有最高裁决权的秩序维护者。政治权力的目的是"在个人或集团的双方或各方之间发生利益冲突或价值冲突的形势下执行强制性的控制"[2]。

所谓政治系统就是指一个对内拥有最高权力,享有终极性的、最高的

---

[1] 〔美〕道格拉斯·C.诺思:《经济史中的结构与变迁》,陈郁、罗华平等译,上海:上海人民出版社1994年版,第24页。

[2] 〔美〕巴克:《社会心理学》,南开大学社会学系译,天津:南开大学出版社1984年版,第420页。

权威,以裁决内部争端的人类社会组织。一个政治系统对内的功能主要是为裁决争端提供终极权威,维持稳定的社会秩序,对外的功能主要是防范来自外部对政治系统的威胁,主要是安全方面的威胁,也就是对政治系统生存的威胁。马克斯·韦伯认为国家是一个"拥有合法使用暴力的垄断地位"的实体,即强调一个政治系统对于内部唯一的、终极的权威,并拥有最高权力及其保障手段。"天无二日,土无二王。国无二君,家无二尊,一以治之也"①,就是强调君权作为一种政治权力的独占、一统和至上。国不堪二②,君二多难③,"一则治,两则乱"④,就是强调政治权力作为裁决冲突的终极的、最高权威的唯一性。⑤ 正因为如此,在一个社会政治经济的大系统中,政治系统往往居于支配地位,是大系统的控制中心,其支配地位高于社会文化系统和经济系统。⑥

对于各种各样实质平等要求之间和实质正义要求之间的冲突,如果不采取极端对抗的形式,就需要一个政治过程做出权威裁决,并以政治系统的最高权力和权威来保障所选择的特定平等观和特定分配秩序。群体、个人以及群体与个人之间相互冲突的平等正义要求的解决,首要的问题不在于遵守某一特定的秩序,而在于有秩序可循⑦,不论这种秩序是平等主义的还是等级制的。因为社会作为一个整体和系统之所以能够存在,是因为各个子系统、部分以及个体之间存在着的相互作用、相互依赖。没有了这种相互作用和相互依赖,社会政治系统作为一个整体将不能存在。系统的整体性对于各个子系统、部分以及个体之间存在着的互动耦合的依赖,丝毫

---

① 《礼记·丧服四制》。参见陈澔注:《礼记集说》,上海:上海古籍出版社1987年版,第339页。
② 《左传·隐公元年》。参见(晋)杜预:《春秋经传集解》(第1册),上海:上海古籍出版社1988年版,第6页。
③ 《左传·哀公六年》。参见杨伯峻编著:《春秋左传注》(四),北京:中华书局,第1683页。
④ 《吕氏春秋·执一》。
⑤ 政治系统的概念主要强调其对内部所拥有的独立的、最高的权威。这种意义上的政治系统在现代社会的表现形式就是国家。本书之所以未使用国家这个概念,主要考虑到现代意义上的国家要有独立的领土,但在人类社会的演变中,一个政治系统可以具有现代意义上的国家除去领土之外的其他要素,但却不一定有固定领土。比如,在古代游牧社会中,政治系统的固定的疆域是不存在的。对于这样一个社会政治系统,虽然没有领土,但并不能因此而否认其政治性质。换句话说,固定的疆域和领土,并不是一个"政治"系统的本质属性,虽然在现代社会条件下,一个政治系统往往具有固定的疆域和领土。
⑥ 〔德〕哈贝马斯:《合法化危机》,刘北成、曹卫东译,上海:上海人民出版社2000年版,第6页。
⑦ 〔法〕托克维尔:《论美国的民主》(下卷),董果良译,北京:商务印书馆1988年版,第723页。

不排除各子系统之间、部分之间、个体之间以及各子系统、部分和个体相互之间的竞争关系。用辩证法的术语讲,社会政治系统是一个对立统一体。在一个社会政治系统里,如果各群体之间、个体之间对某些资源有相互冲突的要求,则群体之间、个体之间以及群体和个体之间对这些资源的要求就会出现竞争关系,如果一个系统不能很好地平衡这种竞争关系,其存在就会受到威胁。

平等、分配正义等思想,就是为了协调和约束这些相互冲突应运而生的。如果一种平等观和分配正义,被人们广泛认可和接受,则由这种平等观和分配正义所确定的分配秩序就得到了正当性,并能在社会政治系统中得到很好的贯彻和执行,形成稳定的社会政治秩序。如果没有一种平等观和分配正义被人们广泛认可和接受,就不会有广泛正当性的分配秩序产生,也就难以形成稳定的社会政治秩序,其结果就是社会政治动荡、纷乱、无秩序和压制。在这种情况下,要么出现具有说服力的平等和分配正义理论为人们所接受,使分配秩序和社会政治秩序具有正当性,人们能够自愿和非强制地服从这种秩序,形成社会政治稳定;要么通过政治压制和专断,强行倡导某种平等观念和分配正义,强制推动某种特定的分配秩序,形成虽然可能稳定但却潜伏危机和暗流涌动的政治秩序;要么继续混乱下去。在历史和当今的社会政治系统中,三种可能必居其一。①

一个政治系统的大部分成员是否把该系统的分配制度或分配方案作为义务予以接受,取决于人们关于平等和分配正义的理念。只有人们确认了这些分配制度或分配方案的正义性,人们才会把它们当作义务来接受,并因而给予它们正当性。人们关于平等和分配正义的理念会影响系统成员有关自身的正当利益和分配要求的观念,影响人们各自对于政治系统分配结果的合理期望,并将这些自认为合理的期望转换成对政治系统的分配要求,输入到政治系统中。由于待分配的社会价值总是有限的,如果一个政治系统想要持续下去,它就不得不采取一些措施,以控制对有限的可分配资源的要求输入,避免输入超载,即超过政治系统的承载能力。

如果一种平等思想和分配正义能够很好地约束人们政治要求的形成,那么政治系统就能够按照这种平等思想和分配正义所确定的分配秩序把

---

① 〔美〕戴维·伊斯顿:《政治生活的系统分析》,王浦劬译,北京:华夏出版社1998年版,第74页。

有限的待分配物分配到系统成员手中,满足系统成员的要求,使政治系统持续稳定地运行。反之,如果系统成员所持有的平等思想和分配正义观念无法有效约束人们的政治要求,就有可能导致政治要求的输入超载,系统提供的分配物无法满足大多数成员的分配要求,导致系统分配秩序正当性下降甚至丧失,系统成员可能会挑战现行分配秩序或尝试新的分配秩序。如果新的分配秩序能够获得广泛认可和接受,那么政治系统新的分配秩序将获得正当性,使得政治系统能够持续稳定运行。若新的分配解决方案无法获得广泛认可,就可能出现混乱或暴力反抗,导致政治系统无法持续稳定运行,这时,民众很可能要求更换以现行的分配秩序为主要纲领的执政当局甚至政制。历史上,儒家正统思想通过强调最高权力的唯一性和专有性,通过三纲五常的伦理教化,较好地控制了帝王以外的其他人对最高权力和地位的觊觎,并通过维护帝王的权威以及相应的分配秩序,有效地约束了人们对政治系统提出的政治要求,维持了中国历史上帝王专制政治系统的长期稳定。

平等要求互竞的解决方案,只有在社会政治系统中,在政治系统各方力量的互动关系中,将平等要求、平等观念、分配秩序与社会政治秩序的正当性联系起来,才能得到现实和准确的说明。[①] 作为相同对待的平等,只有在某种政治系统和政治秩序中,才能得到合法的强力保证。单靠个人、企业或者社会组织,无法实现由政治权力提供的分配方面的最后保障。

政治共同体需要承担起分配方面的最终责任,通过政治过程对不同的平等和正义要求进行终极裁决。也许只有在这个意义上,而不是在追求至善的意义上,才能说政治学术是一切学术中最重要的学术,因为政治决定

[①] 由于社会政治系统关注政治活动的整个范围,强调政治共同体内部的互动以及与其他系统和外部环境之间的相互作用、相互制约,视野宽广,能够沟通历史和当下,已经成为社会政治领域一种十分重要的理论范式。人类社会和政治共同体常常被看作一个复杂的大系统。稳定的系统才能持存,政治系统也是一样。伊斯顿主张把政治过程阐释为持续不断且相互关联的一连串行为,从而对政治生活进行系统分析。他认为一个政治系统如果要持续稳定地存在,就必须能成功地完成两个功能:一是能够为一个社会分配价值;二是设法使大多数成员至少把这种分配作为义务予以接受。也就是说,政治系统的核心功能是为系统成员分配社会价值,而且对社会价值的分配必须能够让大多数成员认可和接受以便取得正当性,从而为政治系统带来稳定和秩序,使政治系统能够持续地生存。否则,政治系统对于社会价值的分配的正当性就会受到挑战,导致政治系统的不稳定甚至崩溃。参见〔美〕戴维·伊斯顿:《政治生活的系统分析》,王浦劬译,北京:华夏出版社1998年版,第27—33页。

对整个社会具有支配性影响。在现代社会,一个社会或共同体有关平等的抉择,通常会走向社会政治实践过程,形成政治裁决。

奴隶制、封建依附关系以及帝王专制秩序中政治、经济上的不平等,已被今天的人们视为极度的暴政和不公正,为什么在历史上能够长期存在?为什么被当时的社会广泛接受?这些曾经被视为天经地义的不平等在近代转变为平等,是人类历史的必然抑或仅仅是难以理解和把握的巧合?

前文已经论及,古代社会的天道自然、宗教神学以及生物自然主义思想中既有平等观念,也有等级观念,但为什么平等制没有发展起来,封闭的专制特权等级制却被选择并变得根深蒂固呢?

古代文明中身份世袭等级制的成因与人类面临的生存竞争环境密切关联。生存竞争不仅是生物界的基本现象,也是人类社会的基本现象。从某种意义上说,人类之所以组织起来并形成社会,是在生存竞争中试错后的必然选择,因为个体的安全与生存在很大程度上维系于群体。人的社会性主要来自于为了防范个体可能受到的威胁,是出于保障个体安全的需要,是人们自觉或不自觉地选择的一种群体生活方式。①

人类不仅要应对来自自然的挑战,更重要的是还要面临来自人类其他群体的竞争。在应对外部竞争和冲突方面,政治系统为了在对外竞争中生存,需要增强防御能力,尤其是军事能力。② 军事能力要求社会资源的集中使用,人类社会早期政治系统中对外防御能力和军事能力的重要性决定了这些早期政治系统的政治权力安排倾向于采取中央集权的等级制方式,因为等级制中的集权要素有助于增强军事能力。处于外部威胁中的政治系统,差不多全都身不由己地去加强军事能力,加强中央集权。托克维尔观察到,一场长期的战争,不是使政治系统因失败而灭亡,就是使政治系统因

---

① 在传统社会,人类通过结成各个层次的群体组织,比如氏族、部落等,极大地增强了自身的生存能力。人没有尖牙利爪,肌肉骨骼也不是十分有力,却可以通过集体行动有效防御大型食肉动物以及其他危险动物的袭击,可以完成单靠个人无法进行的对其他草食动物的围捕和猎杀,当个体面对强大的威胁而难以抵抗时,他们必然选择联合,群体的联合是一种生存竞争条件下的理性选择。人类在群体中还能获得从属感和其他感情的慰藉,这进一步增强了群体的吸引力。

② 降低政治系统之间的竞争可能造成的破坏性的方法,主要是靠政治系统的自律,这在历史上常常不能做到。当温和的竞争不能解决冲突和对抗时,就走向战争这一极端的解决方式。可以毫不夸张地说,一部世界史,就是一部人类战争史。第一次世界大战和第二次世界大战,就是这种竞争的最极端的例子,其本质是争夺资源的战争。对于这一点,希特勒毫不讳言,他的话是"拓展生存空间";日本侵略者也有强烈的扩张动机,美其名曰"开拓万里波涛"。

胜利而导致专制和集权,这两个可悲的结局,近代以前的人类历史中,几乎总是必居其一。① 古希腊雅典城邦的公民身份平等制就因为雅典城邦的衰落而消失了。

政治权力的高度集中往往伴随着阶级分化和分配上的等级制。对于政治系统内部不同群体对有限资源的互竞,人们应该曾设想过、尝试过不同的制度,但有历史记载的分配制度中平等的身份、平等的政治地位和经济地位并不是主要特征,主要特征是等级制。

等级制一旦形成,处在统治地位的人一旦尝到权力的甜头,就不会再轻易放弃,而是会通过各种手段巩固和强化自己的权力和地位。古代社会天道自然、宗教神学以及生物自然主义思想中的平等观念对于统治者来讲是不具亲和力的,必然会受到打压,而其中的等级观念却很合统治者的胃口,必为统治者所选择。汉武帝罢黜百家,独尊儒术,看中的是儒家思想中的伦常等级观念有利于节制人们的政治要求,有利于维护其统治。

古代社会天道自然、宗教神学以及生物自然主义思想中的等级观念为统治者所选择,并通过神创、神启、神决、天道、自然神、自然父权、生物自然主义等理论的论证,使得以封闭的专制特权为特征的等级制具有了某种神圣性,也因而具有了理所当然的正当性和正义性,形成了历史上不同文明和文化传统中形形色色的身份世袭等级制观念。波尔说:"虽然平等的观念曾经回荡在神话般的城邦时代,它们并未能成为古代世界政治、经济抑或哲学生活的一个稳定组成部分。"②

在前科学阶段,宗教神学、天道天理以及超验的生物自然主义与政治权威的结合易于导致思想专制和权力专制。在人类历史前科学阶段的早期,曾经出现过多种多样的宗教神学、天道天理等宇宙论思想和治国执政理念,形成过灿烂的古代文明,比如古希腊神话中的多神教以及各种各样的思想流派;大约在同一时期,中国则出现了对后世产生巨大影响的先秦诸子,儒、道、法、墨等百家争鸣。思想的活跃和治国理念的多种多样不利于形成稳定的统治,因而统治者往往选取那些容易巩固其专制统治的思想作为官方意识形态,形成思想专制以维护其权力专制。其思想专制往往以超自然的神学、天、道作为论证基础。公元前18世纪的《汉谟拉比王法典》

---

① 〔法〕托克维尔:《论美国的民主》上卷,董果良译,北京:商务印书馆1988年版。
② 〔英〕J. R. 波尔:《美国平等的历程》,张聚国译,北京:商务印书馆2007年版,第5页。

明确说明汉谟拉比王的权力来自于神的授权。汉武帝独尊儒术的根本原因就是儒家思想的三纲五常易于维护帝王专制统治,后世儒者(以董仲舒、朱熹为代表)纷纷为儒家思想增添了其早期本不具有的天道、天理论证[①]。罗马皇帝选择了外来的基督教作为其国教,因为基督教较古罗马的众神教更有利于统治者维护对现世的专制统治。东西方主要文明结束灿烂的古典时代,不约而同地走向极端专制,不是历史的偶然,而是有着深刻的思想、政治根源。

　　迷信、无知、知识不普及导致了宗教神学。人类在传统社会对外部自然的认识十分有限,面对强大的自然力,易于产生对超自然能力的崇拜和敬畏,也包括对祖先神灵的崇拜和敬畏。因而各种各样的神话传说、巫术、附会盛行,不以实验证据为基础的占卜、迷信盛行。中国商代殷墟中的甲骨文记载的主要是商王朝有关占卜、祭祀和祭祖的内容;古埃及政治生活的中心内容是祭拜神灵,耗时费力、劳民伤财的金字塔就是祭拜神灵的体现;基督教圣经的主要内容就是神创、神启和神决论。

　　宗教神学提供的世界图景中人并不处于中心地位,而是处于从属的地位。神权、教权和世俗专制权力相结合形成的思想专制和权力专制,使身份等级制得以在历史上长期推行。统治阶级通过神权、父权和自然神权等,将等级制和特权制正当化、合法化,将不平等的分配方式制度化,将神权和世俗权力相结合,强有力地维护了社会现状,因为很少有人敢冒着现世的迅即处罚和来世的永久惩罚的风险而挑战现存秩序。封建特权、帝王专制、神学专制都依赖于对异端的镇压而得以长久维持。

　　中国历史上曾经出现无数次的农民运动和农民起义,力图往均平的方向做出某种改变。但这些农民运动和农民起义虽然多次推翻过王朝的暴虐统治,却没有从根本上动摇帝王专制等级制,甚至每一次农民起义的发动者、参与者头脑中的理想制度依然是大一统的皇权体系,依然是帝王专制等级制,依然信奉支撑帝王专制特权的"三纲"观念,只不过他们所反对的是帝王专制等级制的极端暴虐的一面,渴望一种温和的、重民的帝王专制等级制,渴望内圣外王的仁君善政。因而也就难怪接替一个王朝统治的无非是另一个王朝的统治。

[①] 儒家创始人孔子的思想本不以天道、天理作为论证基础,而是主张怪力乱神敬而远之,六合之外存而不论。

虽然在古希腊雅典城邦的民主时代,仍然存在着奴隶制和外邦人,但在城邦公民之间存在着独特而确实的政治平等,这种平等制是人类平等实践中不朽的历史典范。尽管随着古希腊被征服,这一公民之间的平等实践也随之消失,但在近代追求平等的过程中,它又重新散发出夺目的光辉,并为人类社会新的平等实践变革提供了一个重要参照。生活在城邦时代的柏拉图、亚里士多德等人对平等的思考依然为今天的人们研究平等提供重要的文献和思想资源。

"人人被造而平等"是来自于基督教神学的平等观念,但宗教神学思想中既有平等观念,也有很强的等级观念。在古代社会,尤其是欧洲的中世纪,教会阶层和王室贵族为了维护其专制和等级特权,主要是选择和强调其中的等级观念,为其封闭的等级制辩护。而宗教神学中的平等观念,比如"上帝面前人人平等"被认为是在来世才要实现的,现世中需要维护的是既有的社会政治秩序,当然也包括其中的专制和等级特权。

二、作为政治系统分配功能的平等

伊斯顿(Easton)认为,可以把一个政治系统看作一连串互动,政治系统通过这些互动为一个社会权威性地分配社会价值。① 政治是社会价值的权威性分配。②

对于社会价值应该如何分配,包括分配的规则和分配的依据是什么,人们之间会有分歧,而政治过程提供的是权威性的分配解决方案,从而使

---

① 〔美〕戴维·伊斯顿:《政治生活的系统分析》,王浦劬译,北京:华夏出版社1998年版,第26页。
② 伊斯顿采用系统分析方法研究政治生活,从政治输入和输出的视角考察政治过程。他提出从共同体、政制(regime,有学者将其译为"典则")、当局这三个层次来研究政治系统的正当性问题和稳定性问题。其中,共同体层次主要与文化、种族、历史传统、宗教信仰、意识形态等因素密切相关,关乎民族和国家等身份认同;政制层次主要涉及社会政治经济的主要制度安排,包括公民政治身份、政治权力的结构和社会经济制度等。现代化过程使得社会越来越去魅化,传统信仰和习俗的正当性受到挑战、质疑和检视,政治权威正当性的传统基础遭到动摇,并日益为人的世俗化目的所取代,人们认识到一切社会制度主要是人为的,是可变的,人可以根据自己的目的去尝试新的社会政治制度,人们越来越多地用政治制度的实际效果来判定政制的各种可能选项的优劣。而当局层次则主要涉及政策层面,关注常规性决策范围的具体事务,关注政策执行的具体效果。执政当局的政策纲领及其实际作为日益成为其正当性的基础。参见〔美〕戴维·伊斯顿:《政治生活的系统分析》,王浦劬译,北京:华夏出版社1998年版,第123页。

特定的分配规则和依据固定下来,并将之制度化,以求获得社会对特定分配秩序的持久认可。不同的文明形态和文化传统中往往包含了特定的分配正义观念。政治系统就是分配正义得以行使的定义域,它在现代社会的表现形式主要是民族国家。米勒认为民族国家迄今为止依然是社会正义的主要工具。① 政治系统的分配功能主要通过平等和分配正义指导下的社会政治经济制度来体现。

在分配领域,政治权力从未缺席。康德认为,在自然状态下,外在物可能是你的,也可能是我的,但不管是谁的,都只能是"暂时的"。② 只有在按照分配正义的条件组成的政治系统中,外在物才可能被"绝对地获得"。③ 在霍布斯哲学的无政府状态中,不可能存在确切的"我的"或者"你的",因为如果没有政治权威的保护,一个人可以使用强力向另一个人攫取他有能力攫取的社会价值。萨托利指出,在早期的习俗社会或身份社会,甚至生产和管理方面的社会分工也是由政治权力决定的。④

近代以来,在自由市场制度条件下,政治权力对分配的干预是以制度化的方式间接地进行的。政治制度主要通过界定和调整产权以确定和维护特定的分配秩序。⑤ 波尔指出,"财产作为一种民事制度,没有法律的支持就无法存在"⑥。诺思认为,产权的本质是一种排他性的权利,政府作为在暴力方面具有垄断优势的组织处于界定和行使产权的独特地位。⑦ 政治系统某种特定的平等秩序和分配秩序的确立,是通过界定、保护和行使产权来完成的。

不论在历史上还是在现代社会,自由市场制度从来不是完全自然的,市场经济的正常运转,是以国家采取某些行动为前提的。政府所采取的一

---

① 〔美〕戴维·米勒:《社会正义原则》,应奇译,南京:江苏人民出版社 2001 年版,第 295 页。
② 〔德〕康德:《法的形而上学原理:权利的科学》,沈叔平译,北京:商务印书馆 1991 年版,第 68 页。
③ 同上书,第 133 页。
④ 〔美〕乔万尼·萨托利:《民主新论》,冯克利、阎克文译,上海:上海世纪出版集团 2009 年版,第 414—415 页。
⑤ 正是在这样的意义上,卢梭认为"所有权不过是一种协议和人为的制度"。参见〔法〕卢梭:《论人类不平等的起源和基础》,李常山译,北京:商务印书馆 1962 年版,第 136 页。
⑥ 〔英〕J. R. 波尔:《美国平等的历程》,张聚国译,北京:商务印书馆 2007 年版,第 54 页。
⑦ 〔美〕道格拉斯·C. 诺思:《经济史中的结构与变迁》,陈郁、罗华平等译,上海:上海人民出版社 1994 年版,第 21 页。

些行动,对于保障市场经济的正常运行,是极为必要的。市场制度有赖于政府对产权的界定和行使,市场的运行本身即依赖于政治制度的各种强制性权利。对产权的界定本身就是对经济运行的干预,市场法律、企业组织法律本身就是强有力的国家干预,是人为的,而不是自然的或神圣的,正如卢梭指出的,"所有权不过是一种协议和人为的制度"①。

政治系统是更为复杂的社会政治大系统的核心,是以对暴力或者政治权力的垄断为基础的。社会政治系统包含很多的子系统,其中一些子系统的产生和运作以自组织为主要特征。以市场机制为核心的经济系统就是这样一个自组织系统,它通过询价、报价、议价确定价格并完成交易。在完成交易的同时,通过价格机制完成最终成果的自发分配。但市场机制并不完善,市场的自然运行也会导致属于自然系统的某些野蛮后果,为此,它依赖政治系统为其提供稳定的政治环境以及公平竞争的市场秩序,并用政治强制力保证所达成交易的执行。从这个意义上说,政治系统是一个比市场广泛得多的博弈过程,政治可以给市场分派任务,使市场能够避免不同的个人利益之间广泛的公开冲突。政治可以依赖市场的自组织功能,给市场提供制度环境以便发挥竞争性市场的好处,政治最终还要解决市场自身所不能解决的问题。布坎南认为,政治是一种更广泛的博弈过程,是对基本规则的博弈。② 从这个角度讲,政治过程包括了市场过程,是一个包括市场并最终解决市场自身无法解决的冲突的过程、场所和手段。

对政治与市场的关系而言,有观点认为,从历史上尤其是中世纪的市民社会看,市场首先是自发形成的,而后才有政府在尊重市场自发秩序基础上对市场的管制。但从中世纪市民社会的历史以及其中所隐含的政治与市场的关系中,并不能逻辑地得出市场在任何社会形态中在先后顺序上都早于政治过程,或者在重要性上优先于政治过程的结论。中世纪市民社会中市场在政治共同体之间夹缝中的出现和生存,与市场在政治共同体之中的运作是两码事。在现代社会,不受政治共同体管辖的、任由市场自发秩序生存和发展的区域并不是主流,欧洲中世纪特有的教权与王权统治的

---

① 〔法〕卢梭:《论人类不平等的起源和基础》,李常山译,北京:商务印书馆1962年版,第136页。
② 〔美〕詹姆斯·M. 布坎南:《自由、市场与国家——80年代的政治经济学》,平新乔、莫扶民译,上海:生活·读书·新知三联书店上海分店1989年版,第65—74页。

二元结构有利于市场等自发秩序的生存,但这种治权的二元结构已不复存在。在当代社会,政府对市场的规制已成为一种普遍现象。

稳定是政治系统的中立特征,效率亦然。然而分配不是政治系统的中立特征。政治系统通过立法决定产权结构,在财富的分配中发挥重要功能。公民的财富大大取决于国家颁行的法律,这些法律不仅包括管理产权、盗窃、契约及民事侵权行为的法律,还有它的福利法、税法、劳动法、民事权利法和环境管理法等;也包括水质法、空气质量法、消费品安全法、职业安全与卫生法、汽车安全法等,甚至毒品法等法律也无不涉及利益的调整。德沃金认为,当政府选择执行或维护一套法律而不是另外一套法律时,社会公众的利益必定要受到调整。① 国家不仅可以通过税收直接地调整财产权,甚至也可以通过所掌握的对货币的创制权、发行权来影响和调整产权结构,比如通过控制货币发行规模来间接地影响产权结构和利益分配。国家界定产权并规定产权的运作方式。即使在资本主义早期所谓自由竞争的时代,财富的创造也与政府息息相关。奥肯说,政府发明了专利权、版权以及各种许可证,"用稀薄的空气创造出了财富",而这些财富在鲁滨孙·克鲁索的荒岛上显然是不可能得到承认的。②

韦伯认为,随着社会化的扩大和深化,国家机构对于经济的重要性,一直在稳步上升并将得到进一步地加强。以美国为例,有关税收、劳资关系、证券管理、公共住房、社会保障以及环境保护等法规,在20世纪30年代的经济大萧条之前几乎不存在。而在当代所有西方国家,包括房地产在内的营利组织和非营利组织的财产,正日益受到行政法规的调整。正如伯尔曼有些夸张地指出的,政府对经济生活的干预已经如此广泛,"个人所有者如未经政府的许可,则几乎不能种植一棵树或扩建他的厨房"③。此外,虽然很少被提及,但政府为维护国民经济长期稳定运行所制定的宏观经济政

---

① 〔美〕罗纳德·德沃金:《至上的美德:平等的理论与实践》,冯克利译,南京:江苏人民出版社2003年版,第2页。

② 〔美〕阿瑟·奥肯:《平等与效率——重大的抉择》,王奔洲译,北京:华夏出版社1987年版,第32—33页。

③ 〔美〕哈罗德·J.伯尔曼:《法律与革命》第1卷,贺卫方、高鸿钧、张志铭、夏勇译,北京:法律出版社2008年版,第32—33页。

策,也在"极大地影响着收入分配"①。

在当代社会,伴随着社会化大生产的发展而来的城市化使得城市生活所必需的基础设施,包括道路、交通、供排水、休闲、卫生保健、教育等,具有很强的规模经济性,也越来越多地表现为公共物品。诺思认为,从历史的角度看,今天许多资源更近似于公共财产而不是排他性的所有。② 哈贝马斯认为,这些公共部门和其他垄断部门一样,商品的定价本身就是一种"政治价格",这些部门的劳动力的价格也是一种"政治定价"。③ 对于由此引起的利益分配,政治过程不仅无法置身事外,这些产业的利益协调和分配本身就是政治过程的重要一部分。政府施加着几乎无处不在的经济管制,不论是工资政策、价格政策、投资政策,还是有关工时、工伤补偿、产品质量方面的政策,都广泛地影响着利益的分配。在当代社会广泛实行的与经济平等有关的再分配,也是一个政治问题。④

三、政治实践中平等权利的多样性

正义的形式原则,即相同的人相同对待、不同的人不同对待的原则,意味着正义本身就是平等与不平等的混合。也就是说,每个人得到的待遇无非有两个方面:一是与其他人一样作为人、作为人类一员的权利,或者作为一个政治共同体成员之一的公民权利;二是每个人作为与他人所不同的自己的权利。至于其中每个人都应得到的相同待遇是什么,不同待遇又是什么,存在着持久的争论,这些争论不是平等理论和正义理论自身能够解决的,也不是支撑平等和不平等的形式原则能够解决的,因为这种争论恰恰是正义的形式原则带来的。这些争论的最终解决,主要不是理论层面的问

---

① 〔美〕约瑟夫·E. 斯蒂格利茨:《不平等的代价》,张子源译,北京:机械工业出版社2013年版,第217页。
② 〔美〕道格拉斯·C. 诺思:《经济史中的结构与变迁》,陈郁、罗华平等译,上海:上海人民出版社1994年版,第5页。
③ Habermas, *Legitimation Crisis*, Translated by Thomas McCarthy, London: Heinemann, 1976, p. 38.
④ 〔美〕迈克尔·沃尔泽:《正义诸领域:为多元主义与平等一辩》,褚松燕译,南京:译林出版社2002年版,第91页。

题,而是实践层面的问题,需要通过政治过程来解决。而平等的历史提示人们,实践中的解决方案是多种多样的。

历史上,人类政治系统中曾经出现过不同的分配形态。近代以前,人类社会在政治权利和经济权利的分配方面曾经极不平等,人类政治权利的平等只是在近代资产阶级革命后才逐步得到实现的。社会公正引起广泛的关注,也不过是在19世纪资本主义社会出现严重的贫富差距后才开始的。数个世纪之前的被认为天经地义的特权、等级观念,在今天的人们看来,已经变得不合时宜。

在两百年多年以前美国宪政体制确立之时及此后的很长一段时间,在今天的人们看来天经地义的选举权、被选举权以及担任各项公职的普遍资格仅仅是少数人的权利,这些权利普及所有肤色、种族和妇女,以及取消财产或识字等资格条件的限制,普及绝大多数人,是通过艰苦斗争一步步取得的。

波尔指出,在历史上,公民总是首先被界定为拥有某些特权的人①,不管是在古希腊的城邦,还是在近代大多数立宪国家。作为政治共同体的一员,每个公民都应享有的公民权利应当包括哪些内容?对此,不同的文明和政治传统,在不同的条件下,会做出不同的解答。因为对这一问题的解答,不仅取决于可用于支配的资源现状,也取决于人们提出的具体要求。而人们的平等要求受到经济发展程度、文化传统、受教育程度、平等和分配正义观念等因素的影响,是变化的、发展的。伊斯顿认为,一种要求是否会产生以及产生后包括什么样的内容,"都极大地由期望、意向、信仰、利益等的实质、强度及持久性所决定"②,而"有关健康、社会保障、公共交通服务、自然资源保护、人权或不同利益集团的特殊利益的要求,实际上仅仅五十年前还是鲜为人知的"③。一种平等观是否能够获得现实的正当性和民众的认知有密切的关系。比如印度虽然在法律上已经废除了种姓制度,但种姓制度在印度农村某些地区却依然盛行,有着很大的影响力。被宪法所推翻的等级制,在现实中却仍然可能根深蒂固。

---

① 〔英〕J. R. 波尔:《美国平等的历程》,张聚国译,北京:商务印书馆2007年版,第41页。

② 〔美〕戴维·伊斯顿:《政治生活的系统分析》,王浦劬译,北京:华夏出版社1998年版,第54页。

③ 同上书,第74页。

公民的自由权和选举权不能自动使劳动者免受由失业、疾病、伤残和养老引起的诸多困境。因而,自19世纪后半叶以来,工人阶级利用选举权和工会组织迫切要求实行社会改革。在这种压力下,一种新的、提供社会基本保障的自由主义发展起来,它在承认机会平等的同时,也承认国家对全体公民的福利所负的某种最后责任。西欧各国由德国带头,纷纷采纳了种种社会改革方案,其中包括老年养老金,最低工资法,疾病、工厂安全事故保险和失业保险,以及有关工作时间和工作条件的法规,这些改革成为现代福利国家的前奏。19世纪80年代,德国实施社会保险,这一保险后来演变为"强制性储蓄",其实质是一种强制性的基本的社会保障和再分配。收入再分配虽然并不是社会保障机构在一开始就公然宣称的目标,但却逐步为社会所认可。在当代,几乎所有主要国家,都已经接受并采纳了对全体公民进行社会基本保障的责任。

今天,谈论并追求自己的福利被认为是天经地义的事情。各种各样的利益集团开始兴起,这些组织既包括传统的以行业、地域、种族、宗教为特征的集团,也包括退伍军人、老年人、残疾人等,甚至是相貌丑陋之人也已经组成了他们自己的政治压力集团,他们关注自身的现实利益,并通过施加政治压力来达到自己的目的。[①] 现实的社会政治实践中包含并吸纳了各种各样以平等的名义提出的、以财富和收入的再分配为主要内容和目的的分配方案。

一些西方国家通过民主政治过程追寻公众舆论和民意,持续地对需要国家保障的具体权利进行界定。

四、互竞的平等诸要求的政治妥协

在现代社会,在人本主义背景下,平等要求具有强烈的个体主义特征。如果政治在广度上包含了整个统治结构,如果政治被模式化为个人为着提出并推进自己的利益与价值观而做出协调性努力的过程,那么,如果所有政治决策都能达成全体一致同意,这样的政治过程会是比较理想的。

---

① 〔英〕J. R. 波尔:《美国平等的历程》,张聚国译,北京:商务印书馆2007年版,第2页。

然而，理想不代表现实，全体一致同意的标准不仅对所有政治决策来讲过于奢侈，甚至就一项政治决策来讲，也几乎不可能。这也就意味着，政治必须充当相互对立的观点和诉求的协调人和仲裁庭，寻找一个虽不完美但对大多数人来说尚可接受的解决方案。

在通常情况下，对涉及各方利益的重大问题的最后的解决方案往往需要诉诸政治过程中的多数决定。但是意志的多数与这种意志的正当性或正义性是毫不相干的，人们接受多数的规则，只是因为人们找不到更好的规则。这是基于现实向理想的全体一致同意决策规则做出的妥协，向如不达成妥协就可能陷入僵局或者无政府状态担忧的妥协。

有人对民主政治过程中的多数决定规则深感疑虑，正如历史上曾一再发生的多数暴政所昭示的，认为多数凭借自己的简单意志即可轻易地剥夺少数群体的利益，不论这些少数表现为族群、宗教信仰还是富人。也有人对以多数决定为主要特征的政治过程在解决贫富差距方面感到深深的无助，尤其是在美国既定的社会政治框架下，贫穷的多数竟然允许社会的贫富差距到天壤之别的程度。在20世纪六七十年代的美国，50%的家庭仅拥有全部财富的1/20左右，全部收入的1/4左右。[①] 而最新的数据显示，"最上层的那1%人群"占有国民收入的比例超过1/5，拥有财富的比例超过国家财富的1/3，其中2010年美国企业CEO的年薪与普通工人年薪的比例高达243：1。不论从收入或拥有的财富看，美国的贫富差距都是相当悬殊的。[②]

对于"一人一票"政治制度下出现的这种经济不平等现象，奥肯曾经发问，为什么美国社会贫穷的多数如此宽宏大量地对待那些富裕的少数？因为原则上，选举出来的公众代表以51%的选票，就可以改变这种分配状况，但美国的选民显然并没有任意地伸张收入再分配。他们或许认为收入分配是市场自然导致的，这没有什么不正义；也或者他们对过度的经济平等可能会损害经济效率的损失等可能后果心存担忧，因而容忍了收入的巨大

[①] 〔美〕奥肯：《平等与效率——重大的抉择》，王奔洲等译，北京：华夏出版社1987年版，第29—30页。

[②] 〔美〕约瑟夫·E.斯蒂格利茨：《不平等的代价》，张子源译，北京：机械工业出版社2013年版，第3—4页。

差距①；也或者如斯蒂格利茨所说的，美国经济的竞争环境和游戏规则在很大程度上由上层群体尤其是最上层的1%群体所塑造，"政治游戏的规则也是由那1%的上层群体塑造"，从而使得投票结果更像是"一美元一票"而不是"一人一票"，"大多数选民想要的和政治体制提供的二者之间存在巨大差异"②。他认为，从根本意义上讲，"美国的经济体制不再是公平的了"，机会平等已经成为一个"虚构的神话"③。

尽管人们对于政治过程中的多数决定感到忧虑甚至无助，以多数决定为主要特征的政治过程能够引导政治追寻公众定义的分配正义行事，使得相互竞争甚至冲突的平等要求在政治过程达成折中和妥协，避免政治僵局的产生。

多数的要求虽然可能蛮横任性、没有限度，但当这样的情况发生时，往往会出现少数派对多数派过度要求的强烈质疑和反抗，对此，多数派内部往往也会有所顾忌并出现反思和妥协的声音。在一个政治共同体里，如果少数的利益无法得到有效保障或受到侵犯，少数必定会向现有秩序提出质疑和挑战，尝试改变或推翻现有秩序，导致社会不稳定，甚至走向动乱和走向社会政治系统的瓦解。现实中对多数的限制依靠不同观点的申辩、相互之间的启蒙和政治妥协来达成。面对激烈的少数派或反对派，多数派往往会做出让步，推行温和的多数意志。如果各方放弃自己过激的要求，走向谈判桌，那么，政治妥协就很可能达成。

一个法治社会通常需要遵守多数的决定，但少数当然不会也不必将自己的道德判断交给多数。多数统治不是理想的统治，但多数没有自己的敌手，毕竟保持了一种确定性。如果人们依照少数的意志进行统治，就连这种确定性也没有了。不同的少数派之间的不同诉求也只有重新诉诸多数才能找回只有多数决定才有资格享有的确定性，否则就只能滑向政治对抗、政治瘫痪或无政府状态。罗尔斯说，"在政治生活中，期待在基本问题上达成全体一致，任何时候都是极为罕见的。所以，民主宪法必须包括对

---

① 〔美〕阿瑟·奥肯：《平等与效率——重大的抉择》，王奔洲译，北京：华夏出版社1987年版，第29—30页。

② 〔美〕约瑟夫·E.斯蒂格利茨：《不平等的代价》，张子源译，北京：机械工业出版社2013年版，第107—108页。

③ 同上书，第114页。不仅如此，上层群体通过系统地竞选捐款和游说，收买了法律。

达成各种决定所需的大多数人程序或其他多元性投票决策方式。不提出或认可任何一种这样的安排是不理性的"①。多数原则可以避免顽固地坚持全体一致时极有可能出现的政治僵局。在无法达成能为所有人所接受的普遍的原则时,多数原则是保证宪政机器运转的最低限度的统一原则。

不同平等要求之间的互竞和分歧的解决,没有客观、独立的标准。② 对于主客体互动生成的社会和政治共同体的稳定态而言,社会和政治共同体的事实状态,不是"纯客观的",而是主客体互动生成的,是人们的社会和政治理想、价值追求同社会政治现实相互激荡的结果,是价值和事实共同作用的产物。现实世界中的社会制度和政治制度,是由价值追求和政治理想的参与所铸成的事实,是通过价值判断和选择而形成的行为模式。③ 这就意味着,在社会政治领域中,没有"纯客观"的事实。在社会政治领域中,主客体互动耦合形成的稳定态往往是多元的,因而不存在社会和政治共同体建构唯一正确的客观标准。

如果我们把主客体双向互动耦合过程中的稳定态对于主体的建构和操作的敏感性程度,看作一个连续统一体,那么在这个连续统一体的一端,稳定态个数极少,甚至只有一个,而且很稳定。比如对太阳系天体运动的认识,地心论以及其他一切假说在解释天体运行时,就不能全面、一致地解释所观察到的现象,只有牛顿的万有引力定律比较精确地解释了所观察到的现象和数据,从而形成一个认知过程的耦合稳定状态。爱因斯坦在后来提出了相对论,更精确合理地解释了天体运动规律,形成了一个更好的稳定态,完成了库恩所说的科学范式的转变,形成了科学革命。在对太阳系

---

① 〔美〕约翰·罗尔斯:《政治自由主义》,万俊人译,南京:译林出版社2011年版,第363页。

② 人作为认知主体,与作为认知客体的自然对象不同,可以反思并反作用于自身。人对自身的认识,会影响甚至改变自身;人对共同体的认识也会深刻地影响和改变共同体;因而人和政治共同体自身的稳定性和同质性较差。如果说人不可能再次踏进同一条河流,同样地,人也不可能长久保持严格意义上的人自身,因为人不仅身体状态会处于一个不断的生长、成熟、甚至衰老的过程,精神和心理状态也有一个不断学习、体验、成长、变化的过程。政治共同体也是变动不居的,其个体构成以及外部环境等都处于不断的变化之中,只不过有的时候变化快一些,有的时候慢一些,但总是不断发展变化的。人类社会的历史就是一部人对自身、对共同体的认识、建构、设计、感受、运作的历史,这一历史最明显的特征莫过于主客体互动生成。人对自身和共同体的认识过程,就是尝试并寻求人对自身、对共同体的认识、建构、设计、实践的相对稳定的状态。参见张铭、严强主编:《政治学方法论》,苏州:苏州大学出版社2003年版。

③ 〔美〕乔万尼·萨托利:《民主新论》,冯克利、阎克文译,北京:东方出版社1998年版,序言,第4页。

天体运动规律的观察和解释中,认知客体对认知主体的建构和操作极端不敏感,使这一规律获得了某种纯粹客观的表象,比如牛顿的万有引力提出之后,就在很长时期之内被认为是发现了永恒的、绝对的、客观的和唯一正确的真理。科学史上,人们曾毫不怀疑地认为牛顿的万有引力定律是"上帝的""绝对的"的真理。

在这个连续统一体的另一端,稳定态个数极多,而且往往很不稳定。比如说审美观,在审美过程中,这种双向互动耦合稳定态很多,而且常常因人而异,"萝卜白菜,各有所爱",说的就是这个道理。譬如对人的审美,有些人可能终生喜欢苗条型的,有些人可能喜欢丰满型的,有些人则可能曾经喜欢一种类型,而过一段时间又会改变审美观,转而喜欢另一种类型。这些双向互动耦合稳定态,对认知主体的建构极为敏感,意图让人们获得稳定一致的审美观,可能只是天方夜谭。

在这个连续统一体中介于这两个极端的,双向互动耦合稳定态个数可能有限,相对稳定。比如对人自身的认知,对社会和政治共同体的建构,人类历史中可能出现过很多假说,但能形成稳定格局的,数量有限。在现代社会,当人们对各种文明都有了一定了解之后,经过比较,可能会找出并达到个数更少的稳定态。福山就是在比较了历史上各种社会形态后,认为自由民主社会可能是所有社会形态中最稳定、最可取的,可能形成人类社会存在的唯一形态,从而形成历史的终结。

比如,在人类文明史中,身份等级制无论在普遍性和延续时间上,都远远超过了平等制。人类近代以前的文明史,就是等级制的历史。依据新的认识论,我们就可以认为这些不同的文明形态都在不同的时期和地域中形成了稳定态。而且某些稳定态原本还可能延续很长时间。中国两千多年来的帝王专制等级制,如果不是西方文明形态的冲击和影响,可能本身会是十分稳定的,因为中国帝王专制等级社会历经多次改朝换代,再建立的却依然是大同小异的等级制。对于社会和政治共同体稳定态的检验,主要看其广泛的可重复性,不能简单地以正确、错误或者道德上的对与错来判断。

但社会形态的稳定态,也可能发生变化。维持一个传统封闭社会的神话、禁忌等一旦被打破,人们就可能解放那些被神话、禁忌束缚的思想,探究和尝试新的社会政治秩序。

人类社会形态的多元性和政治共同体稳定态的多元性，意味着对社会和政治组织建构的理论而言，不存在唯一的真理标准。即使对于自由民主制度而言，也没有唯一的、最优的或客观的标准。英国、美国、法国、德国、瑞典、日本等国家的政治制度各不相同，甚至差别较大，虽然他们都各有缺陷，都不完美，但似乎都在本国范围内获得了正当性，达到了稳定态。

人们在探究和尝试新的社会政治秩序时，可供选择的方案并不是任意多的，因为人们的认知和心理也存在某些规律性，尽管这些规律性可能很难准确地认识和表述。这些规律性的东西蕴含在有限的、可能的稳定态中，这使得人们在对社会政治秩序的认知、建构和选择过程中，可选项并不多，因为双向耦合稳定态的数目有限。如果人们的选择恰好导向了一种稳定态，则做出的决定就能够得到比较好地执行。反之，如果人们的选择和决定远离了可能的稳定态，则即使采取强力贯彻其决定，社会仍然会存在较强的反抗力量，并可能导致社会的不稳定和民众对政治决定的不认同，甚至反对。如果反抗的力量超过一定限度，甚至可能导致政治秩序的解体。

在社会政治领域，用一种新的设想的稳定态取代旧的稳定态的尝试，是一种试错过程。但这种试错过程，并不能保证对新的稳定态的设想、设计和尝试最终一定会形成一种新的现实的稳定态。既有的稳定运行的社会政治系统中，个体与共同体已经形成了稳定的耦合，因而有它存在的合理性，贸然尝试改变可能会付出代价。人类如果轻信自己并不完善的理性，不懂得节制，不懂得必然王国对于人的想象和希望的制约，过于大胆地试图改变一个复杂庞大的社会政治系统，美好的初衷往往演变为人类的灾难。如果人们的尝试很好地顺应了主客观条件的变化，能在个体、社会组织以及共同体之间形成新的稳定的耦合，那么新的社会政治系统就能形成并稳定运行，社会改革就能成功。

不同的社会政治稳定态之间的比较、竞争，不是纯粹的真与伪、善与恶的比较、竞争，因为没有纯粹客观的正确或善的稳定态可供比较。这种比较是两害相权取其轻、两利相权取其重的边际比较，真正重要的是说明何者更可取。

这样的一种认识论意味着，人们也许永远不能证明一种政治秩序为绝对的真的和善的，因为说到底，这是不可能完成的任务。尽管如此，人类政治秩序的试错逻辑却能告诉我们历史上某种特定的政治秩序是伪善的,并以此为根据对社会进行改革。

如果我们认可上述认识论观点,那么我们就可以克服自古希腊、康德以至波普尔以来认识论和方法论中对外部世界甚至包括人类行为和人类社会规律的"纯客观性"的假设,摆脱某种无奈的自然与社会的二元论,将自然科学和社会科学在这一认识论的基础上统一起来,将社会科学中的价值要素和事实要素联系起来,将社会政治追求与现实约束联系起来。

对于与社会政治秩序高度相关的平等理论而言,同样如此。人们也许永远无法证明某种平等是绝对的真的、善的或正义的,但人类社会的试错逻辑却能清楚地提示我们某种历史上的特殊的等级制是不正义的。譬如奴隶制,人类各主要文明史中都有关于奴隶制的记载,奴隶制曾经出现并盛行过,这是不争的事实。但由于以实验证据为基础的自然科学的发展动摇了奴隶制建构的前提的真实性,人们经过反思和抗争,这种制度一经被克服,就再也没有普遍、长久地重现的可能了。从这个意义上说,近代人类社会由不平等向平等的重大转向,之所以成为不可逆转的历史潮流,不是某种不可理解的巧合,而是科学革命带来的必然结果。正像罗素(Russell)所说,"近代世界与先前各世纪的区别,几乎每一点都能归源于科学"①。默顿(Merton)同样认为,科学和文化之间存在互动,科学知识和政治、宗教以及经济的制度之间存在着相互依赖。② 如果没有自然科学对迷信、巫术、无知的冲击和荡涤,现代身份平等制的出现可能还会遥遥无期。③

也就是说,以主奴关系为主的社会秩序,被人类历史当作一种不能继续带来持久稳定秩序的社会形态而被排除掉了。奴隶制本身能不能长久的持存,不是这种制度自身能够解答的,而是通过与其他类型制度的比较、竞争,通过对其前提的真实性、诉求的合意性和正义性进行的反思和批判,在持续的社会政治互动中得到最终解答的。从这个意义上讲,平等和分配正义理论的现实目的就是找到并选择一个能为公众所广泛接受的平等观

---

① 〔英〕罗素:《西方哲学史》(下卷),马元德译,北京:商务印书馆1976年版,第43页。
② 参见〔美〕哈罗德·J.伯尔曼:《法律与革命》(第2卷),袁瑜琤、苗文龙译,北京:法律出版社2008年版,第319页。
③ 人们对于平等的认知和伸张可能依据不同的理由,甚至是相互冲突的理由,但人类的认知毕竟倾向简单和一致的逻辑,倾向经验证据。

和分配正义,实施相应的分配政策,从而增强政治制度的正当性,增强政治系统的稳定性。

人有各种各样不同类别的利益,而不同类别的利益往往不可公度,不能简单相加减,通常只能是非此即彼的十字路口式选择。不同选择的不可通约性[①]导致人们对不同类别平等要求之间难以进行边际比较。对于不同平等观之间的分歧,最终的解决方法往往是折中主义的,不同平等观之间无奈地达成某种并非完全合乎愿望的或易于理解的妥协。

然而"妥协"这个词在学术上的名声并不太好。它往往被理解为政客的专利,与学术理论的逻辑一致性背道而驰。本质主义者不承认妥协,因为妥协意味着还没有找到事物唯一的、永恒不变的本质,妥协不具有一种理论所应有的彻底性和一致性。但本质主义是超验的和形而上的,"何谓本质"的不同观点之间的分歧,是类似诸神之争的无解难题,自身没有解决的任何前景。完美主义者鄙视妥协,因为妥协意味着有瑕疵,不够完美。理想主义者拒绝妥协,因为妥协意味着庸俗,意味着信念的动摇甚至堕落,是不可取的。理想主义者很少留意理想与现实之间的差别,不切实际的理想往往只是幻想,一旦触碰到铁一样的现实,往往导致反复无常的幻灭状态。

麦金泰尔批评折中主义是一种不同观点的"无原则的""大杂烩"[②]。虽然折中主义作为各种观点和理论的拼盘,难以称得上一种系统的理论,但却很少出现类似由于偏食而导致的营养失衡,大杂烩式的政策折中往往能够照顾到不同群体的诉求,有利于打破政治僵局。

那些拒绝妥协和折中的人应该认识到,道德问题往往不是非黑即白的,而更像是灰色的。而且,人的认识和实践过程处处充满着妥协。在认识论上,人的理论、假说最终必然向事实妥协;在社会实践方面,人的理想、

[①] 对于各种平等理论(包括福利平等、资源平等以及福利机遇的平等)之间的不可通约性,柯恩曾经做过论述。他认识到"利益向量成分中不可爱的异质性",并因而试图寻找比资源或福利"更根本的通货",以求在各种平等之间进行某种边沁式的功利主义比较,但他不得不承认,他还没有发现类似的通货,因而将自己的理论称为"半理论""太接近于直觉现象",甚至根本"配不上他所认可的'理论'名称"。参见 Gerald Cohen, "On the Currency of Egalitarian Justice," *Ethics*, Vol. 99, 1989, pp. 906-944.

[②] 〔美〕阿拉斯戴尔·麦金太尔:《谁之正义?何种合理性?》,万俊人、吴海针、王今一译,北京:当代中国出版社1996年版,第87页。

追求必然向人性的现实、向社会的现实、向自然对人类的现实约束做出妥协，否则就只能碰壁。

韦伯指出，政治理论所涉及的不同的价值判断、价值追求，往往处于永恒的矛盾之中，而有资格对彼此对立的价值判断做出裁决的"任何理性的或经验的科学程序并不存在"①，要解决这些矛盾就需要政治过程的交易和妥协。否则，就只有走向混乱和暴力冲突。拒绝妥协的结果，很可能是政治僵局或无政府状态。拉斯维尔（Lasswell）说："现代发生的事件尖锐地提醒人们，除了讨价还价之外，分配主要依靠神话和暴力，依靠信仰和掠夺。"②

当然，并不是所有的分歧都能通过妥协来解决，是否能够达成妥协要取决于分歧的严重程度、分歧各方的力量对比、各方妥协的意愿以及宽容的性格，等等。德沃金认为，当一系列相互对立又各具魅力的目标和原则不可能同时实现时，进行综合与平衡、妥协和折中是恰当的。③ 在平衡两种相互对立的平等要求时，尽管没有一种客观、独立的标准以帮助确定合适的中间立场，但有一点似乎不言自明，这个合适的立场绝对不在两个极端。

今天，对这个合适的中间立场的探讨，完全可以通过民主政治过程和平、稳定地实现。在欧美国家，每次大选一开始，辩论的焦点往往集中在最基本的社会保障以及不同的增税或减税方案上，会出现大量关于社会保障福利又将提高多少的推测和议论。不仅在美国和欧洲如此，在中国的全国人民代表大会的政治议题中以及公众的讨论中，社会保障水平、税收政策、公共支出、医疗保障、公共服务等已经成为日常的辩论题目。

政治过程的讨价还价、交易、妥协以及让步等，虽然并不意味着真理，却是人类认识和实践的试错过程的必然逻辑。对于那些拒绝妥协的人，重温一下西塞罗的名言也许是有益的。他在谈到自由时很精辟地阐述了不同政治价值追求之间妥协的重要性，他说："为了可能得到自由，人们只能

---

① 〔德〕马克斯·韦伯：《社会科学方法论》，韩水法、莫茜译，北京：中央编译出版社2008年版，第152—154页。

② 〔美〕哈罗德·D. 拉斯维尔：《政治学：谁得到什么？何时和如何得到？》，杨昌裕译，北京：商务印书馆1992年版。

③ 〔美〕罗纳德·德沃金：《至上的美德：平等的理论与实践》，冯克利译，南京：江苏人民出版社2003年版，第47页。

做法律的奴仆。"①

当不存在完美和理想的解决方案时,人们退而求其次,接受权宜的解决结果,也是符合理性的。正像伊斯顿所言,长期的内讧和动荡不安会使人们认识到,秩序是更好的选择。② 一位经历了又一次路边炸弹袭击的伊拉克妇女的哭诉清晰地表明了这一点:为什么其他国家的人可以安安稳稳地过日子,而他们却只能日复一日地混乱不堪? 说到底,政治系统本身即妥协,而不是什么至善和完美。鄙视政治过程的交易和妥协是简单的,但却无法解决现实问题。罗尔斯的正义理论好像找到了解决相互冲突的平等和正义要求的途径,在全体间达成了一致同意,但是他不得不依据虚幻的"无知之幕"下的原初状态,而且即便如此,他的结论本身也是彻头彻尾的妥协,只不过他用"词序"这样的术语作掩饰,词序本身所蕴含的平等原则与差别原则的混合,就是一种彻头彻尾的妥协。

本书承认妥协是解决相互对立的平等要求的政治过程的常态化选择,但并不因此走向相对主义。与此相反,本书认为,政治过程的交易和妥协有它的底线和原则,这一底线和原则就是每一种平等要求必须符合真实性前提、正义原则以及平等尺度的相关和匹配。

五、平等对政治系统稳定性的调节

平等与分配正义,归根到底,是与政治系统密切联系的,平等目标的实现要由政治权力作最后的保障。正义的平等有助于增强现有政治秩序的正当性,有助于政治稳定;而不正义的不平等极大地影响社会公众的不公正感,影响社会政治稳定。

政治系统的一个重要功能是通过立法制定规则以确立特定的分配秩序,从而规范稀缺、有限的资源在成员间的分配,将各种利益要求之间的冲突纳入制度化的轨道解决,避免暴力冲突。在这种意义上,一种政治秩序

---

① 卢梭也表述过类似的观念,他认为人们如果不愿意服从法律,那么,可能的后果就只能是服从主子。
② 〔美〕戴维·伊斯顿:《政治生活的系统分析》,王浦劬译,北京:华夏出版社1998年版,第258页。

就是制度化的利益表达和协调机制,不使利益冲突走向暴力结局。伊斯顿认为政治活动是"在社会系统中与社会价值的权威性分配有关的互动行为",正是这个道理。为使特定的分配秩序得到普遍认可和执行,需要以相应的分配正义赋予该分配秩序以正义性,使现有的产权结构和财富分配、收入分配合法化。诺思认为,任何社会的稳定都需要意识形态方面的上层建筑去主持博弈规则的公正[①],这种公正在分配领域的体现就是分配正义。

政治秩序是将人们的利益冲突纳入制度化的解决途径,但这并不能保证所有的利益冲突都能被纳入制度化轨道,没有一种政治制度能够确保和平地化解一切冲突。当利益分歧在政治秩序框架内不能和平地得到解决时,人们往往会诉诸暴力对抗手段。人们的实质平等观念和实质正义观念的每一次重大改变,往往都伴随着政治危机和政治冲突。

即使被称为"历史的终结"的自由民主制度也无法彻底解决人们之间的所有利益冲突。福山(Fukuyama)清醒地认识到了这一点,他说:"只有在这些冲突产生于在基本价值和游戏规则方面具有广泛并且既定的共识的利益集团之间,而且冲突的性质主要是经济上的,民主和平解决冲突的能力才能发挥最大的作用"。对于解决诸如世袭的社会地位和公民的平等身份之间的冲突和分歧,自由民主制度也能力有限。[②] 法国大革命就是一个突出的例证,美国的南北战争以及20世纪中期反种族隔离政策带来的许多地方暴力冲突也是例证。

一种平等观,一旦被统治者采纳并被民众所接受,就能融入主流的意识形态中,使现行的分配秩序取得正当性,从而很好地约束个人和集团欲望的泛滥,减弱人与人之间、群体与群体之间或者个人与群体之间的利益争斗,或者使利益之争通过正常的政治轨道解决。[③] 当然,当利益的冲突不能通过特定的分配秩序和平解决时,人们最终仍会诉诸暴力,甚至革命,以求改变现行的分配秩序。与此类似,伯尔曼指出,西方历史中,个人和集团周期性地诉诸革命手段对既定的权力机构实施"非法暴力",以推翻既定秩

[①] 〔美〕道格拉斯·C.诺思:《经济史中的结构与变迁》,陈郁、罗华平等译,上海:上海人民出版社1994年版,第203页。

[②] 〔美〕弗朗西斯·福山:《历史的终结及最后之人》,黄胜强、许铭原译,北京:中国社会科学出版社2003年版,第132—133页。

[③] 〔美〕塞缪尔·亨廷顿:《变革社会中的政治秩序》,李盛平、杨玉生译,北京:中国社会出版社1999年版,第34页。

序,而革命的结果最终产生了新的权威或创设了新的持久的法律制度。他认为,西方国家的政府和法律体制无不源于这样的革命,"每次革命,都在被视为整个社会转变的前后关系中产生了一种新的或大大修改了的法律制度"。他认为,每次革命虽然"都不得不与过去妥协",但都促成了旧的法律制度的转变,并"成功地产生了一种新法律"①。

因为人的欲求无限性与满足手段有限性的外部约束,没有一种权利能够伸张到极致,也没有一个平等方案和分配秩序可以解决一切分配方面的分歧。在调和不同的价值观和利益冲突方面,除了政治过程(讨价还价,抗议、集会、甚至对抗)之外,没有其他更好的方法。而且政治过程永远无法彻底取代暴力冲突和战争在互竞的平等要求难以达成妥协时的最后诉诸。英国的查理一世认为征收造舰税合理、正义、合法,而反对者们断言这既不公正,也不合法,双方均无意妥协,那么就走向了内战。内战的结局判定了查理一世的解释是错误的。在美国南北战争时期,各州有退出联邦的权利吗?谁也无法从理论上说服对方,双方都不妥协,那就只有走向战争,南北战争中北军的胜利权威性地回答了这一问题。

和平的政治过程无法彻底取代暴力冲突和战争在互竞的平等要求难以达成妥协时的最后诉诸这一点,虽然听起来有些毛骨悚然,但这不是本书的专利,而是洛克、卢梭、马克思都强调过的。"战争是政治的继续"这句名言,说的就是这个道理。

历史上,当社会不平等超过一定限度、民不聊生时,常常发生下层民众的反抗,甚至起义。哪里有压迫,哪里就有反抗。人类社会极端不平等的生存方式虽然长期存在,但下层社会并不总是逆来顺受,其间充满了对不平等的不满和反抗,以及对不同形式的平等和社会公正的渴求。当贫富差距悬殊,下层的基本生活得不到保障时,对现存分配秩序的反思就会出现。财富分配极端不平等的社会,总是矛盾重重,危机四伏。基尼系数是判断居民收入平等程度和差异程度的一个重要指标,基尼系数越大,收入差距越大。经济学家将基尼系数几个标志性数值与社会政治稳定紧密联系起来,不无道理,基尼系数 0.3 以下被称为稳定线,0.4 是警戒线,0.5 是危机线,0.6 是动乱线。阿玛蒂亚·森认为不平等和社会反抗之间的联系十分

---

① 〔美〕哈罗德·J. 伯尔曼:《法律与革命》第 1 卷,贺卫方、高鸿钧、张志铭、夏勇译,北京:法律出版社 2008 年版,第 19—21 页。

紧密,当一个社会发生叛乱或反叛时,其中必然存在可觉察到的不平等感。①

因为不平等程度与社会政治稳定密切相关,政治学者们历来关注极端的不平等可能带来的社会问题。柏拉图认为任何公民增益其财产的初期是不必加以抑制的,等到一个人的财产达到最低业户产额的五倍左右时,就须予以限制。亚里士多德在《政治学》中记载嘉尔基顿的法勒亚最先提出用节制财产的方法来消弭内乱的主张,通过适当地节制财产积累,避免贫富差距过大,以免酿成内乱。他建议一国内的公民应该有同等的产业,即一样大小的地亩,并提出了富户以地产为女儿的妆奁而娶媳时不受陪嫁,穷人则相反地只受陪嫁而不出妆奁,来平衡全邦各家产业的建议。②

梭伦于公元前594年进行的政治改革,也许是见诸文献的最早的为改变中下层民众的悲惨境地、减轻平民的反抗、维护政治系统稳定的政治实践。亚里士多德在《雅典政制》中对梭伦改革的描述清楚地说明了社会公平程度会深刻影响政治系统的生存以及政治秩序的稳定,也诠释了平等作为一种抗议性政治理想的作用。③ 梭伦通过改革及时地缓解了日渐积累的严重的贫富差距,缓解了雅典面临着的深刻的政治危机。梭伦废除债务奴隶制,公民沦为债奴者一律解放,国家还负责赎回那些被卖到国外的人;永远禁止以自由民人身作债务抵押,避免了城邦公民因债务负担而变成奴隶。④ 他颁布土地最大限度法令,限制土地过分集中。他还推行财产等级制度,以打破贵族依据血缘门第而来的世袭特权制。⑤

中华文明对等级制的论证主要不依据神创论而较多地依赖自然人伦,下层民众对极端不平等的反抗受到的制约主要不是来自神的永久惩罚而是当权者的现世处罚,所以每当现世的不平等达到一定限度时,下层民众就会冒着巨大的风险揭竿而起,反抗暴虐的统治。中国自有文字记载的历

---

① 〔印度〕阿玛蒂亚·森:《论经济不平等/不平等之再考察》,王利文、于占杰译,北京:社会科学文献出版社2006年版,第3页。
② 〔古希腊〕亚里士多德:《政治学》,吴寿彭译,北京:商务印书馆1965年版,第69—70页。
③ 萨托利将平等称为"抗议性理想",参见〔美〕乔万尼·萨托利:《民主新论》,冯克利、阎克文译,上海:上海人民出版社2009年版,第370—371页。
④ 此后,雅典的奴隶便全由外邦人充当。
⑤ 〔古希腊〕亚里士多德:《雅典政制》,日知、力野译,北京:生活·读书·新知三联书店1957年版。

史,就是一部王权和皇权更迭,广大民众反抗暴虐统治、追求某种形式的平等和社会公正的历史。

当一个王朝在反抗极端暴虐和均平思想的号召下被推翻,新的王朝建立初期,财富分配的公平程度相对较高,新的王朝所形成的贵族、官僚机构规模往往较小,民众的负担相对较轻,整个社会一般会享有一段时期的安宁和繁荣,人口通常也会有恢复性增长。但经过一段时期以后,贵族官僚阶层会越来越庞大,造成的赋税规模也越来越大,而这些负担主要压在农民头上。如果一个王朝这时再大兴土木,人为增加税负,或者对大规模的土地兼并不加限制,导致贫富差距过度悬殊和下层民众不堪重负,这样就会严重影响民众对现有政权正当性的认同,甚至出现反抗的呼声。当民众的不满达到高点时,如果有人以均平观念响应民众的呼声,号召推翻现有统治,往往容易形成较大规模的农民运动,为新的王朝更迭带来契机。

当然,王朝的更迭通常并不必然意味着平等和分配正义观念的断裂。虽然当社会中严重的不平等被人看作是严重的不公正的时候,平等就容易成为一种行动的计划和纲领。[①] 然而"愤愤不平的情绪并不总会产生清晰的思维"[②],源于严重不平等的社会义愤本身并不具有自动转化为明确的政治目标的能力,因为"它的社会力量源于一种道义直觉而不是思想原则"[③]。中国历史上若干次农民起义就清楚地说明了这一点。这些农民运动提出的口号虽然带有强烈的均平主义色彩,但只是对极端不平等和民不聊生的苦难的朴素的和自发的本能反应,缺乏明确界定的推翻帝王专制特权和封闭身份等级制的政治目标,只是将均平作为一种社会调节机制,作为颠覆既有分配格局的社会动员手段,当新的政治秩序建立后,依然是天道王治理想,均平观念又退出主流位置,处于潜伏状态。[④]中国两千多年的帝王专制,虽出现过无数次农民起义,出现过多次王朝更迭,总也避免不了帝王专制和身份等级制,就是因为在思想领域,儒家的理论仍被信奉,而其核心的政治指导思想是高度集权的和等级制的,均平思想只起到有限的反思和调

---

① 〔英〕J. R. 波尔:《美国平等的历程》,张聚国译,北京:商务印书馆2007年版,第16—17页。

② 同上书,第35页。

③ 同上书,第16—18页。

④ 葛荃:《中国政治文化教程》,北京:高等教育出版社2006年版,第55页。

节作用。清末的太平天国运动也是一个生动的例证。它虽然提出了"一律平均"和"有田同耕,有饭同食,有钱同使,无处不均匀,无人不饱暖"①等口号,但当洪秀全暂居江南后,依然当上了皇帝,其等级森严和奢靡的程度,不亚于当时的清帝。

中国近代以前对平等的认识不是人性的修习平等,就是诸如庄子的"以道观之,物无贵贱"的形而上的本质平等,未能对人在现实社会中的平等要求做出明确的伸张,容易滑向"以俗观之,贵贱不在己"②的宿命论的等级观,导致以天道自然、神权等为论证基础的帝王专制等级制占有绝对主导地位,只是在王朝统治极端暴虐、民不聊生之时,才有来自下层民众的较大的反抗,但这种反抗始终未能清算那些为帝王专制等级制提供论证的思想观点,没有触动帝王专制等级制的思想根基,无法形成对帝王专制等级制的超越,追求平等的目的基本上只是暂时缓解极端的分配不公,王朝虽有更迭,但新的政治秩序依然坐落在原有的思想基座上,无法摆脱帝王专制特权等级制,更无从确立现代身份平等的观念。

正义的平等有利于社会政治稳定。凯恩斯在观察 20 世纪经济大萧条时敏锐地认识到,更大的平等对保证人们普遍支持资本主义和民主制是至关重要的。他认为,法西斯主义和共产主义都是由于广大民众对不平等、贫困和失业的普遍愤怒和不满引起的。现代平等主义者谴责自由市场制度容忍甚至加剧了贫困,支持政府推动财产和收入的再分配,提出了累进税、遗产税、福利项目、工会、农产品价格保护、租金控制、最低工资、社会保障等一系列措施,旨在减少贫困和不平等。

正如托尼指出的,一个共同体,就其本意来说,意味着把其成员联结在一起的共同文化或共同体情感,但这种共同体情感不是一种仅凭愿望即可得到的东西,它需要经济基础的支持。不同社会阶层之间在经济和受教育机会方面的"剧烈"差别,与共同体情感背道而驰,它一方面导致了"奴性和憎恨",另一方面滋养着高高在上的"庇护和傲慢"。③

现代社会,巨大的贫富差距限制了低收入群体的选择范围和可能性,导致一部分人对另一部分人的实际支配,严重损害人作为道德主体的尊

---

① 《太平天国》(一),上海:上海人民出版社 1957 年版,第 321 页。
② 《庄子·秋水》。参见钟泰:《庄子发微》,上海:上海古籍出版社 2002 年版,第 370 页。
③ R. H. Tawney, *Equality*, London: Allen & Unwin, 1931, p. 41.

严。过大的贫富差距会降低社会成员之间的信任,增加焦虑、社会张力和政治疏离,并且在特殊的环境下,增加暴力、政治不稳定和犯罪。[①] 如果富人不交税以满足弱势群体的基本保障,很可能富人不得不交更多的税来维持社会治安。因而即使出于极其实用主义的目的,富人可能也会同意多交税,从而为穷人提供某种基本的社会保障。或者用斯坎伦的话说,人们出于对巨大的贫富差距的后果的担忧,从而采取某些降低不平等程度的措施,严格来讲并不是平等主义的,人们所诉诸的不是价值理性意义上的平等,而是工具理性意义上的后果论。[②] 人们做这一切,甚至完全可以不必发自善心,只是因为追求一个相对稳定的社会秩序,少一些犯罪、敌意和混乱。[③] 波尔指出,在美国的许多城市中有相当高比例的儿童由依靠福利度日的单身母亲抚养,"为推行这种福利计划而征收的税可以被称为一种'保护费'"[④]。因为这部分儿童如果得不到相应的照料,他们往往会流落街头,很多人可能会在成长过程中耳濡目染一些犯罪行为,并最终走向犯罪的道路。

威尔金森(Wilkinson)和皮克特(Pickett)对当代诸多富裕国家的不平等状况及其后果进行了国别比较研究,他们的实证研究表明,各富裕国家中健康和社会问题的严重程度与国民收入平均水平的相关度很低,而与不平等程度紧密相关,在较为平等的国家中,社会问题发生的概率明显较低。他们认为,对于诸多富裕国家而言,物质生活水平的进一步提高对人们的生活质量和幸福程度的贡献会越来越小,在这种情况下,降低不平等程度将改善社会环境,并造福所有人,从而真正提高每一个人的生活质量。具体说来,更高程度的平等将带来更紧密的社会关系和公民之间的更大信任,增进机会平等,减少精神疾病和肥胖症,降低青少年怀孕率,降低暴力凶杀犯罪率,提高预期寿命,增进社会和谐、合作精神和对共同体的认同感。[⑤]

---

① Richard Wilkinson and Kate Pickett, "The Problems of Relative Deprivation: Why Some Societies Do Better than Others," *Social Science & Medicine*, Vol. 65, 2007. 参见〔爱尔兰〕凯瑟琳·林奇:《平等:一个理论与行动框架》,张言亮译,《马克思主义与现实》2011 年第 4 期。
② T. M. Scanlon, *Why Does Inequality Matter*? Oxford: Oxford University Press, 2018, p. 2.
③ 樊纲:《平等、公平与经济发展》,《开放导报》2004 年第 12 期。
④ 〔英〕J. R. 波尔:《美国平等的历程》,张聚国译,北京:商务印书馆 2007 年版,第 4 页。
⑤ 〔英〕理查德·威尔金森、凯特·皮克特:《不平等的痛苦:收入差距如何导致社会问题》,安鹏译,北京:新华出版社 2010 年版。

同样地，斯蒂格利茨认为美国社会的过度不平等已经带来了严重后果，美国社会也正在为此付出代价，比如经济体制不稳定、缺乏效率、增长不足，并使得人们对于美国的民主制度和政治过程产生怀疑。①

当然，研究并指出不平等给当代社会带来的问题是学者的本分，然而如何改变它，需要社会公众发出自己的声音，需要一个社会凝聚起足够的政治意愿。

作为对政治稳定的调节，平等意味着一个理性的社会需要矫正过度的收入差距，有必要将消灭贫困和保障每个公民最低限度的社会保障视作自身的职责。但是，尽管人们认为有必要向所有的人提供一种最低限度的社会保障，但这样的平等观与那种根据某一先入为主的正义观来平均分配收入的制度设想毫无相似之处。人们的作为抗议性理想的平等观是有节制的，是一种应对性的矫正，而不是一种全新的分配秩序的设计，其主要关注的是对特定政治秩序的调节。平等作为人类一直以来追寻的、从未放弃过的最重要的价值追求，是一种抗议性的理想，激励着人们对宿命、命运的抗争，对出自偶然性的差异、对特权和不公正权力的反抗。把平等的诉求放在不平等和差异的大背景下，就能更好地理解平等作为抗议性理想而不是建设性理想的真谛，而如果把平等作为建设性理想，就可能提出不切实际的要求。

平等和分配正义是社会政治系统的压舱石。平等研究的现实功用是找到并选择一个能为社会公众所认可并广泛接受的平等观和分配正义，实施相应的分配政策，从而增强政治制度的正当性，增强政治系统的稳定性。波尔认为，虽然政府可以通过各种手段达到社会政治稳定，"然而最佳和最稳妥的"办法是通过平等和正义而实现的稳定。②

---

① 〔美〕约瑟夫·E. 斯蒂格利茨：《不平等的代价》，张子源译，北京：机械工业出版社2013年版，序言。

② 〔英〕J. R. 波尔：《美国平等的历程》，张聚国译，北京：商务印书馆2007年版，第7页。

第七章　当代平等实践面临的主要挑战与现实选择

规范性范畴的平等具有多重维度和多种内涵,人类历史上平等的进步也是在多个维度展开的,多种平等各有进展。在这个意义上,如果要阐述历史上一个特定时代在平等领域所取得的进步,就应当论及平等的各个维度,才不至于以偏概全,失之偏颇。但如果面面俱到,又可能冗长乏味,失去焦点。在这种情况下,从一个社会主要的支配性结构展开,论述某个特定社会的平等实践所面临的特殊挑战、政策辩论的焦点以及现实选择,虽然是一个不得已的选择,却也是一个不错的选择。因为正如米勒所言,"平等之敌是支配,它在这种情况下会出现:拥有一种好处的人能够利用其地位获得其他好处,而他们并不满足这些好处的相关标准"①。

在近代以前的传统社会中,政治权力的不平等是支配性的,支配着贵贱、财富、荣誉等各个方面,以政治权力作为后盾的封闭世袭的身份等级制是所有不平等中最大的不平等。正如韦伯所言,这种封闭世袭的身份对局外人封闭的不仅是货物,还有社会和经济机会。② 人类历史上平等的重大进步首先体现在推翻封闭世袭的身份等级制,法国大革命从某种意义上说

---

① David Miller, "Complex Equality," in David Miller and Michael Walzer eds., *Pluralism, Justice, and Equality*, Oxford: Oxford Univesity Press, 1995, p. 203. 此外,对于差序社会中贵贱的支配性问题,高瑞泉的论述具有一定的启发:"贫者未必依附于富人,但贱者一定臣服于贵者。在一个差序结构的社会中,贵贱突显了身份、地位、特权等等的差别,不但是权利,而且是承认和尊严的差别。对古代社会的政治经济学分析可以说明,贵贱的差别是首要的,通常主导了贫富差别。"参见高瑞泉:《论〈庄子〉"物无贵贱"说之双重意蕴》,《社会科学》2010年第10期。

② 〔德〕马克斯·韦伯:《经济与社会》第2卷,阎克文译,上海:上海人民出版社2010年版,第46、462页。

正是针对这种等级制的。①

中国传统社会以"三纲"定尊卑上下,而"三纲"以代表政治权力支配性的"君为臣纲"为统率。欧洲封建社会的支配性结构则是具有强烈宗法色彩的族嗣继承权,主要表现为长子继承权,以长子继承权为主要基础的宗法权不仅是经济的,不仅是家族的,而且是政治的②,长子继承权是维持家族生命和在家族内部传递不平等的主要工具③。

近代以来,封闭的身份世袭等级特权被废除,以权利的形式固化下来的平等成为既有社会政治制度的一部分,现代身份平等制度得以确立并趋于稳固。在当代,彻头彻尾的身份等级制,已经不再是人类社会的主流,虽然还存在世袭的王室贵族制度的残余,国王和贵族头衔以及某些王室贵族特权通过法律和惯例仍然保留着。但它们原来意义上相较于一般人的高贵性,已经不为多数人所认可了。人的身份平等,已经深入人心,现代身份平等制已经得到稳固的确立,而封闭的身份世袭特权制度的大规模复辟和重现已经不再有现实可能了。正如托克维尔在考察美国19世纪早期的社会民情时所感受到的,"身份平等的逐渐发展,是事所必至,天意使然。这种发展具有的主要特质是:它是普遍的和持久的,它每时每刻都能摆脱人力的阻挠"④。

在政治领域,人权和公民权利取得了普遍进步,相较于传统封闭世袭的身份等级制,当代社会公民在政治职位的选举权和被选举权、人身权利以及言论、集会结社权利等方面都有较大进展,尤其是在各主要发达国家,公民拥有不受财产、性别、种族、识字水平等资格条件限制的普选权,拥有了制衡和限制政治专断的法定权利。在社会领域,许多歧视性的差别对待比如种族隔离政策等也逐步得到矫正。人作为人,作为人类社会的一员,人格是平等的,都应受到平等的尊重,这一点已被广泛认可和普

---

① 英国等仍然保有王室的许多欧洲国家乍看似乎是例外的情形,但这些国家虽然仍保有世袭的称号甚至特权,但其专制的成分已被消解,这些封建特权的历史残留,在其国内社会政治生活中已不再是主要的支配力量,甚至其存废也是可以公开讨论的事情,讨论这一问题并非大逆不道。
② 〔英〕梅因:《古代法》,沈景一译,北京:商务印书馆1959年版,第152页。
③ 同上书,第147页。
④ 〔法〕托克维尔:《论美国的民主》(上卷),董果良译,北京:商务印书馆1988年版,第7页。

遍接受。

在当代社会,虽然以选举权和被选举权、对个体独立性和人格的尊重等为主要内容的政治平等和社会平等逐步奠定,但仅仅是人格平等、受人尊重的平等以及定期的普选权的行使,对于人们在社会政治经济生活中的命运,毕竟作用有限。因此,人们对平等的思考被引向社会政治经济生活的其他方面,包括财产权、收入分配、就业机会、受教育权以及社会保障等更具体的领域。也就是说,人类在平等方面业已取得的进步和成就并没有终结人们对平等的进一步追求,平等作为一种抗议性理想和永远无法彻底满足的理想,常常被人们拿来借以表达对社会现状的不满,并以平等的名义提出改变现状的诉求。人们会把平等方面业以取得的进步和成就作为思考平等的新的出发点和参照物,当作一个继续前进的里程碑,不断将平等的理论和实践引向深入。

近代以来,在封闭世袭的身份等级制废除之后,财富的支配性日渐增强,政治权力的专断支配让位于另一种力量的支配,资本和财富逐步成为社会结构中新的支配性力量,决定着人们的收入和消费水平,是社会关系中新的不平等的主要来源。正如林奇(Lynch)指出的,各种不平等相互影响、相互纠缠。特别地,"在一个经济不平等的社会中,很难取得机会平等"①。

在这种情况下,社会公众对平等的关注焦点便从政治平等和社会平等,逐步转向经济领域的平等,比如就业机会平等、教育机会平等、儿童福利、老年权益、失业保障、医疗保险、公共服务、社会基本保障等方面。

当代社会,人们对平等的诉求是体系化的,关注的不仅仅是一种平等或某一特定的平等,因为没有一种特定的物品和利益能够涵摄人们多样化的平等诉求。尽管在当代社会,财富和收入是人们生活中的一种支配性因素,是平等和分配正义争论的焦点,但这完全不意味着财富和收入方面的平等能够取代或整合人们其他的平等诉求,因为不同的平等诉求之间不可公度,不能够"普遍转换"。

---

① 〔爱尔兰〕凯瑟琳·林奇:《平等:一个理论与行动框架》,张言亮译,《马克思主义与现实》2011年第4期。

一、当代平等实践面临的主要挑战

当代社会出现了不同于以往传统社会的许多新要素,比如宗教迷信的式微、自然科学技术的高度发展、社会化大生产的形成、管理的专业化和组织的社会化、人本主义、世俗化、政治民主化、居住城市化等,这些要素共同作用,深刻影响着人们对平等的新认知,并使人们重新界定平等的新要求。

人们对平等的论辩,已经不再满足于本能的但却难免是朦胧的直觉,也不再满足于神圣的但却已经变得式微的宗教神学,而是更多地倾向于从人本身,从世俗生活,从人的自主选择和道德责任,尤其是社会政治秩序安排的必要性及其后果,来论证人们应该追求什么样的平等。平等已经不再是一个宗教信仰问题,而变成一个分配正义问题。对平等的论证已经不再依据宗教教义,也不再依赖原始平等的假设,而是依据人们的现实需要,围绕社会化大生产条件下的分配正义展开。

在传统社会的现代化转型过程中,公民政治参与意识日益增强,社会公众会自觉地和公开地向政治系统提出自身的利益要求,平等的理论和实践在当代面临着新的特殊挑战。

(一) 社会多元化的挑战

近代自然科学技术的发展动摇了宗教神学的根基,神话、迷信、传说失去了曾经拥有的神秘性和正当性,当代社会在很大程度上已经去魅化,天、神式微,而人本主义凸显,传统道德伦理的正当性基础遭到侵蚀,天、神、宗教、宗法、传统习俗等对道德伦理的约束弱化,受到宗教神学和传统伦理压抑的人的现实需要和欲望得到释放,人们对自我利益的追求不再羞于启齿,而被认为是天经地义,人的世俗生活而不是来世成为道德伦理和社会政治秩序所关注的核心。天人、神人合一的传统信仰逐步由单一的、世俗化的、全国性的政治权威所取代。在这一过程中人们抛弃了原有的观念,认为现世的利益是最重要的,一种分配秩序必须在人世中寻找权威的最终渊源,并为人们的世俗生活服务。

世俗化和人本主义意味着尊重人,而尊重人就是尊重人的现世需要、欲望和选择。现代社会条件下，公民主体意识增强，更具独立性，有更强的自主选择意识，人们的思想多元化、价值多元化、利益多元化。这些方方面面的多元化是尊重个体合意性、尊重个体自主选择的必然结果，人们在自身认同、诉求、主张、能力、行为方式等方面的差异和多样性，是现代社会道德伦理建构面临的基本前提。

社会价值的分配问题事关人们的切身利益，成为当代社会平等和分配正义关注的核心问题。而人的需求无限性与可利用资源的有限性之间的矛盾，对以个体的世俗利益为基础建构平等和分配正义理论施加了不可逃避的约束。社会多元化带来的现实挑战是集体意识弱化，个体意识增强，共同利益更加难以界定。人们对平等的观念多元化、诉求多元化，对平等的认知和价值判断存在深刻分歧，为寻求能够获得广泛共识的实质平等观和实质正义观提出了重大挑战。

社会多元化常常会导致各种各样的离心主义。如果不能有效应对社会多元化所带来的离心主义和去中心化，就可能导致社会解体，因此当代社会面临的一个重要任务就是既要防止政治权力的任意和专断对个人的侵害，又要抵制汹涌的个人主义可能分裂社会的危险。而这就要求尽可能在公众之间寻找共识和共同利益，使关于平等的观念和具体诉求的分歧不至升级为政治冲突，甚至社会解体。

(二) 社会化生产方式的挑战

社会化大生产是现代社会的核心要素之一。由于科学技术的巨大进步，由于多数行业的规模经济性，由于专业化分工以及分工基础上的协作更有效率，人类社会理性地选择了更有效率的生产社会化组织方式，最终形成专业化和协作化程度越来越高的社会化大生产。现代社会的人们自愿或不自愿地被卷入到社会化大生产中，卷入到经济全球化中。马克思指出："资产阶级既然把一切生产工具迅速改进，并且使交通工具极其便利，于是就把一切民族甚至最野蛮的都卷入文明的漩涡里了。"[①]

社会化生产方式使人们日益失去传统社会条件下普遍存在的相对独立的生产方式和生活方式，个人越来越变成一部巨大的社会化机器的一个

---

① 《马克思恩格斯全集》第4卷，北京：人民出版社1958年版，第470页。

齿轮或零件。社会化大生产方式在结构上表现为整个社会的组织化程度越来越高,现代社会中的人几乎无法摆脱组织化生存方式,很少例外。

虽然合作的利益将人们无可避免地卷入到高度的社会化生产方式中,但合作的成果是否能够得到公正分配的问题,却并不像自由放任主义者认为的那样可以自动得到解决。合作可以把蛋糕做大,是符合理性的,因而这种群体合作方式被人类理性地选择了,但合作成果的分配问题却仍然悬而未决。诺思注意到这个问题,他说一个由专业化个人组成的社会需要建立一种在成员之间分配系统产成品的机制。①

对合作成果如何进行分配才能够算得上公正呢?这个问题在社会化生产方式条件下却十分难以回答。现代的社会化生产方式不仅导致了生产跟消费的脱节,也导致了生产跟分配的脱节。在传统社会,社会财富的生产相对独立,生产和分配环节较少,结果的分配往往与生产过程很自然地联系一起。而在现代社会化大生产条件下,生产和分配是分离的,分配正义的实现没有传统的手段可以依赖。

因为社会化大生产的链条环节众多,且各个环节紧密联系在一起,很难区分每个合作者对于最终产品所做的准确贡献,也就无法按照一种清晰、一致的平等尺度将最终成果分配给每个人,这给平等和分配正义理论带来了很大的挑战。

(三) 产业垄断化的挑战

垄断、产业集中和资本向个别人的过度集中还使得一般产业工人丧失了在传统社会和资本主义自由竞争初期所拥有的机会,机会平等的基础受到严重削弱。比如早期的美国,是一个拥有大量未开垦土地,且土地价格十分低廉的农业社会,机会平等的条件能够较好地得到保障。当大多数非农业企业的规模仍然较小,学徒和熟练工人都有理由期望自己最终能够成为小企业的所有者时,机会平等的原则似乎是恰当的。但在19世纪最后三分之一的时间内,新技术及更广阔的市场促进了企业(尤其是铁路、钢铁和石油企业)规模的不断扩大。这使得小企业的工人开始面临失业,因为这些企业无法与新出现的行业巨头进行有效的竞争。"刚刚进入卡耐基钢

---

① 〔美〕道格拉斯·C.诺思:《经济史中的结构与变迁》,陈郁、罗华平等译,上海:上海人民出版社1994年版,第105页。

铁公司工作的工人再也无法期待通过自己的努力劳动来创建自己的钢铁厂了"①。"1870 年,约有 70%的劳动人口仍然在他们自己的农场上或生意中劳动,而一个世纪以后,这个数字是 5%"②。

这些新出现的大公司还利用大量移民潮带来的劳动力供给过剩的机会,尽量削减工人的工资。他们甚至动用私人警察和联邦军队来驱散工人为抵制工资下降而举行的罢工。而且更为严重的是,城市里的许多人们已经成为技术工人,隔断了与农村和农业的联系,当经济危机来临时,再也不能够轻易地通过返回农村、返回农业来逃避城市中可能出现的悲惨现实了。

现代工业经济的代表是制造业,它几乎都是由少数大生产者组成的,那是一种典型的寡头垄断市场结构,而不是完全竞争市场结构。少数生产者之间的竞争,因为竞争者数量少从而导致了决策的相互依存,他们很容易达成公开的或者默契的协议以谋取利益。垄断不仅造成产品价格的不正常上涨,雇主的串通也常常使工人工资被过度压低。垄断不仅使得产业过度集中,也使得资本和财富过度集中。应当说,任何偏离完全竞争的情况,都使政府对收入分配的干预具有了某种正当性。

既保持生产的集中所带来的效率,又对垄断利润进行公正的分配,是当代平等和分配正义理论面临的又一挑战。

(四)贫富差距的挑战

自由市场制度是现代社会大多数国家在组织生产和资源配置方面采取的基本做法,但市场本身并没有内在的道德品质,也不承担维护道德的功能,市场本身不是平等和公平正义的工具。即使人们有相同的智力、相同的能力、相同的努力程度和敬业精神,市场竞争和运气等因素也会造成收入不平等,久而久之,还会造成巨大的贫富差距。更不用说,人们的智力、能力、敬业精神并不相同,而市场机制下容易出现马太效应,出现各种不平等力量的叠加,因而贫富差距是许多国家在现代化过程中通常会遇到的问题。早在 20 世纪 30 年代,有感于世界性经济萧条带来的悲惨后果,凯

---

① 〔美〕罗伯特·威廉·福格尔:《第四次大觉醒及平等主义的未来》,王中华、刘红译,北京:首都经济贸易出版社 2003 年版,引言。

② 〔英〕J. R. 波尔:《美国平等的历程》,张聚国译,北京:商务印书馆 2007 年版,第 251 页。

恩斯(Keynes)就断言:我们生活在其中的社会的一个显著特点,就是"不能提供充分就业以及缺乏公平合理的财富和收入分配"①。

过度的贫富差距自然会带来一些严重的社会政治问题。一方面,要让市场在资源配置中发挥基础性作用甚至决定性作用;另一方面,又要避免严重的贫富差距,这是当代平等和分配正义理论面临的又一难题。

(五)传统救济式微的挑战

人类选择了更有效率的群体生活方式,但高效率带来的好处并不必然平等地为所有个体分享。事实上,社会化大生产对所有个体而言不仅不是同等有利的,而且容易出现两极分化。而当两极分化出现时,个体却往往是无助的。因为传统社会的地方贵族,与下层民众的社会经济联系相对紧密,因而当下层民众面临极端艰难的处境时,地方贵族往往会对他们施以援手,欧洲的教会也会尽一些社会救助义务。"在旧的封建社会,如果说领主拥有极大权利,他也负有重大责任。他的领地内的穷人,须由他来赈济。"据托克维尔在《旧制度与大革命》中记载的1795年的普鲁士法典中规定:领主"应在可能范围内,使其附庸中无土地者获得生存手段。如果他们当中有人陷于贫困,领主有义务来救助"②。

传统上,犹太教、基督教等宗教在教义中都强调对贫穷、病患、无家可归、鳏寡孤独等进行救助和庇护的义务。据伯尔曼的说法,在16世纪早期,罗马天主教的教会法规定全部教会收入至少要有1/4用在穷人身上。③

但是现代化大生产中兴起的实业新贵们,应对经济危机的通常做法却是解雇工人,把他们推向社会,一推了之。④ 在资本主义早期,现代社会化救济制度的理念尚未确立,而社会化大生产以及由此带来的人口随工作机会的流动,割断了人们之间的传统联系,弱化了传统的社会救济。传统救济式微,如果没有一个适应社会化大生产的新的社会救济制度,失业的工人往往就陷入困境。

---

① 〔英〕凯恩斯:《就业、利息和货币通论》,北京:生活·读书·新知三联书店1997年版,第317页。
② 〔法〕托克维尔:《旧制度与大革命》,冯棠译,北京:商务印书馆1992年版,导言,第81页。
③ 参见〔美〕哈罗德·J.伯尔曼:《法律与革命》(第2卷),袁瑜琤、苗文龙译,北京:法律出版社2008年版,第201页。
④ 〔法〕托克维尔:《论美国的民主》(下卷),董果良译,北京:商务印书馆1988年版,第697页。

在20世纪国家对经济运行进行大规模干预以前，自由市场制度条件下的经济衰退或经济危机周期性地发生。在这些经济衰退和危机中，产业工人的命运十分悲惨，无产者如果失去赖以为生的工作，就会被推上绝境。20世纪的大萧条在整个资本主义世界引起了一些重大的社会问题，其中最严重、最棘手的莫过于大规模的失业问题，这个问题一度达到悲剧性的程度。1933年3月，美国的失业人数据保守的估计为1400多万，相当于全部劳动力的四分之一，德国的情况更糟。而经济萧条时期的大多数失业者既不是外来移民，也不是游手好闲者，而是一些被迫失去工作的勤劳工人。[①]对于这部分人来说，传统观念中那种认为"贫困是罪恶的代价"的说法已经不再适合。[②]

当然，对于失业者来讲，要准确判断个人对于失业的责任是相当困难的。一个人失业了，有多少原因是其缺乏勤奋和适应能力，不愿意从事某些仍然被视为劣等的工作，比如卫生保洁或餐厅侍者，或者不愿从事低工资的工作，以及半就业的工作，甚至有时是临时性的工作。失业大军中有多少是厌恶工作的懒惰者，有多少是经济的周期性低迷、危机或结构调整造成的，这是个复杂的实证问题。而对这一问题所做的判断会直接影响人们对于失业采取的救济态度。既要照顾救济那些需要照顾的人，又不要用辛勤劳动者的成果去补助懒人，是失业救济必须考虑和权衡的一个难题。

从个人的道德责任来讲，在社会化大生产条件下，不仅"取得成功的许多必要因素已经超出个人的控制之外"[③]，失业和失去生活保障的问题也不是个人能够充分控制的。社会化大生产条件下，现代人自身的利益往往不能通过自身努力彻底地解决，这为某种程度的社会或国家干预提供了理由。

更为甚者，在资本主义早期的经济危机和经济衰退中，发生了一种"在过去一切时代看来都好像是荒唐现象的社会瘟疫，即生产过剩的瘟疫"。一方面，是工厂和农庄的大量产品积压，卖不出去，甚至不得不将牛奶、农作物等倒入河流之中。另一方面，大量失业工人饥寒交迫，流离失所。

---

① 〔美〕罗伯特·威廉·福格尔：《第四次大觉醒及平等主义的未来》，王中华、刘红译，北京：首都经济贸易出版社2003年版，第3页。

② 同上书，第1—3页。

③ 〔英〕J. R. 波尔：《美国平等的历程》，张聚国译，北京：商务印书馆2007年版，第145页。

这种情况下,确保所有的人都能获得基本的救济,并且这些救济由政府来提供的观点,具有了较强的说服力。当工人的失业是由劳动力需求方面突然且不可预见的变化所造成,当工人对此毫无控制能力的情况下,这种论点就有了强有力的理由。就经济大萧条期间的大规模失业而言,这个理由是颇为充分的。这也是为什么罗斯福能够顺利地推动他的包含社会基本保障政策的新政的根本原因,许多美国人可能在观念上、心理上并不情愿采取那些具有所谓"社会主义"色彩的"新政",但现实迫使人们接受这样的做法。

然而,一个社会应该对其成员提供什么样的保障,保障到什么程度,却注定是一个富于争议的问题。

二、当代平等实践的现实选择

当代平等实践面临的诸多挑战使人们意识到,一种平等并不能自动地导致其他的平等,比如公民身份和选举权的平等并不能自动带来经济的、教育的或机会方面的平等。在政治领域和社会领域的平等取得较大进展并稳固之后,人们开始将目光转向那些尚未实现的经济的、教育的和机会方面的平等。当代社会需要一种新的平等观、一种新的分配正义,以解决多元化、社会化大生产、垄断、传统救济手段的式微以及过大的贫富差距等带来的挑战。

(一) 平等与不平等的复合

根据正义的形式原则,任何正义理论都必定是平等与不平等的混合,即每个人所得的包括两个部分,其一是人人都相同的一份,其二是不同的一份。单纯的平等或者单纯的不平等都不能为社会现实利益冲突提供平衡和稳妥的解决方案。托尼、罗尔斯、德沃金等所设想或提出的方案,无一不是平等与不平等的复合观点。

人人相同的一份中,有一些已经作为权利固化在宪法和法律制度中,比如生命权、言论自由权、宗教自由权、选举权,以及不因性别、种族、肤色、民族等受到歧视的权利等。这些权利在主要的文明社会中,已经获得了稳固的地位,很少再具有争议。上述权利是基于人之为人的权利,每个人拥有这些权利,体现的是具有独立意识和自主选择能力的人的道德主体地位,无关个人的出身和自然天赋,也无关个人的能力、成就和进取心等个性特征。

在人人相同的一份中,存有争议的是那些虽然在宪法中有所涉及但却无法具体规定的权利,主要涉及的是有关财产和利益分配的权利。当代的平等以及分配正义论辩的焦点与核心,就在于什么是人人应得的"相同的一份"。人人应得的"相同的一份",在托尼那里被表述为"平等的关切",是"共同的人类需要",意味着任何人和阶层在法律地位、卫生保健以及经济安排等方面都不被当作下等人看待。① 但这些"平等的关切""共同的人类需要"以及"任何人和阶层在法律地位、卫生保健以及经济安排等方面都不被当作下等人看待"等表述究竟意味着什么,仍然抽象而笼统,仍然语焉不详。就像德沃金已经认识到的,即使人们主张"平等的关切是政治社会至上的美德",但对于"平等的关切"意味着什么,对"这个问题不存在一目了然没有异议的答案"②。

在对这一点有了清楚的认识之后,就会增强人们对于当代平等和分配正义论辩焦点和实质的理解,将论题聚焦于当代社会的人们对于"人人相同的一份"持有什么样的观点,以及如何就"人人相同的一份"取得广泛共识。

比如美国宪法序言中虽然说明宪法的目的是"为了组织一个更完善的联邦,树立正义",以及"增进全民福利",但关于什么是正义,什么是全民福利,这些问题自制宪会议之前就有争议,制宪过程和宪法本身没有也不可能结束这种争议。更具体地讲,宪法正文第一条第八款提出"国会有权规定并征收税金、捐税、关税和其他赋税,用以偿付国债并为合众国的共同防御和全民福利提供经费"。但开设什么样的税种、征税范围大小以及按何种比例征税,则没有明确说明。更重要的是,联邦政府征税的一个目的是为"全民福利提供经费",但什么是全民福利,它包括哪些内容?这个问题涉及人们的重大利益分配,注定是有极大争议的。宪法对此没有也不可能

---

① R. H. Tawney, *Equality*, London: Allen & Unwin, 1931, p. 52.

② 〔美〕罗纳德·德沃金:《至上的美德:平等的理论与实践》,冯克利译,南京:江苏人民出版社 2003 年版,导论。

提供明确的答案,只在第一条第七款规定了涉税议案的动议、审议和批准程序。自然地,有关政府应该为民众提供哪些福利、提供多高水平的福利问题以及需要开征的税种和税率的问题,就都在宪政框架下交付国会和行政机构决定,而民众则通过影响国会和总统的选举以及影响公共舆论表达和伸张自己的诉求。一个世纪以来,税负和社会保障问题已经成为美国历次大选的核心议题之一。

中国尚处现代化转型期,法治和市场制度还不完善,情况更加复杂一些。《中华人民共和国宪法》(以下简称《宪法》)虽然指出"中华人民共和国的社会主义经济制度的基础是生产资料的社会主义公有制,即全民所有制和劳动群众集体所有制",以及"社会主义公有制消灭人剥削人的制度,实行各尽所能、按劳分配的原则",但关于社会主义公有制如何具体实施,按劳分配如何落实,民众的利益如何具体维护,都需要在改革实践中不断探讨。尽管"人剥削人的制度已经消灭",并且"实行各尽所能、按劳分配的原则",但自改革开放以来,出现了巨大的贫富差距,两极分化的程度甚至超过了一些以私有制即原来所谓的"人剥削人"的制度为基础的国家。《宪法》虽然规定"矿藏、水流、森林、山岭、草原、荒地、滩涂等自然资源,都属于国家所有,即全民所有",土地归国家或集体所有,但所有这些公共财产如何具体地支配和使用,也无不存在争议。《宪法》规定"国家建立健全同经济发展水平相适应的社会保障制度",包括退休制度以及社会保险、社会救济、医疗保障等制度。但社会保障制度究竟应该包括什么内容?什么样的保障水平是同经济发展水平和人民日益增长的物质文化需要相适应的?对于这些问题,人们的看法也不尽相同。所有这些问题已逐渐成为人们关注的核心问题,成为中国公共政策的核心议题之一。

当代各主要国家通行的分配实践,是几个世纪以来经过人们不断试错和完善逐步稳定下来的模式,它与以市场制度为基础的经济运作方式密切结合,并辅之以适当的政府干预和补救。这种模式包括两个基本方面,第一,经济运作方式以市场制度为基础,由市场在资源配置和初次分配中发挥基础性或决定性作用,各种生产要素包括劳动力、土地、资本、技术、知识产权、管理技能等均参与到分配中,其目的是充分调动各种资源和人们的积极性、创造性,提高效率。由于人们的禀赋、能力、积极性、掌握的资源不同,加上运气的影响,初次分配的结果可能相差悬殊,体现了分配正义中差别的一面。第二,政府通过各种手段,包括再分配和公共服务等,对初次分配结果的某些弊端进行必要和有限度的矫正。这种矫正体现的是分配正义中人人相同的一份,体现人道主义关怀和对公民的平等关切。正如阿马蒂亚·森所认为的,"如果不在某个层面把同等的关注给予所有的人,就很难获得一种具有普遍的社会可能性的伦理理论"①。

也就是说,当代社会人们所追求的平等和分配正义,是在尊重市场自发作用的基础上,由政府全面干预的平等和分配正义。② 一方面,在市场经济框架下,人人不同的一份往往作为激励的因素,或者像企业利润那样由市场决定,或者由组织内的人事制度决定,包括职务、级别、工资、奖金、福利等内容。毫无疑问,部分可以归于道德应得的个人的自主选择、抱负和职业伦理等因素会在结果中起作用,而那些在道德上偶然和任意的因素如运气等因素也会在结果中起作用。在社会政治实践中,不存在对应于道德应得的充分的和完备的制度框架,人们在某种意义上让市场作为不完美的代用品,以使人们不仅对于自己的生产和消费进行个人选择,也对自己的就业、投资等进行个人选择,并通过市场获得相应报偿。另一方面,人们所得中人人相同的一份往往以社会保障的形式出现,以政府干预的方式,提供反映共同体义务的兜底保护,这种兜底保护救助那些因各种原因陷入困境的人。也就是说,当代社会政治实践中的平等观是通过融合了市场和政府干预的混合型制度框架来实现的。

当代社会政治实践中的平等观可以用两种原则来概括:

1. 每个人都有资格(entitlement)得到同样的基本的社会保障;
2. 每个人都有同样的资格竞争其余的稀缺品。

其中,第 1 条原则体现的是人道主义关怀,是以人的需要为导向的,是均等主义的;而第 2 条原则,则主要体现机会平等,以功绩(meritocracy)主义考量为基础,也承认道德上的偶然因素如出身、运气等对个人生活前景

---

① 转引自〔英〕米利班德:《不平等为何重要?》,邢立军编译,《马克思主义与现实》2007 年第 4 期。

② 政府无须为自身对分配的干预羞羞答答,因为对分配的干预是政府的核心职责之一,即使资本主义国家在所谓自由放任主义盛行的时期,政府的决策依然对分配产生重大影响。当然,政府在直接干预分配时要谨慎从事,避免那些任意的和专断的干预,避免不必要的干预,避免不公正的干预。

的影响。第 1 条中包含的社会基本保障的平等,需要由政府提供保障,而第 2 条中的机会平等,则交给个人自主选择、自由市场和运气。

(二) 社会基本保障的平等

当代平等实践中,人们所得中人人相同的一份可以被称为"社会基本保障",也就是说,平等实践在当代的现实选择是"社会基本保障的平等"。依照平等的形式逻辑,社会基本保障的平等是基于人之为人的权利保障,是一个社会对于自身成员的兜底关怀。就像米勒所言,"作为公民,每个人有资格得到满足其平等地位的条件的基本需要的收入水平"[1]。或者如贝克等人提出的"基本平等"概念:人们在一些非常基本的方面是平等的,具有同等的价值和重要性,并因而值得同等的关注和尊重。[2]

因为人的需要是多方面的,在各个方面都可能出现紧迫的需要,因而社会保障也应该是多方面的。历史和现实都昭示,社会基本保障也不仅仅是收入的最低保障,还需要辅之以教育、医疗、养老、就业以及公共服务方面的考虑,比如基本医疗资源均等化、最低收入保障均等化、基本养老保障均等化、基本的义务教育均等化以及城乡公共服务一体化,等等。[3] 社会基本保障的平等不仅服务于缩小贫富差距,充当社会危机的减震器,还服务于维护社会团结和强化共同体身份等目的。

社会基本保障平等观认为,社会保障是现代社会公民的一项基本权利。由于分工和以分工基础上的协作产生的效率,社会化大生产方式已经成为现代社会的基本特征,不可逆转。人们自愿不自愿地被卷入社会化大生产中,传统社会相对独立、自给自足的生产方式不再具有普遍性,人一生下来已经没有其他选择,只能融入社会化大生产的链条中才能很好地获得生存手段。在现代社会,社会化大生产在带给整个社会巨大效率的同时,剥夺了人们传统的和相对独立的生存机会、发展机会,这是一种组织化剥夺,个人往往对此无能为力。在这种情况下,由政府和整个社会为处于不利地位的群体实施某种基本的社会保障就具有了很强的道德伦理根据。

在社会化大生产中,生产和消费、分配是脱节的,而且人们对于产出的

---

[1] 〔美〕戴维·米勒:《社会正义原则》,应奇译,南京:江苏人民出版社 2001 年版,第 40 页。
[2] John Baker, et al, *Equality: From Theory to Action*, NY: Palgrave, 2004, p. 23.
[3] R. H. Tawney, *Equality*, London: Allen & Unwin, 1931, pp. 189–192.

贡献难以清楚、准确地分解和归因。在市场经济条件下,不可能每个人都获得成功,勤奋诚实的劳动未必都能获得公平的报偿,在勤劳的人们中间也会有人一无所获。由于种种偶然的和不可预测的因素,社会化大生产并不必然保证个人的努力都能获得报偿,常常出现由个人无法控制的因素导致的失败。经济波动、产业升级转型等经济运行中的诸多因素都可能导致失业、低收入,而在个人付出了足够努力却依然两手空空的情况下,很难有充足的理由让个人承担失败的全部道德责任。自然禀赋、疾病以及其他偶然的因素包括运气等也会对人们的生活前景产生重大不利影响,当这些情况出现时,传统的救济手段可能已经丧失或严重不足,基于现代社会已经确立的人本主义和人道主义的考虑,政府和社会应当充当最后的收容所,对于不管因为何种原因而处于极端不利条件的个人提供社会基本保障,应当成为政府的责任。① 正如阿马蒂亚·森主张的,"除非在某个关键点上给予每个人以同等的关注,否则某种特定的理论就很难获得伦理上的根据"②。把这个"关键点"理解为社会基本保障,可以为大多数平等理论所接受。同样地,斯坎伦指出,在经济领域的不平等中,那些"非比较性的"基本保障的不足是最值得关注的,而提供这种保障是政府的义务③,"政府有义务为其公民提供达到某个特定的最低水平的利益"④。

其实,凯恩斯早在20世纪30年代就敏锐地指出,"我们生活在其中的社会的显著特点是不能提供充分就业以及缺乏公平合理的财富和收入的分配"⑤。没有充分的就业,就意味着社会中必定有部分人失业,而给这部分人提供基本的生活保障,是社会和政府的道德责任。正如博登海默所说,"社会保障观念,以各种方式赢得了广泛承认,因为人们认为它符合当代的正义要求"⑥。

---

① 通过保险和税收制度的改良,为全社会提供基本保障的做法,俾斯麦治下的德国已经进行了早期的实践。工人运动内部改良主义派别的代表人物蒲鲁东也提出了在既有私有制和资本主义框架下,进行社会保障的思路。
② 转引自〔英〕米利班德:《不平等为何重要?》,邢立军编译,《马克思主义与现实》2007年第4期。
③ T. M. Scanlon, *Why Does Inequality Matter?* Oxford: Oxford University Press, 2018, pp. 16-17.
④ Ibid., p. 84.
⑤ 〔英〕凯恩斯:《就业、利息和货币通论》,北京:生活·读书·新知三联书店1997年版,第317页。
⑥ 〔美〕E. 博登海默:《法理学:法律哲学与法律方法》,邓正来译,北京:中国政法大学出版社2004年版,第320页。

当代各种各样不同的平等观点虽然立场迥异,但却都支持由政府提供的最基本的社会保障。因为,没有这些基本的保障,人的生存就会成为问题,这不仅违背人的道德感,也会严重影响社会政治稳定。在当代,一个支持社会基本保障的理由即使不是理想主义的或人道主义的,也完全可以是实用主义的,或者用托尼的话说,出于"权宜的、策略的"理由①,因为富人如果不交税以满足弱势群体的基本保障,他们很可能不得不交更多的税来维持社会治安。也就是说,即使不考虑人道主义的根据,社会基本保障的平等也有社会政治稳定的现实需要。保障每个人的基本需要得到满足,使每个人都拥有作为现代人的基本尊严,有利于维护社会团结和政治稳定。俾斯麦曾经形象地说,社会保障可以减少革命的种子。一个不稳定的社会、不安全的社会,会影响正常的生产经营活动,会危及社会政治系统的生存,当然也会危及社会政治系统所采纳的分配秩序。萨托利认为,在一个特定的制度中,对于种种因素导致的不平衡,如果没有出现"补偿性"力量,这个制度就只有土崩瓦解。②

此外,社会基本保障还有另一个实用主义的理由。贫富差距过于悬殊往往导致整个社会的消费能力不足,社会经济的正常运转也会受到影响,反过来影响到富人的利益。这也意味着,在社会基本保障问题上,人们应该改变过去通常"救急不救贫"的传统观点。

社会基本保障是当代所有平等理论的最大公约数,因为它是基于人之为人而来的基本权利。当代社会,人权的内涵也在不断嬗变,一些经济与社会领域的权利,被称为"第二代权利"的"福利权",比如基本的医疗保障以及接受基础教育的权利等,被添加到经典的人权范畴中③,形成了所谓的"权利革命"④。即便极端重视个人财产权利的自由至上主义者,也不否认这一点。诺齐克的"最小国家"里,也认可洛克提出的每个人都有免于极端

---

① R. H. Tawney, *Equality*, London: Allen & Unwin, 1931, p. 52.

② 〔美〕乔万尼·萨托利:《民主新论》,冯克利、阎克文译,上海:上海人民出版社 2009 年版,第 423—424 页。

③ See Ivan Hare, "Social Rights as Fundamental Human Rights," in Bob Hepple ed., *Social and Labour Rights in Global Context*, Cambridge: Cambridge University Press, 2002.

④ Cass Sunstein, *After the Rights Revolution: Reconceiving the Regulation State*, MA: Harvard University Press, 1990.

贫困的权利。① 如果不承认这一点，将与现代文明基本原则之一的人道主义背道而驰。

这与艾德勒强调的分配正义中的底线原则有些类似。社会基本保障也被称为一个社会的"安全网"和"兜底保护"，它侧重于满足公民的基本需求，保护公民免于贫困。艾德勒认为人们都应拥有使他们过体面生活所需要的基本物质条件，不至于因这些条件的剥夺而陷入贫困潦倒的境地，这些基本物质条件，是现代社会的每个人生来就应该得到的，是由能够满足人类经济需要的最低限度的财富决定的。② 而考虑到人们需求的无限性和可支配资源的有限性约束，解决每个人的最低需求问题，而不是意图去满足人们的所有需求，更具有现实意义。在尚未满足人们基本需求的情况下，侈谈建立一个各取所需的社会是幼稚的。

人们必须认识到，社会基本保障的平等与平均主义之间存在着天壤之别，完全不是一码事。超出社会基本保障的平等要求，往往会退变为简单的平均主义论调。这种平均主义常常遭到质疑，甚至被指责为一些懒惰者和平庸之辈出于对勤奋者和优秀人物所享有的较高生活水准的妒忌。尽管妒忌是"一种完全可以理解的情感"，而且人们"或多或少受其支配"③，但是，一旦平等要求被认为建立在妒忌的基础上，那么这些平等主张将失去道义支持。而简单粗疏的平均主义主张，难以彻底避免这种指责。社会基本保障的平等所关注的，不是要拉平富人和穷人之间的差别，而是对弱势群体的某种兜底保护，是一种十分节制的平等要求。

至于社会基本保障应该包括什么内容，什么是适当的基本保障水平，没有任何一种平等理论能够一劳永逸地做出回答，它所能提供的充其量只是解决这一问题的思路，为建设性的公众辩论提供一个思维框架。对于社会基本保障的具体内容和合适的保障水平等问题，有待于每个政治共同体

---

① 〔美〕罗伯特·诺齐克：《无政府、国家和乌托邦》，姚大志译，北京：中国社会科学出版社2008年版，第344页。此外，参见〔英〕洛克：《政府论》（上篇），瞿菊农、叶启芳译，北京：商务印书馆1982年版，第35—36页。洛克认为，"正如正义给予每个人以享受他的正直勤劳的成果和他的祖先传给他的正当所有物的权利一样，'仁爱'也给予每个人在没有其他办法维持生命的情况下以分取他人丰富财物中的一部分，使其免于极端贫困的权利"。

② 〔美〕艾德勒：《六大观念》，郗庆华等译，北京：生活·读书·新知三联书店1998年版，第183—184页。

③ 〔美〕斯坎伦：《平等何时变得重要？》，陈真译，《学术月刊》2006年第1期。

依据自身的情况,包括经济发展水平、文化传统和政治制度等做出自己的选择。虽然社会基本保障的具体内涵和保障水平不能预先确定,但有一点是清楚的,那就是它应该适应不断变化的情况,因为社会经济和技术生理条件的变化,都将改变人们的最基本需求的内涵。有关医疗保险、健康保障、安全生产、公共交通、教育机会、社会养老等要求,仅仅是 19 世纪末期以来渐渐得到伸张的。即使自由主义者哈耶克也认可如下观点:随着人们的生活越来越富裕,社会为那些无力照顾自己的人所提供的最低限度的维系生计的标准亦将逐渐随之提高。①

在现代社会的富裕国家,社会基本保障的平等所保障的,不仅是满足人的基本生存所需的"生物学内核",而且是一种"社会学内核",是由共同体所理解的满足"一种最低限度的体面生活"的需要。②

最低限度的"体面生活"的需要,其实并不难理解。亚当·斯密早在几个世纪前就论及了这一点。他把消费品分为必需品和奢侈品,而必需品就是那些"不但是维持生活上必不可少的商品",而且是"一国习俗决定了如果没有这种消费品,就是最底层人民也觉得有伤体面的那些商品",而缺少这些商品,就无法"体面地在公众面前露面"③,就会带来某种耻辱感或低人一等的感觉。

福格尔说:"一个世纪以前,只有 10% 的最富有者才能够享受到如今贫困线所确定的收入水平",并且技术生理进步已经使得实现自我这一原先只有极少数人才可能追求的目标变成了今天几乎所有人都在追求的目标。④ 在人们的需求状态已经改变的情况下,最低限度的社会保障水平也要相应改变。如果自我实现已经成为几乎所有人追求的目标,那么,基本的社会保障水平就应该能够使几乎所有人的需要获得基本满足,并具备追求自我实现的基本条件。⑤

---

① 〔英〕哈耶克:《自由秩序原理》(下),邓正来译,北京:生活·读书·新知三联书店 1997 年版,第 9 页。
② 〔美〕戴维·米勒:《社会正义原则》,应奇译,南京:江苏人民出版社 2001 年版,第 237 页。
③ 〔英〕斯密:《国富论》,唐日松等译,北京:华夏出版社 2005 年版,第 623 页。
④ 〔美〕罗伯特·威廉·福格尔:《第四次大觉醒及平等主义的未来》,王中华、刘红译,北京:首都经济贸易出版社 2003 年版,引言。
⑤ 〔英〕哈耶克:《自由秩序原理》(下),邓正来译,北京:生活·读书·新知三联书店 1997 年版,第 9 页。

一个社会对其成员提供的基本保障应该包含什么内容,对这个问题的任何回答,都不免带有主观和独断的嫌疑。就一个社会的全体成员来讲,对这个问题的回答肯定有种种不同意见,甚至是相互冲突的观点。财富和收入较高的人对这个问题往往不会提供慷慨的答案①,而下层人士则可能提出过高的要求。这一问题已经成为当代多数国家的核心议题。不论平等要求的内容会如何变化,平等和分配正义都是关系到政治正当性和政治稳定的重要条件,也是政治系统各种力量相互博弈的结果。不同国家的社会基本保障水平的确定,是通过现实的政治实践过程来决定的。

　　社会基本保障是一个国家政治经济领域的"伦理学参数"②,各个国家对这一参数的赋值并不一致。这注定是一个充满争议并且很难具有确定性结论的问题。从某种意义上来说,它不再是一个学术问题,而是一个政治问题。每个共同体只能将其付诸公众辩论和政治选择。有些国家认可并实行优裕的从摇篮到坟墓的福利政策,有些国家则可能只接受最低限度的社会保障。各个政治系统对于社会基本保障具体内涵的回答,依赖于社会公众对于平等和分配正义的认知,取决于整个社会对于可能的政策选项及其后果的权衡。比如北欧的社会公众"对高额税收的认可程度高于大多数其他西方国家"③,因而有条件实施高福利政策。而从美国历年来有关增税和减税的相关辩论看,整个社会对高税负水平的接受程度要远远低于北欧国家,像北欧国家超过50%的税负水平在美国是难以想象的,几乎不可能得到普遍认可。英国社会独有的贵族思维传统则使英国的平等观念和对不平等的接受程度明显不同于法国等欧洲大陆国家。④ 在中国,由于实行社会主义公有制为主体的经济制度,国家在整个财富和收入分配中具于主导地位,可以比较容易地为全体社会成员实施基本的社会保障,体现社

---

　　① 〔美〕罗纳德·德沃金:《至上的美德:平等的理论与实践》,冯克利译,南京:江苏人民出版社2003年版,第3页。

　　② 伦理学参数是借用萨托利的一个说法,参见〔美〕乔万尼·萨托利:《民主新论》,冯克利、阎克文译,上海:上海人民出版社2009年版,第451页。

　　③ 参见〔英〕安东尼·吉登斯:《第三条道路:社会民主主义的复兴》,郑戈译,北京:北京大学出版社2000年版,第118页。

　　④ 转引自周仲秋:《平等观念的历程》,海口:海南出版社2002年版,第356—357、359页。参见 R. H. Tawney, *Equality*, London: Allen & Unwin, 1931, p. 68。根据托尼的记载,在20世纪早期,英国社会的贫富悬殊十分严重,有产者与无产者的财富地位悬殊,但即使在这种情况下,英国也不易爆发剥夺有产者的革命。

会主义的优越性。

社会基本保障平等观具有如下特征和优点：

（一）尊重人的现实需要和欲望，是人道主义的。社会基本保障的平等是基于人道主义的按需分配，其所保障的内容必须被认为是"基本的需要"，即一个社会保障人之作为人的"起码的"生存条件。所谓基本需要也就是马斯洛人类需要层次中的前四个层次的需要，即生理、安全、归属和尊严的需要，一个人只有在这四个层次的需要得到满足之后，才能成为马斯洛所说的"基本满足的人"。其中，前两个层次的需要即生理和安全需要是最基本的需要，这两种需要得不到满足，人就会生病或者处于病态。

（二）与人的自由发展相契合。人的基本需要得到了满足，就保障了人的自由的基础，保障了人为了实现自我进行选择的前提。没有基本的社会保障，公民的自由、宪法中规定的公民权利都只是镜花水月。基本的社会保障为每个人充分施展自己的抱负和追求创造了基本的前提条件。一个社会只有保障相当程度的经济方面的平等，自由和多样化才会得到完整的表达和应得的赞赏。当然，人们必须看到，任何超出基本保障的平等诉求，都必然限制人的多样化的选择，会危及自由。人类的需要是差异的和复杂的，超出基本需要的任何整齐划一都必然危及自由。超出个人基本需要的部分还是交给个人的选择比较妥当。但基本的需要，无疑是相近的，是人人都必需的，因而一个社会在基本需要的保障方面容易达成广泛的共识。

（三）与效率、激励相契合。任何社会基本保障的平等措施都可以自身更多地转化为即期消费，刺激经济。基本需要的满足，一方面能够解除人们对可能的最不利的长远前景的过分担忧，另一方面创造了使个人形成长远的、持久的激励的基本条件，使人们有机会努力去获得尊严和他人的认可，追求自我实现。当然，社会基本保障不是均贫富，过高的社会保障水平意味着过高的税收，可能会损害人们的积极性、能动性和创造性，损害效率。社会基本保障的平等是一种福利门槛，超过这个门槛的福利，社会并不提供保障。对于政府主导的再分配之后一部分人出于各种并非非法的原因所获得的高于福利门槛的福利，社会将不再干涉。社会基本保障的概念允许人们在现有的社会制度安排下，尽可能对自己的人生做出自由的选择并承担相应的责任，得到相应的报酬，只不过出于人道主义的理由，社会始终提供最后的兜底保护。

（四）社会基本保障的概念是发展的,其内容可以根据人们的需要有所变化,可以不断提高保障水平。或者说,一个社会的福利门槛是变动不居的。社会基本保障的概念在两个世纪前,还几乎不为人所知。二战以后,随着福利国家政策的倡导和实施,社会基本保障政策已经在发达国家基本确立。发展中国家尽管国力有限,不能提供高水平的基本保障,但这一观念也已被普遍接受。从某种意义上说,基本的社会保障已经被广泛认可为一项基本的公民权利,是两个多世纪以来福利国家政策更精确的哲学表达。

（五）社会基本保障的平等为每个人提供了托底保护。它不仅很好地照顾到了残疾人、鳏寡孤独者等社会弱势群体的需要,也为由于种种原因不幸陷入困境的其他社会成员提供了基本的保障,有利于特定的分配秩序获得认可和接受,有利于增强社会政治制度的正当性和稳定性。如果人的基本需要得不到保障,社会就不会有稳定的秩序。一个治理良好的社会首先要做的就是尽力满足人们的基本需要。社会基本保障能够有效地解除人们对于前景的后顾之忧,为整个社会的运行提供一个减压阀。而德沃金的资源平等理论在对结果的保障方面可能存在严重缺失。[①] 某种程度的结果平等是当代平等政策的重要内涵,而起点平等、可行能力平等、机会平等、资源平等往往不能保证某种程度的结果平等。比如有些好逸恶劳的人,在获得与他人平等的资源后,可能会很快挥霍掉所享有的资源而变成一无所有的无家可归者,也可能会有一些人出于某种无法预知的厄运而陷入悲惨境地。在这种情况下,当代的平等主张必须包含某种程度或某些种类的结果平等,以确保最终结果的某种程度的基本保障。

（六）社会基本保障的平等承认不同的文化和政治传统对平等政策取

[①] 资源平等论的一个难题,即如果能够保障人们在某个人为的初始阶段拥有同样的资源,也很难保障有些人最终不会陷入窘境,比如有些人可能会因为赌博而倾家荡产,或者因为运气等其他偶然因素陷入破产的境地。也就是说,在某个人为阶段建立起初始的资源平等之后,在市场经济条件下,资源的平等很快就不再能够维持。对这些情况,资源平等论是不可持续的,它也缺乏一种人道主义的最终救济和保障。在这个意义上,貌似复杂深奥的资源平等论是经不起推敲的,它似乎没有进行任何起点、过程和结果的考虑。假设在某一个时点,一个社会做到了资源平等(仅仅是假设,因为就什么是资源平等,也注定是富于争议的),但到一定时期,比如一年版之后,人们的境况可能会出现很大差别,那么资源平等的主张该如何处理呢?

向的影响。各个国家的福利门槛并非完全相同,一些国家可以选择高福利,如北欧诸国;而另一些国家,如美国,尽管同为发达国家,却完全会选择比北欧国家低得多的基本保障水准,而更注重个体责任、市场作用以及收入差异对激励的重要性。

(七)社会基本保障的平等提供了简单易懂且目标明确的社会救助方案。因为社会基本保障的平等主张对于社会中每个陷入困境的成员始终提供一种基本的保障,不管这种困境成因为何,因而无须像其他平等理论那样过多地考虑代际遗赠①、储蓄养老、保险市场等复杂问题,也无须考虑运气、前期的成就与否对以后的影响等。而上述问题构成许多平等和分配正义理论的难点,比如罗尔斯的正义理论要考虑存有巨大争议的代际分配问题,德沃金的资源平等理论需要模拟保险市场等等。社会基本保障的平等不强求平等的起点、平等的过程或平等的结果,而是对全体社会成员始终提供基本保障。

社会基本保障的平等优于起点平等,它也可以避免起点平等的弊端,因为起点平等论者主要关注起跑线上的平等,而仅仅起跑线上的平等完全不能避免悬殊的结果。可以相像,即使满足了起点平等,市场调节、运气以及其他不可预测的因素仍然可能导致某些人最后一无所获,对于这一结果,起点平等无能为力。社会基本保障的平等优于过程平等,因为即使人们做到了过程平等,种种偶然和不确定因素仍然难以保证不会出现不幸的结局。社会基本保障的平等优于结果平等,它鼓励人们优良品德的发挥并享受相应的报酬,比如节俭、努力、敬业等,对那些不如此做的人,也提供一份基本的保障托底。除此之外,完全平等的结果必然导致对追求卓越和自由的限制,对人的多样性和对社会激励的压制。而社会基本保障的平等在社会基本保障之外,给了人们广阔的追求自我实现的空间。正如米利班德(Miliband)指出的,一种现实的平等观念,不仅应当关注起点、机会、过程,也应当关注结果;不仅要激励人们奋发进取,承担责任,而且也要有最终保障。②

(八)社会基本保障的平等是现代性条件下平等和分配正义的基本要

---

① 代际遗赠通常都涉及与道德应得观念有潜在冲突的家庭制度,而家庭观念和亲情投放仍然是当代各主要文明珍视的道德伦理观念。

② 〔英〕米利班德:《不平等为何重要?》,邢立军编译,《马克思主义与现实》2007年第4期。

求,有着强烈的道德依据,即组织化对个人选择自由的剥夺。在现代社会,绝大多数人都被迫加入到社会化大生产的链条中,否则很难生存立足。而在高度组织化的劳动分工体系中,个人的劳动所得与其努力、贡献往往严重脱节。对于可能出现的不利结局,个人常常无能为力,社会因而具有无可逃避的责任。

(九)社会基本保障的平等有利于增强社会凝聚力和共同体感情。一个极少数人豪富而大多数人贫困的社会,没有体现出对人之为人的基本尊重,使大多数人产生不公正感,并滋生社会裂痕,不利于社会的稳定团结和国家的长治久安。[1]

(十)社会基本保障的平等符合当代社会政治现实。当代社会政治现实反映的正是社会基本保障的平等,而罗尔斯的正义原则、德沃金的资源平等则鲜见实施。在这个意义上,社会基本保障的平等是对现代性条件下各个国家在平等和分配正义领域主要政策的归纳和总结,是先发国家的社会政治现实和后发国家正在追求的目标。

社会基本保障的平等认为一个社会有必要向所有的人提供一种基本的社会保障,有必要将消灭贫困和保障每个公民最低限度的福利视作自身的职责,[2]但是这样的平等观与那种根据某一先入为主的正义观来平均分配收入的制度毫无相似之处。基本保障平等观是有节制的,是一种应对性的矫正,而不是一种全新的分配秩序的设计,不是罗尔斯正义论式的使最不利群体利益最大化的功利主义考量。尽管一个社会无法保障所有权利的平等,但是基本保障的平等不仅符合良善政府的需要,而且可以构成一个良善社会坚实的和持久的基础。斯坎伦认为,政府有义务为全体社会成员提供一种"非比较性"的基本保障,其要点也在于此。[3]

社会基本保障的平等需要财力支撑。这些财力可以来自公共财产及其相关收益,比如国有企业资产划拨及其利润、国有土地或矿产资源等的

---

[1] R. H. Tawney, *Equality*, London: Allen & Unwin, 1931, pp. 145–146.

[2] 康德在论权利时早就表述过类似的观点。他认为"根据国家的基本原则,政府有理由并有资格强迫那些富裕的人提供必要的物资,用以维持那些无力获得生活最必须的资料的人的生活"。参见〔德〕康德:《法的形而上学原理:权利的科学》,第156页。本书不从先验的国家理念看待基本保障的平等,而是认为不管是出于人道主义的目的,还是仅仅出于维护社会政治稳定的目的,基本保障的平等都有强有力的根据和理由。

[3] T. M. Scanlon, *Why Does Inequality Matter?* Oxford: Oxford University Press, 2018, p. 16.

出让或出租收益等,也可以来自志愿捐助,但上述收入不足时,政府有权利通过征税的方式弥补不足。

社会基本保障的平等关注实际的社会政治过程,操作性强。社会基本保障所包括的内容以及保障水准的确立,是在现实的社会政治系统中完成的,只要大多数公众的认可和接受即可,关注的是政治秩序的正当性和稳定性,不必像契约论那样要求几乎无法达到的全体一致同意。而有些平等和正义理论的证成仅仅依赖假想的全体一致同意,严重脱离社会政治现实,比如罗尔斯的正义理论。

一个理想的社会中,人们将追求什么样的平等以及达到多高的平等程度,我们无法先天地知晓;但一个其社会成员缺乏基本保障的社会,将不是一个很好的社会,对于这一点,我们甚至凭直觉就可以认识到,并由此提供一个当下的行动议程。①

当代社会,人们的观念和利益是多元的,不同的平等观不过是以平等话语反映的人们多元化的观念和利益。如果说罗尔斯的正义论主张的是"基本善"的平等,德沃金主张"资源平等",阿玛蒂亚·森主张"可行能力"的平等,柯恩主张"优势获得机会"②的平等,阿内逊主张"福利机会"的平等③,那么本研究所论证并主张的,就是"社会基本保障"的平等。社会基本保障平等的主张,提供了一个思考当代社会平等政策选择的框架,它归纳和反映了当代平等实践的现实,并为平等的未来指明了一个可以凝聚广泛共识的、继续前行的方向。

---

① 社会基本保障的平等对中国来说尤其重要,也更加可行,因为政府不仅有高效的决策体系,而且掌握大量可供集体支配的资源。党的十八大报告中列举了中国近几年在基本保障平等方面的进步,包括城乡免费教育全面实现、城乡基本养老保险制度全面建立、新型社会救助体系基本形成、全民医保基本实现、城乡基本医疗卫生制度初步建立、保障性住房加快推进等,以及城乡最低生活保障标准和农村扶贫标准大幅度提升、企业退休人员基本养老金持续提高等。该报告认识到中国当前居民收入分配差距依然较大,社会矛盾明显增多,提出坚持社会主义基本经济制度和分配制度,调整国民收入分配格局,加大再分配调节力度,着力解决收入分配差距较大问题,使发展成果更多更公平惠及全体人民,朝着共同富裕方向稳步前进的思路;明确了社会保障是保障人民生活、调节社会分配的一项基本制度;坚持全覆盖、保基本、多层次、可持续方针,以增强公平性、适应流动性、保证可持续性为重点,并提出了基本公共服务水平和均等化程度明显提高,全面建成覆盖城乡居民的社会保障体系,整合城乡居民基本养老保险和基本医疗保险制度,逐步做实养老保险个人账户,实现基础养老全国统筹等具体措施。此外还提出了包括加快改革户籍制度,实行城乡一体化,实行城乡按相同人口比例选举人大代表等有助于实现平等和社会公正的具体思路。

② 即 equality of access to advantage。

③ 即 equality of opportunity for welfare。

结　语

在本书将要收笔的时候,笔者想简单比较一下本书提出的平等和分配正义理论与罗尔斯的正义理论在前提假设、论证过程以及解释能力等方面的差别,这对于更好地理解全书是有益的。正如金里卡(Kymlicka)所评论的,罗尔斯的正义理论主导了当代有关平等和正义的辩论,并非因为每个人都接受它,而是因为其他的观点不仅常常被作为对它的回应而提出,而且常常被放在与它的对比中来理解。① 同样地,诺齐克也认为,当代的"政治哲学家们或者必须在罗尔斯的理论框架内工作,或者必须解释不这样做的理由"②。

第一,罗尔斯的正义论从假设的相同性出发,来论证正义原则。人们在原初状态中的相同性一旦在无知之幕撤去之后,就几乎不存在了。原初状态是反事实的假设,是假想的和臆造出来的,它不是人类历史上某个真实的位置,而是纯粹虚构出来的,是反经验的。③ 人们回到现实以后,他们的自然禀赋、认知能力、议价能力、社会地位等方面的差别又出现了,而罗尔斯以虚构的前提为基础建构的理论无法保证其实践的效力,从无知之幕下的原初状态中得出的正义原则是否在现实社会中具有效力,是一个无解的命题。

罗尔斯把从原初状态中得出的指导权利和义务分配的社会正义原则看作是改造社会的蓝图和解决社会两极分化的药方,因而力图赋予这些原

---

① Will Kymlicka, *Contemporary Political Philosophy*, Oxford: Clarendon Press, 1990, p. 10.
② 〔美〕诺齐克:《无政府、国家和乌托邦》,姚大志译,北京:中国社会科学出版社2008年版,第218页。
③ 阿玛蒂亚·森将罗尔斯阐述正义的方法称为超验制度主义,着眼于探寻完美的或者终极的社会正义,缺少与既有社会制度以及现实中并非完全理性的人的勾连。参见〔印度〕阿马蒂亚·森:《正义的理念》,王磊、李航译,北京:中国人民大学出版社2012年版,序言。

则以极强的实践性,他可能没有意识到,他的正义观的论证缺乏与经验性的勾连,使得他的正义原则的实践性大打折扣。他反复地(共有五次)把正义原则比作用来评价和改造社会基本结构的阿基米德支点①,但他可能根本没有想到他的这个比喻恰恰说明了他的正义观的空想性质,因为当阿基米德说给他一个支点他可以撬动地球的时候,阿基米德应当明白为了撬动地球,他这个支点是必须在地球以外的太空中的,并不存在于现实的地球上;而要完成这种撬动,阿基米德更是必须飞到离地球比阿基米德点还要远得多得多的深空中。阿基米德打这个比方的时候,只是为了说明杠杆原理,他很清楚他的这个支点只不过是一种虚构,而罗尔斯却天真地要把他的正义原则付诸现实,用他的正义原则去撬动整个社会政治秩序,在这一点上,我们不能不说罗尔斯是过于自信和天真的。

本研究的论证既承认人与人之间的差别,也看到人与人之间不可否认的最基本的相同性,即人之同属于人类这一点,而社会基本保障的平等即是从人之同属于人类这一前提出发而来的平等要求,是人的基本权利。对于这一相同性基础,尽管个别人持有异议,但在联合国和其他政治共同体中是得到普遍承认的。社会基本保障的平等是基于人的基本需要而来的要求,符合人性的现实。

第二,罗尔斯的正义理论割裂了历史,无法解释为什么人类历史上各主要文明形态中的长久的身份特权等级制。他的正义原则也不符合当今的社会政治现实,不仅如此,他还意图专断地为后人立法,限制人们在新的情况下进行新的选择的可能性。

人类社会历史上平等实践的多样性以及当代社会出现的新的平等诉求,要求一种具有内在逻辑一致性的、解释力更强的理论。本书的论证阐明了平等和不平等的历史变迁,以及这种变迁背后的逻辑和经验基础。

第三,罗尔斯正义原则的论证从完全的平均分配出发②,通过对现实的反思认可一定程度的收入差别;本书提出的社会基本保障平等观的论证从

---

① John Rawls, *A Theory of Justice*, Cambridge, MA: Belknap Press of Harvard University Press, 1971, pp. 260, 261, 263, 520, 584.

② 他认为,"所有社会价值——自由和机会、收入和财富、自尊的基础——都要平等地分配,除非对其中的一种价值或所有价值的一种不平等分配合乎每一个人的利益"。参见〔美〕约翰·罗尔斯:《正义论》,何怀宏、何包钢、廖申白译,北京:中国社会科学出版社1988年版,第58页。

承认差异出发,认为平等不过是对过度差别的矫正。罗尔斯的正义原则容易形成对人的多样化追求和个性的压制。

第四,罗尔斯的正义论对人性施加了过多的限制,其中包括人没有妒忌心理,不会仅仅因为别人同样得到较少而准备接受损失,以及人们之间不会结成同盟以实现个人利益,这样的人性假设严重背离人性现实,导致了其正义原则论证的偏执和独断性质。本书采用了对人性约束最少的假设,即人性利己的假设,适用范围更宽,对人性更包容,提出的理论解释力更强。

第五,罗尔斯认为一个群体必须一劳永逸地决定他们的正义观,这是超出人的理性能力的要求,既不符合历史,也限制了后人的道德选择。本研究认为不同文明、不同时期的人会有不同的实质正义观。只要一个群体的大多数人接受,其他人也不强烈反对,一种正义观就可以获得正当性并能在社会政治系统中持久存在。不存在客观的、唯一正确的正义观。

第六,罗尔斯正义原则的得出依赖全体一致同意这一极难满足的要求。为了达到全体一致,他"把一个本体自我的个人选择假设为一个集体的选择"①。同其他契约论者一样,达不成全体一致的情况,不在罗尔斯的考虑范围之内,以多数决定为基础的各方利益的政治妥协也不在罗尔斯的考虑范围之内,而这不符合平等以及分配正义的历史和现实。本书认为,由于人们相互冲突的利益,对于平等和分配正义理论而言,全体一致同意在通常情况下是过高的要求。

第七,罗尔斯的正义论缺乏与现实政治的必要勾连,缺乏"稳定性"。罗尔斯在他学术生涯的后期明确认识到了稳定性对于道德伦理的重要性。他认为"稳定性问题在道德哲学史上一直很少受到人们的重视,……然则,对于政治哲学来说,稳定性问题至关重要",并因此指出了他自己早期正义理论的不足,"理性多元论事实表明,在《正义论》中我所使用的公平正义之秩序良好社会的理念是不现实的。……《正义论》第三部分关于秩序良好社会的稳定性解释也不现实";他在后期基于"稳定性"的考虑提出了"重叠共识"的理念,试图修正他早期的理论,他说"重叠共识的理念"就是"对稳

---

① 〔美〕罗尔斯:《正义论》,何怀宏、何包钢、廖申白译,北京:中国社会科学出版社 1988 年版,第 247 页。

定性的解释"。① 然而，罗尔斯仍然没有解决其正义理论的一个基本疑难，即道德伦理的理性多元论是否必然意味着人们在分配正义方面的重叠共识，或者说，如果这种重叠共识不存在，其正义主张将如何得出？

本书的论证基础与罗尔斯的完全不同，本书将平等、分配正义等观念与社会政治秩序的正当性、稳定性联系起来，认可人们在观念、利益、价值取向等方面的多样性，将人们对平等和分配正义的选择置于实际的连续不断的政治互动过程中，将社会政治系统的稳定性作为道德伦理和分配秩序的认识论基础，避免了空想的理性独断，容纳价值权衡、妥协、调和、折中、多数决定等博弈方式，符合平等和分配正义决策的实际过程。社会基本保障平等论正是从当代社会政治系统的稳定、持存、嬗变出发，从社会政治制度的历史变迁中来理解人的平等权利的。

第八，罗尔斯深知道德原则的功利主义论证所不可克服的难题是为人们的功利找到一个同一度量的标准，他意图回避这一困难，就提出了基本善的概念。他认为，基本善就是一个理性人在无论什么情况下（即使在无知之幕下）都想要的善②，社会基本善就是权利和自由，机会和权力，收入和财富。人们通过计算基本善的指数，就可以理性地得出正义原则。③ 他的论证在这方面存在两个严重问题。其一，他提出的基本善能否涵盖和代表人们的主要利益和需要是很成问题的，因为人们的生活目的、需要和利益是高度个人化的，对人们的目的、利益和需要的任何权威解释都必然走向独断，为正义原则所选择的基本善也不例外。其二，基本善的各种构成要素之间是不可公度的，也就是说，无法换算成统一的"基本善指数"，因而也就无法如罗尔斯想象的那样据此"理性地得出正义原则"。

本书显然不能一劳永逸地证明一种平等理论和分配正义理论的真理性，但如果能够说明某种平等和分配正义理论比其他理论适用范围更广，逻辑一致性更强，更符合历史和现实，因而解释力更强，更为可取，也就完成了本研究的任务。

---

① 〔美〕约翰·罗尔斯：《政治自由主义》，万俊人译，南京：译林出版社 2011 年版，导论。

② John Rawls, *A Theory of Justice*, Cambridge, MA: Belknap Press of Harvard University Press, 1971, pp. 327-328.

③ Ibid., 1971, p. 162.

参考文献

一、中文译著

1. 〔德〕哈贝马斯:《在事实与规范之间:关于法律和民主法治国的商谈理论》,童世骏译,北京:生活·读书·新知三联书店2003年版。
2. 〔德〕黑格尔:《法哲学原理》,范杨、张企泰译,北京:商务印书馆1961年版。
3. 〔德〕康德:《道德形而上学原理》,苗力田译,上海:上海人民出版社1986年版。
4. 〔德〕康德:《法的形而上学原理:权利的科学》,沈叔平译,北京:商务印书馆1991年版。
5. 〔德〕康德:《实践理性批判》,邓晓芒译,北京:人民出版社2003年版。
6. 〔德〕马克斯·韦伯:《经济与社会》第1卷,阎克文译,上海人民出版社2010年版。
7. 〔德〕马克斯·韦伯:《社会科学方法论》,韩水法、莫茜译,北京:中央编译出版社2008年版。
8. 〔德〕马克斯·韦伯:《新教伦理与资本主义精神》,阎克文译,上海:上海人民出版社2010年版。
9. 〔德〕尤尔根·哈贝马斯:《合法化危机》,刘北成、曹卫东译,上海:上海人民出版社2000年版。
10. 〔法〕卢梭:《论人类不平等的起源和基础》,李常山译,北京:商务印书馆1962年版。
11. 〔法〕卢梭:《社会契约论》,何兆武译,北京:商务印书馆2003年版。
12. 〔法〕孟德斯鸠:《论法的精神》(上册),张雁深译,北京:商务印书馆1959年版。
13. 〔法〕孟德斯鸠:《论法的精神》(下册),张雁深译,北京:商务印书馆1963年版。
14. 〔法〕皮埃尔·勒鲁:《论平等》,王允道译,北京:商务印书馆1988年版。
15. 〔法〕托克维尔:《旧制度与大革命》,冯棠译,北京:商务印书馆1992年版。
16. 〔法〕托克维尔:《论美国的民主》(上、下卷),董果良译,北京:商务印书馆1988年版。
17. 〔法〕西耶斯:《论特权:第三等级是什么?》,冯棠译,北京:商务印书馆1990年版。
18. 〔古希腊〕《亚里士多德全集》第9卷,苗力田主编,北京:中国人民大学出版社1994年版。

19. 〔古希腊〕柏拉图：《理想国》，郭斌和、张竹明译，北京：商务印书馆1986年版。
20. 〔古希腊〕亚里士多德：《尼各马可伦理学》，廖申白译注，北京：商务印书馆2003年版。
21. 〔古希腊〕亚里士多德：《形而上学》（第1卷），苗力田译，北京：中国人民大学出版社2003年版。
22. 〔古希腊〕亚里士多德：《政治学》，吴寿彭译，北京：商务印书馆1965年版。
23. 〔荷兰〕斯宾诺莎：《伦理学》，贺麟译，北京：商务印书馆1983年版。
24. 〔美〕詹姆斯·M.布坎南：《自由的界限：无政府与利维坦之间》，董子云译，杭州：浙江大学出版社2012年版。
25. 〔美〕阿瑟·奥肯：《平等与效率——重大的抉择》，王奔洲译，北京：华夏出版社1987年版。
26. 〔美〕艾德勒：《六大观念》，郗庆华译，北京：生活·读书·新知三联书店1998年版。
27. 〔美〕戴维·米勒：《社会正义原则》，应奇译，南京：江苏人民出版社2001年版。
28. 〔美〕戴维·伊斯顿：《政治生活的系统分析》，王浦劬译，北京：华夏出版社1998年版。
29. 〔美〕戈尔丁：《法律哲学》，齐海滨译，北京：生活·读书·新知三联书店1987年版。
30. 〔美〕哈罗德·D.拉斯维尔：《政治学：谁得到什么？何时和如何得到？》，杨昌裕译，北京：商务印书馆1992年版。
31. 〔美〕哈罗德·J.伯尔曼：《法律与革命》（第1卷），贺卫方、高鸿钧、张志铭、夏勇译，北京：法律出版社2008年版。
32. 〔美〕哈罗德·J.伯尔曼：《法律与革命》（第2卷），袁瑜琤、苗文龙译，北京：法律出版社2008年版。
33. 〔美〕罗伯特·A.达尔：《论政治平等》，谢岳译，上海人民出版社2010年版。
34. 〔美〕罗伯特·诺齐克：《无政府、国家和乌托邦》，姚大志译，北京：中国社会科学出版社2008年版。
35. 〔美〕罗伯特·威廉·福格尔：《第四次大觉醒及平等主义的未来》，王中华、刘红译，北京：首都经济贸易出版社2003年版。
36. 〔美〕罗纳德·德沃金：《至上的美德：平等的理论与实践》，冯克利译，南京：江苏人民出版社2003年版。
37. 〔美〕迈克尔·J.桑德尔：《自由主义与正义的局限》，万俊人、唐文明、张之锋、殷迈译，南京：译林出版社2011年版。
38. 〔美〕乔·萨托利：《民主新论》，冯克利、阎克文译，北京：东方出版社1998年版。
39. 〔美〕汤姆·L.彼彻姆：《哲学的伦理学——道德哲学引论》，雷克勤、郭夏娟、李兰芬、沈钰译，北京：中国社会科学出版社1990年版。

40. 〔美〕希拉里·普特南:《事实与价值二分法的崩溃》,应奇译,北京:东方出版社 2006 年版。

41. 〔美〕约翰·罗尔斯:《正义论》,何怀宏、何包钢、廖申白译,北京:中国社会科学出版社 1988 年版。

42. 〔美〕约翰·罗尔斯:《政治自由主义》,万俊人译,南京:译林出版社 2011 年版。

43. 〔美〕约瑟夫·E. 斯蒂格利茨:《不平等的代价》,张子源译,北京:机械工业出版社 2013 年版。

44. 〔美〕詹姆斯·M. 布坎南:《自由、市场与国家——80 年代的政治经济学》,平新乔、莫扶民译,上海:生活·读书·新知三联书店上海分店 1989 年版。

45. 〔印度〕阿玛蒂亚·森:《论经济不平等/不平等之再考察》,王利文、于占杰译,北京:社会科学文献出版社 2006 年版。

46. 〔英〕理查德·威尔金森、凯特·皮克特:《不平等的痛苦:收入差距如何导致社会问题》,安鹏译,北京:新华出版社 2010 年版。

47. 〔英〕J. R. 波尔:《美国平等的历程》,张聚国译,北京:商务印书馆 2007 年版。

48. 〔英〕弗里德利希·冯·哈耶克:《自由秩序原理》(上),邓正来译,北京:生活·读书·新知三联书店 1997 年版。

49. 〔英〕弗里德利希·冯·哈耶克:《自由秩序原理》(下),邓正来译,北京:生活·读书·新知三联书店 1997 年版。

50. 〔英〕亨利·西季维克:《伦理学史纲》,熊敏译,南京:江苏人民出版社 2008 年版。

51. 〔英〕霍布斯:《利维坦》,黎思复、黎廷弼译,北京:商务印书馆 1986 年版。

52. 〔英〕卡尔·波普尔:《开放社会及其敌人》(第 1 卷),陆衡、张群群、杨光明、李少平等译,北京:中国社会科学出版社 1999 年版。

53. 〔英〕洛克:《政府论》(上篇),瞿菊农、叶启芳译,北京:商务印书馆 1982 年版。

54. 〔英〕洛克:《政府论》(下篇),叶启芳、瞿菊农译,北京:商务印书馆 1982 年版。

55. 〔英〕梅因:《古代法》,沈景一译,北京:商务印书馆 1959 年版。

56. 〔英〕亚当·斯密:《国富论》,唐日松、赵康英、冯力、邵剑兵、姜倩译,北京:华夏出版社 2005 年版。

57. 《列宁全集》(第 37 卷),北京:人民出版社 1986 年版。

58. 《列宁全集》(第 39 卷),北京:人民出版社 1986 年版。

59. 《马克思恩格斯全集》(第 1 卷),北京:人民出版社 1956 年版。

60. 《马克思恩格斯全集》(第 2 卷),北京:人民出版社 1957 年版。

61. 《马克思恩格斯全集》(第 3 卷),北京:人民出版社 1972 年版。

62. 《马克思恩格斯选集》(第 3 卷),北京:人民出版社 1995 年版。

63. 《马克思恩格斯全集》(第 4 卷),北京:人民出版社 1958 年版。

64.《马克思恩格斯全集》(第 19 卷),北京:人民出版社 1972 年版。
65.《马克思恩格斯全集》(第 20 卷),北京:人民出版社 1971 年版。
66.《马克思恩格斯全集》(第 23 卷),北京:人民出版社 1972 年版。

二、中文著作

1. 都玉霞:《平等权的法律保护研究》,济南:山东大学出版社 2011 年版。
2. 高景柱:《当代政治哲学视域中的平等理论》,天津:天津人民出版社 2015 年版。
3. 高瑞泉:《平等观念史论略》,上海:上海人民出版社 2011 年版。
4. 何怀宏:《契约理论与社会正义》,北京:中国人民大学出版社 1993 年版。
5. 金观涛、华国凡:《控制论与科学方法论》,北京:新星出版社 2005 年版。
6. 金岳霖主编:《形式逻辑》(重版),北京:人民出版社 2006 年版。
7. 王海明:《公正平等人道——社会治理的道德原则体系》,北京大学出版社 2000 年版。
8. 王立:《平等的范式》,北京:科学出版社 2009 年版。
9. 杨海蛟:《平等:人类对理想社会的诉求》,吉林人民出版社 2004 年版。
10. 钟泰:《庄子发微》,上海:上海古籍出版社 2002 年版。
11. 周仲秋:《平等观念的历程》,海口:海南出版社 2002 年版。
12. 朱应平:《论平等权的宪法保护》,北京:北京大学出版社 2004 年版。

三、英文著作

1. Adler, Mortimer J., *Six Great Ideas*, NY: Touchstone Books, 1981.
2. Baker, John, and John Baker, Kathleen Lunch, Sara Cantillon, and Judy Walsh, *Equality: From Theory to Action*, NY: Palgrave MacMillan, 2004.
3. Blaug, Mark, *The Methodology of Economics or How Economists Explain*, 2nd ed. Cambridge University Press, 1992.
4. Callinicos, Alex, *Equality*, Cambridge, UK: Polity Press, 2000.
5. Feinberg, Joel, *Social Philosophy*, New Jersey: Prentice Hall, Inc., 1973.
6. Habermas, Jürgen, *Legitimation Crisis*, Translated by Thomas McCarthy, London: Heinemann Educational Publishers, 1976.
7. Lakoff, Sanford A., *Equality in Political Philosophy*, Boston: Beacon Press, 1968.
8. Nozick, Robert, *Anarchy, State, and Utopia*, New York. 1974.
9. Rae, Douglas, and Douglas Yates, Jennifer Hochschild, Joseph Morone, Carol Fessler, *Equalities*, Cambridge, MA: Harvard University Press, 1981.
10. Rawls, John, *A Theory of Justice*, Cambridge, MA: Belknap Press of Harvard University

Press, 1971.
11. Sandel, Michael J., *Liberalism and the Limits of Justice*, Second Edition, Cambridge University Press, 1998.
12. Sartori, Giovanni, *The Theory of Democracy Revisited*, New Jersey: Chatham House Publishers, Inc, 1987.
13. Sen, Amartya K., *Collective Choice and Social Welfare*, San Francisco: Holden-Day, 1970.
14. Sher, George, *Desert*, Princeton, NJ: Princeton University Press, 1987.
15. Tawney, R. H., *Equality*, London: Allen & Unwin, 1931.